开创与典范：
英国私立白金汉大学发展研究

赵梦雷◎著

九 州 出 版 社
JIUZHOUPRESS

图书在版编目（CIP）数据

开创与典范：英国私立白金汉大学发展研究 / 赵梦
雷著 . -- 北京：九州出版社，2024. 9. -- ISBN 978-7-
5225-3307-0

Ⅰ . G649.561.8

中国国家版本馆 CIP 数据核字第 2024HH0378 号

开创与典范：英国私立白金汉大学发展研究

作　　者　赵梦雷　著

责任编辑　周红斌

出版发行　九州出版社

地　　址　北京市西城区阜外大街甲 35 号（100037）

发行电话　（010）68992190/3/5/6

网　　址　www.jiuzhoupress.com

印　　刷　北京亚吉飞数码科技有限公司

开　　本　710 毫米 × 1000 毫米　16 开

印　　张　17.5

字　　数　277 千字

版　　次　2025 年 1 月第 1 版

印　　次　2025 年 1 月第 1 次印刷

书　　号　ISBN 978-7-5225-3307-0

定　　价　98.00 元

前　言

　　白金汉大学的成立,开创了英国私立大学发展的先河。作为英国第一所私立大学,白金汉大学在不接受政府拨款,没有政府资金的资助下,依靠学生学费、社会捐赠、基金等筹资形式,以鲜明的办学理念、市场化的办学实践、科学化的管理制度、优异的办学成绩,展现出其办学过程中的独立性、时代性、服务性等特色,成为英国私立高等教育的典范,为我国一流民办大学的建设提供可鉴的经验。

　　本研究在廓清英国私立白金汉大学发展背景的基础上,运用历史研究法、文献研究法、个案研究法和访谈法,对白金汉大学40多年的教育理念与人才培养目标、教学内容与课程设置、学生学习与教师教学、教学管理与制度保障等方面进行深入研究,并以此分析与概括白金汉大学的发展特点、影响及经验。

　　在白金汉大学初创阶段(1973—1982年),大学以独立与个性的办学理念,倡导独立自主的办学,强调个性化的教育理念以及独立的大学开拓精神,开设了博雅的学科基础课程和个性化的专业课程,实施了学生自由学习与教师个性化的小组辅导教学。此外,大学还成立理事会和学术咨询委员会的管理机构,积极实施"半公工读生"计划以及推行2年制本科、4学期管理的制度。在白金汉大学扩展阶段(1983—2010年),大学构建了市场与实用的发展理念,注重市场和实用性课程设计,将市场与实用作为人才培养目标的定位标准,强化学生的专业技能和市场化实践能力。同时,白金汉大学教师注重小组辅导学习设计和教师实操技能的培训,培养了许多适应社会发展的应用型人才。白金汉大学还拓展多元化的筹资渠道,成立精益企业中心,开创产业化的项目以及实施新的大学质量保证等管理制度。在白金汉大学深化改革阶段(2011年至今),以创办卓越与一流大学的办学理念,学校在提升排名中参与全球大学交流,并积极构建卓越的课程体系。同时,大学在人才质量保障和师资队伍建设上,强调人才培养标准、学生学业质量保障以及强化国际师资人才招聘，实施教学卓越框架，重视学术标准设定与评估，构建学生执行委员会与申诉机制以及外部审查官员的参与监测等管理制度，有效发挥英国高等教育质量保障的优势以及自身的主动创造性，全面提升人才的培养质量。

白金汉大学在40多年的发展与探索中，形成了坚持独立自主、强调需求导向、凸显时代前瞻、倡导服务意识等办学特点，对英国私立大学的发展产生深远的影响，丰富了英国高等教育制度体系，提高了英国高等教育资源的竞争力，一定程度上推动了全球高等教育改革的时代潮流。同时，白金汉大学发展中所形成的理念、传统和经验，为新时期我国民办高等教育的改革与发展提供了一个值得学习和借鉴的范例。白金汉大学独特的发展经验，启示着我国民办高等教育的发展要坚持独立自主与寻求外部支持相结合；摒弃大而全的办学规模，保证人才培养质量；立足市场发展机制，加强与产业、企业全方位合作；坚持以人为本的服务宗旨，积极构建人才服务保障体系；开阔全球化教育视野，凸显本土化办学特色；与时俱进，积极调整高校发展战略。如此，助益我国民办大学高质量、可持续地发展。

目　录

第一章 绪 论

第一节 选题缘由与研究意义

一、选题缘由

二战后,英国为了实现经济的复苏,推动国家进一步发展,面对社会、经济、教育等方面不断凸显的矛盾,开始积极对国家的各项管理制度进行了变革,尤其是对教育体制、教育机制的革故鼎新,可以说勾勒出了现当代英国教育史上最为精彩的画卷。其中,高等教育作为其中浓墨重彩的一部分,英国政府开展了大量的教育改革活动。从"平板玻璃大学"的兴起、多科技术学院的崛起到现代开放大学的问世,促进了"大学、政府与市场"三者关系发生显著的变化,奠定了英国高等教育多元化发展的基础。但值得关注的是,"在过去的十年中,整个西方国家的高等教育体制得到了空前扩张,教育变革的重点一直在朝着民主化迈进,民主化进一步体现了大学的公共责任。一批有志之士认为,私立大学(The Private University)可以为英国高等教育所缺乏的教育体系做出积极的贡献,但这一想法与时代精神是完全相反的"。[1] 因此,在某种意义上说,英国私立大学是最容易被忽视的一个类型。[2]

---

[1] Roger Geiger.The Private Alternative in Higher Education[J].*European Journal of Education*,1985,20(04):385-398.
[2] Peter Scott.*The Meaning of Mass Higher Education*[M].Buckingham:SRHE and Open University Press,1995:85.

　　滥觞于 20 世纪 70 年代的英国私立白金汉大学（The University of Buckingham）开创了英国私立大学发展的先河，其鲜明的办学理念、科学化的管理制度、市场化的办学实践、优异的办学成效等对英国高等教育的变革产生了十分深远的影响。白金汉大学正式成立于 1976 年，是英国第一所拥有英国皇家特许状（Royal Charter）[①]的非营利性私立大学（Non-profit Private University）。[②]该大学在不依附政府拨款，没有任何政府资金来源支持下，仅依靠学生的缴费、社会捐款、基金为主，使得其独立自主的发展模式成为英国私立高等教育的典范。[③]诚如我国教育学者易红郡所言："在 20 世纪 60 年代和 70 年代中期英国高等教育扩展中，除了各地纷纷建立新大学和多科技术学院外，英国还开创了具有特殊意义的大学，这是英国历史上第一所也是迄今唯一不靠政府资助的大学——白金汉大学。"[④]就英国古典时期的牛津大学、剑桥大学和 19 世纪的伦敦大学，20 世纪初的城市大学以及此后的"平板玻璃大学"等发展模式而言，虽然他们都注重大学特色办学，但由于政府在办学资金与权力上的干预，使其发展特色不够鲜明。白金汉大学在独立办学理念的指导下，其内部治理方式别具一格，开创了英国私立高等教育办学的新局面，展现出其办学过程的时代性、服务性、灵活性等特色。

　　缘此，基于这样的思考，著者要研究英国大学历经时代的变迁后，私立大学发生了哪些流变？白金汉大学独立办学的过程、特点及其经验有哪些？其对英国其他大学的发展乃至对世界其他的大学的改革有着什么样的影响？在"双一流"高校建设背景下，我国民办大学在独立办学过程中存在哪些棘手的问题？在"古为今用、洋为中用"的思维逻辑下，白金汉大

---

① 皇家特许状，又可翻译为英廷敕书、英皇制书、皇家宪章，是一种由英国皇家君主签发的正式文书，类似于皇室制诰，专门用于向个人或者法人团体授予特定的权利或者权力，不少英国城市、企业、大学等重要机构组织都是经由颁发皇家特许状而享有权利。不同于政府部门所颁发的令状（Warrant）和任命状（Appointment），皇家特许状一般永久有效。欧洲最早从中世纪开始便已经形成颁发特许状的习惯，专用向一些地方赋予城市的地位，从而让这些地方取得一些被法律认可的权利和特权。参见 Wikipedia.Royal Charter[EB/OL].[2021-05-26].https://zh.wikipedia.iwiki.eu.org/wiki/royal charter.

② The University of Buckingham.History of the University[EB/OL].[2021-05-26].https://www.buckingham.ac.uk/about/history.

③ The University of Buckingham.Why Choose Buckingham?[EB/OL].[2021-05-26].https://www.buckingham.ac.uk/study/.

④ 易红郡.战后英国高等教育政策研究[M].长沙：湖南师范大学出版社，2016：115.

学的发展经验有哪些可供我国民办大学借鉴的？等等。要回答上述问题，我们需要进一步对白金汉大学发展背景及其教育理念、课程设置、教师教学、人才培养、大学管理等方面进行深入的历史考究，才有可能为我国民办大学办出世界一流的大学提供有益的发展经验，进一步凸显出中国特色社会主义民办高校的特色。

（一）英国私立大学的演进所引起的研究兴趣

从英国高等教育史上看，1688 年英国"光荣革命"以后，逐步建立了君主立宪制的政治体制，大学与王权之间的关系也逐渐演变为大学与中央政府之间的关系。然而，由于受大学自治的事实、教育历来是教会的职责以及当时流行的自由放任思想等因素影响，政府始终坚持不干涉大学的内部事务。与此同时，由清教徒和天主教徒开始创办私立学园，为那些被排斥在古典大学之外的非国教徒子弟提供高等教育，收取较低费用，主要教授贴近现实生活的课程。从 1660—1780 年，英国开办私立学园约 50 所。① 19 世纪中期古典大学落后陈旧的教育模式以及社会各界日益高涨的要求实施改革的呼声，迫使英国政府不得不派出皇家委员会对牛津和剑桥大学进行调查，以推动大学内部的各项改革，这也是现代意义上的英国政府首次对大学内部事务施加控制。1889 年，英国政府开始对处于财政困境的城市学院予以资助，后来逐渐形成了由政府资助英格兰地区大学的传统，但忽视对私立学园的资助。1902 年，英国政府着手对大学进行资助，1906 年成立枢密院，国家开始对大学拨款。1916 年英国政府决定成立对枢密院负责的科学工业研究部，以便促进大学科研发展，而原先的私立学园由于没有充分的办学条件，得不到政府资助逐渐倒闭，再加之第一次世界大战的影响，私立学园更是岌岌可危。1919 年，英国政府专门成立了大学拨款委员会负责政府资助大学的相关事宜。自此以后，政府不断资助公立大学，逐渐将自身对大学的管理特权让渡给了大学拨款委员会，大学拨款委员会也切实充当了政府和大学之间的"缓冲器"。而原先濒于倒闭的私立学园也因得不到资助而退出历史舞台。二战后，英国高等教育面临严重危机，在对科技人才需求不断增长的情况下，英国政府积极启动教育改革以推动国家进步、社会发展。1963 年英国政府颁布的《罗宾斯报告》，

---

① 易红郡.战后英国高等教育政策研究 [M].长沙：湖南师范大学出版社，2016：3.

这项为英国高等教育顶层设计的教育政策,影响了英国高等教育发展的趋势,是英国高等教育现代史上伟大的一次变革,也为私立大学的创立奠定了基础。20世纪70年代,英国一群有志之士坚定地致力于打破国家对大学的垄断,创办独立大学。此后新上台的撒切尔政府在高等教育领域大力推行"新公共管理主义"政策,《1988年教育改革法》《1992年继续教育和高等教育法》《迪尔英报告》等一系列立法或报告相继出台,更为私立大学的发展创造了和谐的外部环境,也有利于私立大学积极依附开放的市场对其课程设置、人才培养、教学管理等方面进行改革,极大助推了英国私立高等教育的发展。可以说英国私立高等教育此后的变革进一步增加了英国大学发展的多样性,擘画出大学别具一格的发展画卷,其"办学特色"这一概念也因此获得新的内涵。基于对英国私立大学演变历程的扼要梳理,尤其是20世纪70年代后英国私立大学的发展规律是怎样的,如何做到积极变革等问题的认识,引起了著者研究的兴趣。

（二）白金汉大学的历史经验具有重要的启示

白金汉大学正式成立于1976年,它是英国第一所非营利性私立大学,在1983年获得英国皇家特许状后,正式升格为独立大学,至今已经有40多年的历史。虽然白金汉大学发展时间不长,但其在课程设置、人才培养、制度创新以及社会服务等方面取得累累硕果,受到了英国社会的高度认可。与其他学校相比,白金汉大学基于独立自主的办学理念,其办学经费与政府之间没有太多的关联,所有的经费都是来自学费、社会捐款、学校基金等。[①] 作为第一所拥有皇家特许状的私立大学,学校在创建伊始就将办学的宗旨放在如何实现独立办学上。[②] 学校积极根据市场的要求,经过历次改革,注重办学特色,为英国高等教育的深化改革提供了有益的参考。

白金汉大学作为英国第一所私立大学,其独立自主的办学特色尤受学生和家长青睐,也获得社会认可,尤其是大学自2011年参加英国高校学

---

① The University of Buckingham.How does a Two-year Degree Work?[EB/OL].[2021-05-27].https://www.buckingham.ac.uk/study/undergraduate/two-year-degrees.

② The University of Buckingham.History of the University[EB/OL].[2021-05-26].https://www.buckingham.ac.uk/about/history.

生满意度调查中连续七年获得第一。① 正如白金汉大学校长特伦斯·基莱（Terrence Keeley）在访谈中所言，白金汉大学实行独立的办学理念、个性化的教学、综合化的课程设置、市场化的人才培养模式、创新性的技术引领等方面完全适应了新时期发展对高校的挑战，取得了高校办学模式的新成就，同时也引导着英国高等教育走向一个新的阶段（JT20210608）。② 白金汉大学办学特色之所以如此凸显，正是由于其在大学独立管理、教学、课程、人才培养等方面坚持不受外来权力的干涉。③ 有着独立权的"庇佑"，白金汉大学可以在学制、教师、学生等管理上"放开手脚"地开展创新性活动，进而能够取得卓越成效。

鉴于白金汉大学发展的成就，本书基于这一观点对其历史的发展进程进行考证，认为白金汉大学办学所取得的成就，不仅仅是白金汉大学依靠自身的改革所决定，而且还与其外在的经济、政治、文化等因素有着必然的联系。本书也以此为基点，从宏观方面来考证其办学现状，但也会从微观上对教师课堂教学、学生学习研究、人才实践就业等情况考察。一方面，展现白金汉大学独立办学取得的发展成就；另一方面，揭示这种发展背后所蕴藏的动因和规律，希冀为我国民办高校进一步优化大学内部治理结构、完善现代大学制度建设和调适"府学关系"等方面提供些许参考和借鉴。

（三）我国民办大学教育改革的现实需要

随着我国经济社会的快速发展，我国民办高等教育迎来了新的发展机遇，尤其是当前民办高等教育规模不断壮大、结构不断调整、质量不断提高，有力地展现出新时期我国民办高等教育发展的巨大潜力，但也应看到我国民办高校发展中的短板所在。从其办学资本的形态上来看，民办高校的资本形态是以社会资本融入为主，办学资金主要来源于高额的学生学费和部分企业捐赠等，但这相比当前我国政府对"双一流"大学投入大量

① 环球网留学.2016 英国高校学生满意度调查公布 白金汉大学蝉联第一[EB/OL].（2016-08-15）[2021-06-15].https：//lx.huanqiu.com/article/9CaKrnJX1um.
② 为了更好分析白金汉大学的发展概况，本文在研究内容上会融入不同访谈对象口述的相关内容，其内容会以访谈对象的姓＋名的首字母＋访谈的年月日进行相应的标识，如 JT20210608。下文类同。
③ The University of Buckingham.Gender Pay Gap Report[EB/OL].[2022-02-08].https：//www.buckingham.ac.uk/about/policies/gender-pay-gap-report.

的发展资金而言，其教育经费投入明显不足，致使其发展速度受限。从师资队伍建设而言，民办高校的教师队伍中高层次人才比例较我国公办高校低，而且在教师管理方面存在较强的行政化色彩，许多优秀人才为此而纷纷跳槽。从教学与科研关系处理上来看，民办高校不注重科研，将更多精力放在教学上，忽视科研对教学的积极作用。"教而不研则空"，使学校在育人方面面对重重困境。从高校服务意识方面来看，由于学校以人为本服务意识不强，没有充分做到全身心为学生全面发展服务。从所培养的人才质量来看，民办高校人才质量远不如公办高校，民办高校对学生人才培养不重视，致使学生学习能力、实践技能等方面的综合素养不强，导致企业用人单位不愿聘用民办高校毕业生。学生不能顺利就业反过来影响民办高校优秀生源的招生，由此易形成恶性循环。

根据教育部 2020 年全国教育事业发展情况公布，我国民办普通高校共有 771 所（含独立学院 241 所）。[①] 国家虽然积极鼓励企事业单位，社会团体、组织和公民个人兴办高等教育机构，以促进高等教育的发展，但从高校发展的政策支持上来看，国家对公立大学的政策支持力度要大于民办高校。民办高校的办学审批权并非完全独立，很大程度上受到上级主管部门的限制。民办高校在招生政策、办学规模、社会资源等方面受到限制，不利于其高质量、可持续发展。

上述仅仅是我国民办高校所面对的问题的一个缩影，其在办学问题上无外乎表现为民办高校内涵式发展方面出现的问题。英国白金汉大学经过 40 多年的办学实践，一跃成为英国私立高等教育的典范，其育人的标准、办学的过程、人才的培养等很好地体现了学校独立办学的方针。而我国民办大学办学中的问题却逐渐模糊了其本真的办学理念，远离了高等教育的宗旨。[②] 因此，本书通过研究白金汉大学的办学特色，总结其办学的经验，希冀能为我国民办大学的改革提供参考。

---

① 中华人民共和国教育部.中国教育概况——2020 年全国教育事业发展情况 [EB/OL].（2021-11-15）[2022-01-18].http://www.moe.gov.cn/jyb_sjzl/s5990/202111/t20211115_579974.html.
② 徐雷.民办大学文化建设的思考 [J].黑龙江科学，2018，9（08）：134-135.

二、研究意义

（一）有利于探明英国私立大学的缘起及发展路径

二战后，英国高等教育迎来了发展的"黄金期"。在这期间英国高等教育快速发展，"平板玻璃大学"、多科技术学院、现代开放大学等纷纷建立起来，促进了英国高等教育在处理"政府与学校"的关系上由原先的对抗趋向于平衡。这样的变革模式似乎与白金汉私立大学的办学形态没有多大关系，但实际上却并非如此。20世纪70年代，英国白金汉大学成立，该大学以独立自居，就是为了脱离英国政府的干涉。大学通过在教育教学、师资队伍、课程设置、人才培养等方面大胆创新，赢得了社会的好评，成为学生心目中满意的学校，[①]为英国其他大学继续探索该如何彰显其办学特色提供了有益的经验。值得关注的是，在白金汉大学的影响下，英国紧接着又成立了四所私立大学。这四所私立大学与英国白金汉大学的办学模式相比，虽有失特色，但其在办学质量与人才培养上也有其独特之处。这也为我们进一步去挖掘私立大学发展的特色提供了研究方向，深化了相关的研究领域，丰富与扩展了英国私立大学的研究空间。

（二）有利于深入探究英国白金汉大学的历史沿革规律

白金汉大学是英国高等教育发展过程中具有时代特色的一所私立大学。这所大学与英国二战后政府积极调整教育政策，以及大学开展的具有开放性与灵活性的教育活动有着极其密切关系。当然，其外在的政治、经济、文化等客观因素也与之密不可分。白金汉大学正式成立于1976年，在英国高等教育发展史上独具特色。白金汉大学审时度势，从历史矛盾、时代发展、自身特性等角度，开创了英国私立大学的先河，以"脱离政府干涉"为口号，通过基金捐款、学生学费等方式募集办学经费，将白金汉大学办成了最具英国特色的一所私立大学。[②]为此，英国教育学者彼得·斯科特

---

① 付怡.白金汉大学等三间大学并列第一[N].羊城晚报，2017-08-24.
② The University of Buckingham.History of the University[EB/OL].[2021-05-26].https：//www.buckingham.ac.uk/about/history.

（Peter Scott）曾赞赏道："白金汉大学是英国私立高等教育的唯一典范。"①但就是这样一所具有典范性的大学，我国学者却对其研究较少，鲜有从英国私立大学的角度去审视其办学的历史沿革、规律及其影响。鉴于此，本书通过对白金汉大学办学特色的研究，对揭示其发生、发展、演变过程的历史规律，总结其经验与发展教训具有十分重要的研究意义。

（三）有利于为我国民办大学改革与实践提供有益的参考

党的十八大以来，我国高等教育不断强调内涵式发展，在其治理体系和治理能力现代化上取得卓越成就，一系列高等教育发展的文件和政策的出台，极大地助推了新时代中国特色社会主义高等教育体系的建设。其中一流大学与一流学科建设作为高等教育体系中最为重要的部分，有力提升了中国高等教育在国际上的竞争力、影响力。民办高校作为促进我国高等教育发展一支不可或缺的力量，一直以来在促进我国教育公平、提高教育质量、推动教育普及化、优化教育结构等方面做出了卓越的贡献。虽然当前我国民办高校没有纳入"双一流"建设高校的队伍中，但其为推动我国实现"两个一百年"奋斗目标和实现中华民族伟大复兴的中国梦提供有力支撑。民办高校由于得不到政府的资助，其在治理体系和治理能力现代化建设方面存在不足。该如何推进民办高校的自主改革，构建完善的治理体系，成为当前民办高校亟待解决的难题。通过对白金汉大学独立办学特色的研究发现，白金汉大学在"完全独立"的办学理念下，以灵活化、开放化、市场化的办学举措，积极地在教育教学、课程设置、师资培养、人才培养等方面深化改革，获得了卓越的发展成就。因此，通过研究白金汉大学独立办学特色，希冀能为我国民办高校的办学提供有益参考，但由于我国民办高校分布较广，其校情、学情与英国白金汉大学存在差异，我们在借鉴白金汉大学的发展模式时，也应该坚持走中国民办高校特色办学之路。一方面，我们在深化对民办高校正确引导办学路径当中，应省思民办高校发展的空间问题；另一方面，在政府与大学之间的关系上，应充分考虑民办高校的办学性质，发挥出民办高校在自主招生、课程设置、教师队伍建设、人才培养等方面的积极性。

---

① Peter Scott.*The Meaning of Mass Higher Education*[M].Buckingham：SRHE and Open University Press，1995：85.

概言之,通过梳理白金汉大学办学的历史轨迹,总结白金汉大学独立发展的特色,以期更好地为我国民办高校在进一步优化大学内部治理结构、完善现代大学制度和调适"府学关系"等方面提供有益的参考方案。

第二节　核心概念界定

一、英国私立大学

在研究英国白金汉大学的历史沿革之前,必须对英国私立大学这一核心概念做一界定。从英国高等教育的管理体制来看,英国高等教育可分为大学、非大学部分。大学部分有牛津、剑桥等古典大学和伦敦大学等近代大学,二战后的诺丁汉、南安普顿等现代大学以及 20 世纪 60 年代成立的苏克萨斯、基尔等"平板玻璃大学",开放大学及 1992 年之后多科技术学院升格的大学;非大学部分有多科技术学院、苏格兰中央所属学院、地方高等教育学院以及继续教育学院。这些大学和非大学的高等教育类型、层次、形式、办学主体等管理体制与政府之间有着密切关联,都接受政府资助,一定程度上受到政府控制。[①] 而 20 世纪 70 年代成立的英国第一所私立大学却不接受政府资助,可以说是英国高等教育体制的一种创举。

英国私立大学脱离政府的资助,其办学组织不受政府干扰,具有"根据自身所处的地理位置和市场状况制定发展规划和分配资源的自由"。[②] 尤其英国私立大学不受外界的控制,以董事会或理事会管理的制度,使其拥有独立办学的能力,自己管理大学事务,"具有权力的行使与管理职能"[③],依赖"自己的办学理念,对大学的目标行使大学自我管理,自己管理

---

① 张建新. 高等教育体制变迁研究:英国高等教育从二元制向一元制转变探析 [M]. 北京:教育科学出版社,2006:60—69.

② Turcan R V, Reilly J E, Bugaian L.*Discovering University Autonomy: The Global Market Paradox of Stakeholder and Education Values in Higher Education*[M].Cambridge:University of Cambridge Press,2015:89.

③ 姜国平. 我国大学自治权:政府干预与司法保护 [J]. 浙江师范大学学报(社会科学版),2015,40(03):95—100.

好自己的内部事务"①,发挥大学在人才培养、社会服务、科学研究三个方面的职能。英国私立大学作为独立办学的主体,"自己确定自己的权利,不受外界的干涉,确定自己的办学目标、理念、管理方式等"②,"决定自己以何种方式实现自己的办学目标,形成某种办学模式。"③此外,英国私立大学是"大学作为法人实体不受国家、教会、任何其他私人或公共的法人团体以及任何诸如统治者、政治家、政府官员、教会负责人、政策评论家或实业家干涉的自由"④,是为了使高等教育机构更好地服务于社会而让其独立地决定自己的使命、目标和各类事项的先后次序。⑤大学在独立办学情况下,实现财政自由,不受外界干扰,自主决定自身的发展目标、研究工作日程、评估标准以及实施进程。⑥

我国私立大学又称为"民办大学",著名教育家顾明远先生在《教育大辞典》中指出,私立大学是由个人或私人团体举办的高等院校,除需经政府批准成立以及遵循相关法律制度外,原则上不受政府管辖,以校董会为最高权力机构,由校董会任免校长,所需经费来源于学生学费、私人捐赠和基金会等各种学校资产、政府资助等其他经营收入。⑦一般而言,私立大学按照不同的结构价值和组织价值层面可分为营利性大学和非营利性大学,区分标准主要是以其价值运行情况而定(参见表1-1),价值层面不同导致其办学性质不同。

本书所研究的英国私立大学是一所非营利性大学,其大学的"剩余价值"全部用于大学的各项建设,而非以集团或个人营利性为目的来促使大学的发展。在一定意义上,非营利性私立大学是在外界复杂的环境之中,由民间资本、学生费用所维持经营的大学,一般是指由非地方或者中央政府投资,全部或者部分地依靠学生的学费、捐款、募款等非政府资金等来维

① 党玲侠.现代大学与外部关系运行机制的构建与创新 [J].教育财会研究,2014,25(05):10-14.

② 刘虹.控制与自治:美国政府与大学关系研究 [M].上海:复旦大学出版社,2012:2.

③ 金一超.论大学章程:学术自治、办学特色与正当程序 [J].浙江工业大学学报(社会科学版),2014,13(01):66-70.

④ 爱德华·希尔斯.学术的秩序:当代大学论文集 [M].李家永,译.北京:商务印书馆,2004:283-284.

⑤ Clark.B.R, Neave G.R.*The International Encyclopedia of Higher Education*[M].New York:Pergamon Press,1992:13-84.

⑥ Zajda J, Daun H.*Global Values Education*:*Teaching Democracy and Peace*[M].Netherlands:Springer,2009:176.

⑦ 顾明远.教育大辞典 [Z].上海:上海教育出版社,1991:72-73.

持大学的运转,促使其独立非营利组织之特性的发挥。① 它可以超越外界权力对大学的干涉,形成一个以有利于大学自身特色发挥的综合体系,更好地让大学发挥大学的人才培养、科学研究、社会服务、文化交流的职能。

表 1-1 营利性大学与非营利性大学之间的差异

营利性大学	非营利性大学
纳税	免税
投资人	捐赠人
私人投资资金	捐赠款
股东	资助人
传统管理	共同管理
利润动机	声誉动机
知识应用	知识培养
市场导向	学科导向
产出质量	投入质量
顾客权力	教师权力

(资料来源:理查德·鲁克.高等教育公司:营利性大学的崛起 [M].于培文,译.北京:北京大学出版社,2015:11.)

二、办学特色

今天,我们对"办学特色"(School Running Characteristics)这四个字提法较多,已成为学校办学章程里的"代名词",但并不是任何学校的办学都可以用"特色"二字来形容。"特色"在《当代汉语词典》是"事物所表现的独特色彩、风格等"②,它体现的是事物发展的特殊性而非普遍性。办学特色是指一所学校在受到地域文化、经济发展、政治环境、教育资源等不同的背景影响,依据相应的法律法规,凸显出学校办学的优势,③ 形成一种比较稳定的学校发展模式。办学特色是学校发展的灵魂,它将有效地嵌入

---

① Wikipedia.Private University[EB/OL].[2021-8-29].https://zh.wikipedia.ahmu.cf/wiki/private university.

② 莫衡,等.当代汉语词典[Z].上海:上海辞书出版社,2001:165.

③ 王伟.学校特色发展:内涵、条件、问题与途径[J].中国教育学刊,2009(06):31-34.

学校发展的理念,融入学校的办学实践,展现学校的发展水准,同时也会彰显出学校的校风、学风、教风、人才培养等综合性的元素。[1]

办学特色虽然与学校的各种管理、教学质量、人才培养有着密切的关系,但办学特色也容易走进误区,它不是学校随意增加新的发展元素,不是随便开设几节新的课程、聘请新的老师,增加几次课外实践等就表示学校办学就有特色。办学特色是学校源于办学风格、办学文化等多重因素的影响,在长期的教育实践的研磨中所形成的一套整体的办学思路,展现了学校办学的规律,进而弘扬出学校办学的特色。同时,我们要强调的是学校的办学特色不是盲目地引进就能凸显出来的。

从教育学在中国的发展视角来看,无论从19世纪末20世纪初我国形成的以"中体西用"为核心的"智必取自欧美,德必专宗孔孟"的办学特色情况,还是新文化运动时期批判儒家思想,将西方进步教育运动的"设计教学法""道尔顿制""文纳特卡计划"等学说应用在中国大地上的办学情况,抑或中华人民共和国成立后,我国由于缺乏建设社会主义教育的经验,移植苏联的办学模式,都深深地使我国学校办学打下了以"我文化"的足适"他文化"的履的烙印,不能充分体现出我国的办学特色。[2]这些历史的警醒告诉我们,办学并不是靠一味追求移植他人,将其改头换面成学校的"新、奇、特",而是要看所引进的元素有没有尊重学校的文化传统、充分利用学校的发展资源、考虑到社会背景以及学校发展的实际情况等。

因此,大学办学特色不是学校自我标榜的标签,也不是简单地移植,而是一种优质、个性、特殊、动态、多样的办学模式。[3]它应该体现在以下几个方面:一是办学特色是高校追求优质性的体现。一所大学能够在同类学校中崭露头角,一定与其敢于追求优质的教育特色有着很大的关系,设想一个缺乏优质教育资源的高校怎会办出学校的特色,怎会得到社会的认可。二是办学特色与高校人性化的管理、教学有着十分密切的关系。在日常实践中,它将学校的办学理念与学校教师、学生、行政人员等相互融合,进而体现出学校办学的个性,这种个性不是拾人牙慧、亦步亦趋而获得,而是源于学校个性化的管理、人性化的服务而形成。三是大学办学特色凸显

---

① 袁先潋.论普通高中办学特色[D].武汉：华中师范大学，2016.

② 赵梦雷.面向新时代中国教育学话语及其体系重构[J].当代教育与文化，2020，12（05）：8-16+25.

③ 谢冠华，詹勇."强特色，冲一流"：地方高水平大学建设的发展路径研究——以广东工业大学为例[J].社会工作与管理，2019，19（04）：102-107.

了办学的特殊性,依据的是培养人的发展要求,是促进社会的进步,不能脱离时代普遍性的要求而自成一格,更不能脱离人的内在发展规律而人为主观性地制造出学校的办学特色。① 四是大学办学特色应该是动态的而不是一成不变的。大学办学特色要体现出学校的文化传统,其精髓不应该随着大学凸显其办学特色而丢失,相反更应该使其成为学校自我规整、自我更新的内在动力。

鉴于此,大学办学特色要摆脱"千校一貌"的办学模式,摒除盲目跟风的办学陋习,在总结大学办学规律的基础上,找准自己在同类大学中所存在的发展优势,凸显出大学在办学理念、教师教育、人才培养、课程设置、管理制度等方面的办学特色。

三、发展模式

发展模式(Development Model),亦译"发展范型"。一般指可以作为发展范本、模本的式样。作为专业术语,其在不同的学科含义可能有所区别。一般在社会学中,发展模式会嵌有自然现象和社会现象的因素,呈现的是一种思想体系和思维方式。从教育学来看,发展模式展现的是一种制度或思想的演变形态,呈现出教育实践的变革规律。因此,国内外学者也逐渐开始从发展模式的视角出发,探讨某种教育制度、思想、活动等教育演变的轨迹。然而,从大学的发展模式内涵上来看,人们虽然从大学的职能、制度、课程、教师教育等办学成效方面来研究大学"看得见"的发展形态,以此来展现大学与外界客观环境之间的逻辑关系,但同时也易忽视大学发展模式中一些"看不见"的形态。为此,要深入研究大学的发展模式,一方面要分析大学实践所内蕴"看得见"的形态,另一方面也需要从大学的理念与内在精神等"看不见"的方面深入解析大学在不同发展阶段的本质特征。

本研究将发展模式这一核心概念运用在大学不同发展阶段变革之中,通过明晰大学发展的理念和精神内涵,分析大学的课程设置、学生学习、教师教学、人才培养、大学制度建设等办学实践,以此总结大学的发展规律。

---

① 李新宇 . 秉承特色办学理念 推进高水平大学建设的实践与思考 [J]. 北京教育（高教）, 2011（09）: 30-32.

第三节　国内外研究现状综述

一、国外研究现状综述

（一）英国私立大学的研究文献综述

1.关于英国私立大学治理的研究

对于英国私立大学治理理论，美国教育家菲利普·G.阿特巴赫（Philip G.Altbach）、丹尼尔·C.列维（Daniel C.Levy）将全球具有代表性的私立高等教育研究的成果合集成一本《私立高等教育：全球革命》（*The Private Higher Education：A Global Revolution*）著作。虽然此书仅收集了56篇关于私立大学的论文，但从不同的侧面反映出21世纪以来私立高等教育发展的现状、问题及其未来趋势，对研究外国私立高等教育的制度、理论等方面具有十分重要的价值。作者在整合欧洲私立高等教育发展的现状上，主要分析了中欧、西欧、保加利亚、乌克兰、罗马尼亚等私立大学发展的特征，[1]但并没有专门去分析英国私立高等教育的问题，因此对欧洲私立高等教育的研究难免产生以偏概全的嫌疑。杜加尔德·麦基（Dugald Mackie）等人在分析英国私立大学治理与责任之间关系时，详细描述问责制与控制之间的区别。他认为私立大学的问责制与人们认为的不一样，它不是一种行政手段，而是一种道德原则。私立高等教育的大学治理与公立高等教育是有区别的，其根本就在于两者在责任的承担方面不一样。[2]迈

①　菲利普·G.阿尔特巴赫，丹尼尔·C.列维.私立高等教育：全球革命[M].胡建伟，等译.北京：中国社会科学出版社，2014：126-159.

②　Dugald Mackie, Jobn Martin, Kevin Thomson.Autonomy Versus Accountability Maintaining the Delicate Balance[J].*Tertiary Education and Management*, 1995, 1（01）：62-71.

克尔·沙托克(Michael Shattock)分析了英国高等教育从私人治理到公共治理的转变历程,其驱动力不再是制度本身的驱动力,私立高等教育需求是受到新公共管理干预的影响。[①]哈里·德布尔(Harry Deboer)等人讨论了荷兰、奥地利和英国这三个国家私立高校的董事会状况。他们认为,欧洲高等教育部门最近的改革之一是在大学中形成新的管理结构,董事会是这些改革进程的一部分。然而,尽管这些委员会很重要,但令人惊讶的是,人们对他们的实际工作知之甚少。作者比较了各委员会在组成、独立性、问责性和透明度等方面存在的问题和困境,并针对当前董事会结构和工作实践提出有待改进的地方。[②]罗伯特·布马卢姆(Robert Birnbaurm)认为大学包括基于法律权威的理事会行政体系和基于专业权威的教师体系两大体系,为了实现两大体系的微妙平衡而设计的结构和过程就是英国私立大学内部治理。这种平衡应是学术归学术,同时学术还要参与管理,而不能简单地理解为学术归学术,管理归管理。[③]苏珊·惠勒·约翰斯坦(Susan Whealler Johnstan)认为有效的私立大学治理应该是教师参与管理,可以通过教师参与管理过程来获得。[④]罗伯特·布马卢姆(Robert Birnbaum)认为无论是公立大学还是私立大学,其学术组织的权力结构都是依靠权力的控制思想而形成。[⑤]美国著名教育学者伯顿·克拉克(Burton Clark)分析了高等教育系统当中存在着不同的三种力量——学术、政府、市场,但这样的力量也会存在于私立高等教育系统中,尤其是私立高等教育的董事会,其存在形式与公立大学无异。[⑥]马克·奥尔森(Mark Olssen)等人认为由于新自由主义和相关的"新公共管理"的兴起,使大学和其他高等教育机

① Michael Shattock.The Change From Private to Public Governance of British Higher Education: Its Consequences for Higher Education Policy Making 1980-2006[J].*Higher Education Quarterly*, 2008, 62(03): 181-203.

② Harry de Boer, Jeroen Huisman, Claudia Meister-Scheytt.Supervision in Modern University Governance: Boards Under Scrutiny[J].*Studies in Higher Education*, 2010, 35(03): 317-333.

③ Robert Birnbaum.The End of Shared Governance: Looking Ahead or Looking Back[J].*New Directions for Higher Education*, 2004, 27(01): 156-167.

④ Susan Whealer Johnstan.Faculty Governance and Effective Academic Administrative Leadership[J].*New Direction for Higher Education*, 2003, 1(07): 165-178.

⑤ Robert Birnbaum.The End of Shared Governance.Looking Ahead or Looking Back[J].*New Directions for Higher Education*, 2004, 27(01): 156-167.

⑥ 伯顿·克拉克.高等教育系统:学术组织的跨国研究[M].王承绪,徐辉,等译.杭州:杭州大学出版社,1994:67-76.

构存在的方式发生了根本性转变。传统开放的知识探索和辩论的专业文化已经被机构所取代,这一点可以从大学层出不穷的教育政策得以证明。大学被视为知识经济的关键驱动力,因此高等教育机构被鼓励与工业和商业发展合作是新时期英国高等教育发展的趋向,因此英国高校应该像私立高校那样,制定新的行动措施,以提高产出,实现发展目标。①塔希拉·耐瑟尔(Tahira Nazir)等人通过对比分析英国公立大学和私立大学之间的奖励薪酬,及其对工作效率的影响,发现英国私立高等教育的大学教师退休金、教师和职工会、罗素集团等对其深化发展具有不同的贡献。而英国公立大学却注重健康的生活、学习的机会以及给予学生特别的优惠政策,这样的大学奖励制度并不能确保大学在未来的发展中取得优越的地位,因此作者建议将公立大学和私立高等教育相互结合,强化大学的内部治理以确保英国高等教育系统的领先地位。②

英国学者菲特摩·哈米德发(Fatemeh Hamidifar)等人探讨了私立高等教育机构有效的学术领导和阻碍问题,认为其治理方法应该构建健全的道德价值观、相互建立的信任管理体系才有利于问题的解决。③英国教育学家安德鲁·威尔金斯(Andrew Wilkins)认为,过去6年,英国历届政府都推行了改革,旨在引入规模较小、自上而下、官僚机构负担不重的服务提供模式。然而,地方政府的"空心化"并没有减少基层的官僚作风或减少来自上级的监管,也没有减少作为教育治理的组织原则的层级。作者比较赞成以私人大学的管理方式,来生成新的标量层次结构和问责制度。④克里斯·威尔金斯(Chris Wilkins)认为,在英国新自由主义学校体系中,各种矛盾力量影响着教师的工作,治理模式的多样性以及"有效地实践和领导"的观念正在改变这一现象,但他也认为,多样化的景观可能为新的自

① Mark Olssen, Michael A.Peters Neo.Liberalism, Higher Education and the Knowledge Economy: From the Free Market to Knowledge Capitalism[J].*Journal of Education Policy*, 2005, 20(03): 313-345.

② Tahira Nazir, Saif-Ur-Rehman Khan, Syed Fida Hussain Shah, Khalid Zaman.Impact of Rewards and Compensation on Job Satisfaction: Public and Private Universities of UK[J].*Middle-east Journal of Scientific Research*, 2013, 14(03): 394-403.

③ Fatemeh Hamidifar, Mansoureh Ebrahimi.Academic Leadership in a Private University: An Iranian Case Study[J].*International Education Studies*, 2016, 9(05): 1167-1182.

④ Andrew Wilkins. Rescaling the Local: Multi-Academy Trusts, Private Monopoly and Statecraft in England[J].*Journal of Educational Administration and History*, 2017, 49(02): 171-185.

治空间提供机会,尤其能为英国私立大学的发展提供变革的动力。①

还有的学者从学生的角度探究私立大学的治理情况。如阿尔夫·利齐奥(Alf Lizzio)等人认为,学生在大学治理中的作用和贡献是一个相对被忽视的研究领域,尤其是让学生代表担任系委员会学生委员,所受到的影响因素是不同的。作者以不同学科的 20 名学生作为研究对象,得出结论认为高校需要采取更加积极主动的方式来培养和支持学生干部。②艾拉·卡胡(Ella R.Kahu)通过不同的视角对私立大学学生参与管理进行详细分析,充分展示出私立大学在其学生管理模式的特色。③斯蒂芬·戈拉德(Stephen Gorard)基于 1989—2012 年度学校普查、2004—2012 年教育部的学校表现和全国学生数据库的数据分析发现,私立大学也存在学生歧视的问题。④

2. 关于英国私立大学资助体系的研究

路易斯纳瓦罗·埃斯皮加雷斯(José Luis Navarro Espigares)等人特别感兴趣的是揭示公私伙伴关系投资和地区生产力之间的关系,他们认为英国女王陛下财政部提供的私人融资计划项目数据库和英国企业与监管改革部门发布的区域经济绩效指标相关,私立大学管理基金更是与之有很大的关联。⑤伊万·费利(Ewan Ferlie)和苏珊·特伦霍尔姆(Susan Trenholm)通过分析英国高等教育的新组织形式,发现由于传统上私人高等教育的发展并不接受公共机构的资助,而国家政策的驱动力对公共高等

---

① Chris Wilkins.Education Reform in England: Quality and Equity in the Performative School[J].*International Journal of Inclusive Education*,2015,19(11): 1143−1160.

② Alf Lizzio, Keithia Wilson.Student Participation in University Governance: The Role Conceptions and Sense of Efficacy of Student Representatives on Departmental Committees[J].*Studies in Higher Education*, 2009, 34(01): 69−84.

③ Ella R.Kahu.Framing student engagement in higher education[J].*Studies in Higher Education*, 2013, 38(05): 758−773.

④ Stephen Gorard.The link Between Academies in England, Pupil Outcomes and Local Patterns of Social−Economic Segregation Between Schools[J].*Research Papers in Education*, 2014, 29(03): 268−284.

⑤ José Luis Navarro−Espigares, José Aureliano Martín−Segura.Public−Private Partnership and Regional Productivity in the UK[J].*The Service Industries Journal*, 2011, 31(04): 559−580.

教育提供支持，这可能对高等教育产生深远的影响，但一部分以盈利为目的的私人机构进入了英国高等教育的市场，具有专业合伙股权的形式。这种新型的"虚拟"组织形式有可能随着时间的推移为英国高等教育带来更大的发展。因为这些发展形势具有颠覆性的技术创新、在线学习的新形式，而且也具有与高新科技领域相关的大型慈善基金会供应的特点。因此可以说，这些私立高等教育在不断补充政府资金收入的同时，也会对未来高等教育的发展带来更广泛的变革。① 伯纳德·朗登（Bernard Longden）等人认为，对许多国家来说，资助高等教育日益成为一个矛盾的问题。矛盾之处在于，国家承认大学教育对国家有长期好处，因为社会受教育程度提高了，有更多机会为经济增长提供创造性和高科技的劳动力，但是也面对着外在的一些困境。英国高等教育可以找出"第三条路"，私立高等教育可以很好减少政府财政债务。② 马克·布劳格（Mark Blaug）和莫林·伍德霍尔（Maureen Woodhall）通过研究英、法、德、荷兰等国家的高等教育补贴制度，发现欧洲高等教育的补贴模式特别注重公平和效率，公共补贴涵盖了高等教育私人费用的100%，但是也使得私立高等教育学生的补贴较低。研究认为，从效率和公平的角度来看，公立高校的资助较私立高等教育优越，尤其是当前公立中学系统制度的完备以及高等教育支持计划的实施都相比私立高等教育发展较为完善，这就使得私立高等教育的补贴制度的实施缺乏活力。③

3. 关于英国私立大学发展趋势的研究

穆尼尔·库德私（Muir Quddus）和萨利姆·拉希德（Salim Rashid）对全球私立大学的范围进行深入探究，认为私立大学在全球范围内的发展是革命性的，在世界高等教育舞台上带来了许多戏剧性和重大的变革，促使私立高等教育成为一种全球现象。虽然到目前为止，对私立高等教育的这些新趋势的系统研究很少，但这一发展的趋势对世界高等教育的影响也很

---

① Ewan Ferlie, Susan Trenholm.Exploring New Organizational Forms in English Higher Education: A Think Piece[J].*High Education*, 2019, 77（08）: 229-245.
② Bernard Longden, Charles Bélanger.Universities: Public Good or Private Profit[J].*Journal of Higher Education Policy and Management*, 2013, 35（05）: 501-522.
③ Mark Blaug, Maureen Woodhall.Patterns of Subsidies to Higher Education in Europe[J].*Higher Education*, 1978, 32（07）: 331-361.

深远。英国私立高等教育的发展完全契合了全球私立高等教育的发展轨迹,通过与第三世界国家的合作,发挥其名牌效应,极大推动第三世界高等教育的发展。[1]特里斯坦·邦内尔(Tristan Bunnell)等人以不断增长的全球教育行业参与者的视角,探析了英国私立精英学校以及海外的分支机构分布情况。从全球分布地区来看,英国的私立精英学校分布在中东和东南亚地带,除了传统私立精英中小学,有些私立精英学校已经开始向高等教育领域进军,呈现出多样化快速增长的趋势。作者认为英国私立精英教育之所以会风靡全球,不仅是全球教育行业的持续强化和多样化发展的结果,也是英国精英学校向外界政府寻求依赖的结果。[2]

在众多私立高等教育研究者中,大都将其规模"增长"作为其关注的焦点,而丹尼尔·C.列维则以独特的视角审视了全球私立高等教育。他认为私立高等教育正在逐渐走向衰败,其原因在于私人基金不断受到市场的影响,私立大学的市场与当今社会和政治有着十分紧密联系,社会原因有其内在特性的激发不足、人口的减少与私立大学日益扩充的办学理念不匹配、社会基金的投入不充分等;政治原因有政府不断增加公立大学的经费、扩大公立高等教育发展,使私立高等教育的竞争力受到影响。这些动态的趋势虽然并没有逆转日益增加的私立高等教育的发展趋势,但在侧面上加速了全球私立高等教育的衰落。[3]特谢拉(P.N. Teixeira)等人分析了私立高等教育在欧洲高等教育所发挥的角色和作用,认为当前欧洲私立高等教育呈现出不断增长的态势,其原因与欧洲市场经济的扩张有着十分紧密联系,这激发了私人、企业、基金会对高等教育发展的兴趣。作者还指出,虽然当前欧洲私立高等教育在不同的国家呈现出不同的发展模式,但也暴露其高等教育发展改革过程中的问题。[4]伊丽莎白·巴克纳(Elizabeth

---

[1]　Muir Quddus, Salim Rashid.The Worldwide Movement in Private Universities: Revolutionary Growth in Post-Secondary Higher Education[J]. *American Journal of Economics and Sociology*, 2000, 59(03): 487-516.

[2]　Tristan Bunnell, Aline Courtois, Michael Donnelly, Tristan Bunnell.British Elite Private Schools and Their Overseas Branches: Unexpected Actors in the Global Industry[J].*British Journal of Educational Studies*, 2020, 8(02): 1-22.

[3]　Daniel C.Levy.The Decline of Private Higher Education[J].*Higher Education Policy*, 2013, 26(11): 25-42.

[4]　P.N.Teixeira, R.Biscaia, V.Rocha, M.F.Cardoso.What Role for Private Higher Education in Europe? Reflecting about Current Patterns and Future Prospects[J].*A Global Perspective on Private Higher Education*, 2016, 27(14): 13-28.

Buckner）探究了全球私立高等教育的增长问题。作者认为在国外创立的高等教育机构远超越本国政府组织的控制，并逐渐使其合法化。作者的这种认识与私立高等教育的扩张是高需求和有限政府资金的扩张的逻辑结果不同，她使用全球15129个成立的高等教育机构领域的新型数据，研究了政府、市场与私人高等教育相关的因素。与占主导地位的功能主义或经济逻辑相反，作者借鉴新制度理论，分析了私立高等教育是怎样形成高度合法的全球模式以助推国家发展。① 斯蒂芬·亨特（Stephen A.Hunt）和维基·波利夫（Vikki Bolive）通过分析英国公立高等教育机构私人资助情况，发现私人捐助在英国高等教育市场竞争所占比重较大，但在市场竞争不明确的情况下，有些私立高等教育机构没有参加风险评估，从而增加了这类机构最终倒闭的可能。作者利用从2014年到2019年的现有数据，对私立高等教育市场退出的影响因素进行分析，发现虽然英国政府积极鼓励私立高等教育的发展，但同时随着本国人口的下降，其私立高等教育部门正呈现出萎缩的状态。② 英国私立高等教育的发展促进了英国高等教育多样化的发展，其独特的发展态势虽不能代表英国高等教育发展的未来，但其为消费者提供了更具创新性和更高质量以及更好教育服务的可能。琳达·伊斯特（Linda East）等人指出，在经济不确定的时期，私立高等教育的目的和价值的问题凸显出来。这些问题对于培养具有专业资格的毕业生有特别的意义，这些毕业生可能被期望为公共利益做出贡献，但对于私立高校培养出来的毕业生可能存在对公共利益的理解较为狭隘的问题。对此，作者建议要超越对毕业生"属性"的纯粹工具性理解，创造性地对人才进行培养。③ 此外，还有丹尼尔·C.列维的《私立教育：选择与公共政策研究》（ *Private education: Studies in choice and public policy* ）一书中对英国公立大学与私立大学发展情况的详细描述。④ 斯特维特（W.A.C.Stewart）的《战

---

① Elizabeth Buckner.The Worldwide Growth of Private Higher Education: Cross-national Patterns of Higher Education Institution Foundings by Sector[J]. *Sociology of Education*，2017，90（04）：296-314.

② Stephen A.Hunt, Vikki Bolive.Private Providers and Market Exit in UK Higher Education[J]. *Higher Education*，2021，81（06）：385-401.

③ Linda East, Rebecca Stokes, Melanie Walker.Universities, The Public Good and Professional Education in the UK[J]. *Studies in Higher Education*，2014，39（09）：1617-1633.

④ Daniel C.Levy. *Private Education: Studies in Choice and Public Policy*[M]. New York: Oxford University Press, 1986：211-275.

后英国教育史》^①和皮特·戈登（Peter Gordon）等人的《20 世纪英国的教育与政策》（ *British Education and Policy in the 20th Century* ）^②对英国高等教育的发展所进行的相关探究，为本文进一步深化私立大学有关问题的研究提供了资料参考。

　　综上所述，英国学者们从宏观层面对英国私立高等教育的发展问题做了较为深入的研究，但缺少从微观层面上审视英国私立高等教育内在的改革机理，碎片化的研究成果不足以系统化地展现出英国私立大学的发展概况、特征及其影响。当然，由于英国私立大学开创较晚，在办学模式上与其他大学存在着不同，但改革的源流自然与英国高等教育的政策变迁紧密联系。因此，本研究通过全景式地系统梳理英国自二战以来高等教育改革的历史脉络及其沿革规律，阐释私立大学发展究竟有着怎样不同的样态，存在什么样的影响。

（二）白金汉大学的研究综述

　　著者通过在 Web of Science、Wiley、Google、Open Access Library 等数据库检索发现，与白金汉大学直接相关的研究文献较少，只有零星的研究成果。

1. 关于白金汉大学初创时期的研究

　　在白金汉大学学院（The University College of Buckingham）发展时期^③，乔伊斯·彭伯顿（Joyce Pemberton）所著的《白金汉大学学院：概念、创立和早期的初步解释》（ *The University College at Buckingham*： *A first account of its conception*, *foundation and early years* ）中较为详细地描述了

---

① 　W.A.C.Stewart.*Higher Education in Postwar Britain*[M].Buckingham：Cambridge University Press，1992：296-375.
② 　Peter Gordon，Richard Aldrich，Dennis Dean.*Education and Policy in England in the Twentieth Century*[M].New York：Oxford University Press，2003：145-356.
③ 　为了防止白金汉大学学院与白金汉大学之间名称混淆，大学在 1983 年没有获得英国皇家特许状前称之为白金汉大学学院，之后被为白金汉大学。因此，在本书中出现的白金汉大学学院是其在初创时期（1973—1982 年）的名称；在获得英国皇家特许状后，其大学宪章中就把白金汉大学学院更名为"白金汉大学"。

白金汉大学成立之前的现状、问题,作者认为白金汉大学学院的成立,不仅仅代表英国高等教育改革的时代先锋,也是英国在学习美国私立大学过程中创新发展的成就。[①]约翰·彭伯顿(John Pemberton)对白金汉大学学院成立初期的大学理念、在校学生、课程学习、对外关系以及学校建设等多方面进行分析,认为白金汉大学学院之所以在办学初期能够取得不错的成绩,其根源在于英国开创了私人资助的大学机构。作为私立大学的一名支持者,作者呼吁白金汉大学学院要积极地坚持独立个性办学,大胆地实践探索,一定能够获得皇家特许状。[②]正如作者所言,白金汉大学在1983年,即大学在正式成立后的第7年获得了英国政府的高度认可,这也说明白金汉大学办学理念的独特性符合英国高等教育体制的发展。作为英国白金汉大学的第一任校长,英国学者马克斯·贝洛夫(Max Beloff)在《开创私立大学:一个英国高等教育的实验》(Starting a Private College: A British Experiment in Higher Education)一文着重描绘了第一所英国私立大学——白金汉大学学院的"初版"场景,作者认为白金汉大学学院开创了英国私立大学在面对资金独立的背景下如何"独立发展"的历史先河。然而,出于这种主动性,白金汉大学学院并没有像原先设想计划那样像美国私立大学快速地成长起来,而是遇到了课程设置、教师招聘、学生招生、教育资源分配、学科发展与评估等方面的问题,针对这些始料未及的问题,作者建议要发展白金汉大学学院的办学特色,关注学生,强化学院的管理。[③]作者采用史论结合、以古鉴今的研究方法,运用充分的史料,分析了"三岁"的白金汉大学学院在成立前后的变化,为本文深化白金汉大学学院办学的内涵及其展望白金汉大学未来的发展趋向提供了重要的学理支撑。但较为遗憾的是,作为白金汉大学学院的首位校长,他并没有将英国公立高等教育的发展经验与其进行深入比对,也没有过多地分析其对英国高等教育产生的影响。

肖夫(G.K.Shaw)和布朗(M.Blang)着力探究了白金汉大学从1976年正式建立到1986年这十年间的发展状况。从白金汉大学的教学与研究、

① Joyce Pemberton.*The University College at Buckingham: A First Account of Its Conception, Foundation and Early Years*[M].Buckingham: Buckingham Press, 1979: 7–189.

② Jone E.Pembrton.The University College at Buckingham, England[J].*The Journal of the Rutgers University Libraries*, 1977, 39(02): 108–114.

③ Max Beloff.Starting a Private College: A British Experiment in Higher Education[J].*The American Scholar*, 1979, 48(03): 395–403.

政治立场、学校选址、学生人数、学位授予等方面深入探析其十年的变化历程,作者认为白金汉大学走过十年的光辉历程,与其他大学所首肯的"业绩标准"不同,倘若以白金汉大学在学业标准、授予学位、学生就业方面等数据与其他著名大学相比,显然没有任何意义,但这也并不能代表白金汉大学在这十年的发展当中没有任何的优势。[①] 大卫·莱斯布里奇(David Lethbridge)分析了白金汉大学成立的原因,认为白金汉大学成立与英国政府对大学不断控制有着很大的关系。其发展虽然并没有想象中的那么迅速,但也取得了一些发展成就,尤其是白金汉大学在对内部管理上实施了市场化的运营策略,极大地推动白金汉大学在国际上的影响,但同时也产生了国家管理与大学参议院之间意见不合的问题,致使其对未来发展规划较为迷茫。[②]

罗莎琳德·普理查德(Rosalind M.O.Pritchard)在研究私立高等教育时,以英德两国为例,分析了私立大学的起源、学术组织、资金分配,阐析白金汉大学和德国赫德克大学在私立高等教育方面存在的一些问题,并指出两所私立大学在促进国家高等教育治理方面具有十分值得借鉴的地方。[③] 尤其作者分析到白金汉大学的缘起时,讲述了白金汉大学建立的艰辛历程,这使得很多"不易挖掘"的史料和评论被作者一一呈现而来,但作者对白金汉大学发展的影响及其未来展望并没有深入分析。

2. 关于白金汉大学办学特色的研究

彼得·斯科特在分析英国高等教育大众化的意义时指出英国第一所私立大学——白金汉大学由于注重其办学特色,成为英国私立高等教育的典范,但作者并没有深入分析白金汉大学如何成为私立高等教育典范,对英国高等教育制度的变革产生何种影响。[④] 艾伦·皮科克(Alan Peacock)

[①] G.K.Shaw and M.Blaug.The University of Buckingham After Ten Years-A Tentative Evaluation[J].*Higher Education Quarterly*,1988,42(01):72-89.

[②] David Lethbridge."University Degrees for Sale-The Buckingham Experience"[J].*Journal of Management Development*,1989,16(08):38-49.

[③] Rosalind M.O.Pritchard.Principles and Pragmatism in Private Higher Education:Examples From Britain and Germany[J].*Higher Education*,1992,12(24):247-273.

[④] Peter Scott.*The Meaning of Mass Higher Education*[M].Buckingham:SRHE and Open University Press,1995:82-88.

作为白金汉大学第二任校长在白金汉大学成立 25 周年上，发表了有关白金汉大学发展必要性的声明。白金汉大学是一所独立性的大学，尽管从成立之初到现在的发展阶段，其质疑之声不绝于耳，但白金汉大学坚持了独立办学的理念，形成了与公立大学不同的发展模式。作者在文中质疑了白金汉大学参加英国学术委员会，因为这样会牵制白金汉大学独立、自由的办学特色，也会与白金汉大学的办学精神渐行渐远。因此作者建议白金汉大学与外界之间的关系应该是一种平等互利、友好的关系，不受任何限制，不强调与其他机构的差异，按照大学的独立精神进行办学。[①] 同时，他还分析了白金汉大学争取独立办学的过程，他认为"无私"政府官员和其他团体都对白金汉大学独立办学产生影响，当前白金汉大学所要做的就是要做到如何在不利的政治环境当中提高自身的人才培养和管理效率。[②] 此外，他还以历史的视角审视了大学市场化办学需注意问题，以经济学的观点分析大学专业教育与培训之间的差异问题。[③] 克里斯蒂·卡卢德（Cristian Calude）等人通过分析联合国教科文组织的新信息技术在欧洲地区高等教育中引入情况，发现白金汉大学计算机教育在欧洲市场上具有十分强劲的表现力，学校将市场资源及时有力地应用到网络开发工程当中，开发出新的电子软件，如超级微型兼容硬盘、微型计算机、奥利维蒂 M24、雅达利 1040ST 微电脑、"PC"主微电脑、阿米加 II 微电脑、苹果麦金塔微机等。这些新开发的产品在英国计算机市场上享有一致好评。作者认为，白金汉大学计算机学院能够取得这么多的成果，其根源在于白金汉大学注重学生个性化的培养，培养了他们既自立自强又合作协同的研究能力。[④]

3. 关于白金汉大学其他文献资料的研究

有关白金汉大学发展相关资料，还可在其学校官网上查阅，如大学

① Alan Peacock.Freeing the Universities From State Control[J].*Economic Affairs*, 2001, 21（03）: 6–11.

② Alan Peacock.Buckingham's Fight for Independence[J].*Economics Affair*, 1986, 5（02）: 22–25.

③ Alan Peacock.Professional 'Gleichschaltung'：A Historical Perspective [J]. *Kyklos*, 1995, 48（02）: 267–271.

④ Cristian Calude, Dumitru Chitoran, Mimi Maiitza.*New Information Technologies in Higher Education*[M].Bucharest：European Centre for Higher Education Press, 1989: 112–118.

官网上的《年度报告》(*Education in sign*)、《教育规划纲要》(*Outline of Education Planning*)、《教学卓越计划的说明》(*Description of the Teaching Excellence Program*)、大学的时事新闻以及学校设立的质量保证部门发布的各种手册(学校规定的制度、学徒制度、管理制度、学位政策、学制政策、学科课程等)、《历年毕业生信息》(*Graduate Information Over the Years*)、白金汉大学在英国高等教育质量保证署(Higher Education Quality Assurance Agency,以下简称QAA)评审的评审情况及其改革措施以及白金汉大学发布的教学质量与管理制度的评估等文献资料。这些一手文献资料为著者深化白金汉大学的研究提供了有力支撑。

通过上述研究发现,国外关于白金汉大学的研究成果较少,由于白金汉大学建校时间短,对英国高等教育产生的影响较古典大学、城市大学、"平板玻璃大学"等发展较为逊色,因而其成果不能展现出其发展特色。即便如此,这些成果很少有以小见大、见微知著的研究角度从白金汉大学发展的历程去审视英国私立大学改革趋向及其对英国高等教育乃至世界高等教育的影响。由此,这就为本书深入剖析白金汉大学的发展历程、特征及其影响奠定了较好的研究视角,也为研究英国私立高等教育的未来改革之路提供了新思路。

二、国内研究现状综述

(一)我国对英国私立大学的研究综述

1.关于英国私立大学治理的研究

顾建民在《大学治理模式及其形成机理》一书中对英、美、法、日等八个国家的大学治理模式进行深入研究。他将大学治理形成的分析框架、形成过程及其影响进行了历史纵向梳理和横向的国别比较。在分析英国大学时,作者宏观描述了英国私立大学的形成原因、管理结构和影响。[1] 孙

---

① 顾建民.大学治理模式及其形成机理 [M].杭州:浙江大学出版社,2017:176-234.

洪志则详细地探究了大学的《皇家宪章》《议会法》等有关大学学位授予的影响因素问题。他认为英国 170 所大学,只有白金汉大学是私立大学,其管理具有高度的自治权。其管理方式、机构设置、章程权限等与公立大学存在区别,由于其完全独立,具有一定的办学特色。[①] 金鑫的博士论文《我国独立学院法人治理结构研究》第四章当中详细论述了英国、美国、日本等私立大学的内部治理情况,作者在论述英国私立大学的内部治理与外部治理不同的情况下,从学院治理的视角将牛津大学作为英国私立大学治理的典型。[②] 湛中乐和马梦芸认为,英国私立高等高校的内部权力结构与公立高校的权力机构不太相似,私立高等教育内部权力机构既呈现出公立高校行政权力的科层结构,也呈现出学术权力的松散结合系统。纵向和横向的内部管理结构使得其学术权力和行政权力呈现出双重结合的模式,这样有利于英国私立高等教育将民主化的学术权力和行政权力相互耦合,推动其内部治理结构进一步科学化。[③] 陈伟等人通过解析英美大学校长的基本职能、任职条件、选聘方式等特点,阐明了英美大学校长在董事会中的角色。作者着墨不多地分析了英国白金汉私立大学,认为其大学的管理、人事权与政府主导的其他大学学校管理存在不一样之处,私立高校校长起到了决定性的作用。[④] 白亮以行政与学术权力的对比视角,研究了国外美英日三国私立院校,认为英国私立大学深受牛津、剑桥大学的影响,在其内部治理上是由行政和学术二元结构形成。从横向来看,行政权力和学术权力之间相互均衡,学术评议会、校务委员会、理事会人员相互交叉,相互牵制。从纵向来看,科层式的管理机构使校、学部、系之间形成管理与被管理关系。[⑤] 作者将这一私立大学治理模式与我国独立学院内部治理模式相互对比,分析我国私立院校内部治理结构的问题所在,并提出我国完善大学治理的建议。

① 孙洪志.英国大学董事会领导下的校长负责制 [C].北京：中国高教学会高教管理研究会 2011 年学术年会论文集，2011：123-130.
② 金鑫.我国独立学院法人治理结构研究 [D].武汉：华中科技大学，2011.
③ 湛中乐，马梦芸.论英国私立高校的内部权力结构 [J].国家教育行政学院学报，2015（03）：85-91.
④ 陈伟，吕杰，姜懿伟.英美两国大学校长职能与选聘方式比较 [J].外国教育研究，2009，36（03）：57-60.
⑤ 白亮.国外私立大学对我国独立学院内部治理结构完善的启示 [J].世界教育信息，2017，30（11）：31-36.

2. 关于英国公立大学和私立大学之间关系的研究

英国兰卡斯特管理学院教授格莱恩特·琼斯(Graint Jones)在《高等教育中的公立与私立问题：以英国为例的研究》一文中较为深入地描述了英国私立大学的改革情况。他认为英国私立大学在高等教育的管理体制上打破了高等教育单一化体制,在英国高等教育体系当中起到了一个不可或缺的角色。他还预测,由于英国大学生学费的不断上升,传统高校将会面临许多新成立的私立高校的竞争。这些私立高校由于不受政府资金的控制、行政权力的干预,那么在接下来的十多年将会迎来新的发展机遇。①喻恺在《模糊的英国大学性质：公立还是私立》一文中,将英国高等教育属性从设立者、所有者、资助者、治理者的维度分为"公"与"私"两种,这两种属性是动态的。作者认为,分析大学是"私"还是"公"的性质,许多时候学校的性质已经变得模糊,不能简单地从一个方面判断学校的办学性质。②陈涛分析了全球发达国家大学公私界限的区别。他认为当代公立大学与私立大学存在着一定的界限模糊性,这样的模糊性呈现出三大特征：一是高等教育供给模式上呈现"公私合作"的样态；二是在财政资源上具有资源依赖的指向；三是现代大学的治理模式上具有"私法人化"的特性。作者在分析英国私立大学与公立大学二者之间的区别时,他认为英国私立大学——白金汉大学,其独立性开辟了本国高等教育发展的独特方式,但就白金汉大学的质量保证局的管理和研究评估的周期性评估管理的性质而言,是否与政府管理模式一样还是一个疑问。英国大学公私界限模糊导致了其现代大学办学朝向高等教育民营化的趋势发展。作者列举了英国诺丁汉大学国家化办学的案例,验证了公私合作办学的基本特征,从大学、国家、市场三者关系当中阐述了公立大学和私立大学可以在办学资源、制度等方面加强学习。③虽然作者没有从英国具体的私立大学中验证私立大学可以比公立大学在办学上更具有灵活性,但作者通过对私立大学

---

① 格莱恩特·琼斯,杜育红,路娜.高等教育中的公立与私立问题：以英国为例的研究 [J].北京师范大学学报（社会科学版）,2006（03）：15-20.
② 喻恺.模糊的英国大学性质：公立还是私立 [J].教育发展研究,2008（03）：88-95.
③ 陈涛.大学公私界限日益模糊：全球现象与动态特征 [J].复旦教育论坛,2015,13（04）：9-15.

的管理、大学功能和属性上的深入分析，为本书怎样理解大学公与私的关系提供了启发。

3. 关于英国私立大学发展模式的研究

李守福通过研究国外私立学校的制度，认为私立学校的办学制度分为两种：一种侧重私立学校公共性的模式，也就是说私立学校的各项管理与公立学校的管理模式比较相似；第二种是尊重私立学校的管理模式，尽可能减少行政上的干预。作者认为，英国实施的"援助＋不干预"政策很难从上述两种模式当中分辨出英国高等教育是"公立"还是"私立"，这需要从其学校的发展模式等举措上进行详细分析。张建新认为，英国高校的类型从原先发展模式的单一性走向了多元性的历程，指出今天的英国高等教育发展，呈现出其发展历程当中从来没有的多元发展模式。作者将20世纪90年代之前的英国高等教育分为"大学"与"非大学"，私立大学作为高等教育当中的一部分，白金汉大学不由国家提供资助，全靠机构捐款、学生学费等办学特点，增添了英国高等教育自主办学的多元化特色。[①] 郭峰认为，英国高等教育呈现出政府干预力度进一步加大、私立院校提供本科学位教育的作用进一步加大、营利性私立院校成为新的增长点的特点。作者认为英国高等教育私立型学院与私立型大学不同，私立型学院主要在继续教育、应用型的技术服务上满足社会要求，白金汉大学作为第一所非营利性私立大学，主要靠非政府资金办学，在办学模式上形成了其他私立型学院没有的办学特色。另外，作者也分析了另外一所英国英夏伯尔大学（BPP）在办学宗旨、功能定位、管理方式等存在着与传统英国大学办学不同的特色。这些英国营利性私立院校的发展，深化人们对高等教育理念的认识，推动英国高等教育管理的新思路、新政策、新举措的形成。[②]

司俊峰通过系统地分析英国高等教育发展的情况，认为英国高等教育自治是英国教育发展与改革的主线，不同时期大学自治的模式具有时代发展的痕迹，呈现出后期高等教育改革的样态。作者在分析英国新自由主义时期的高等教育时，指出英国这一时期高等教育的发展模式呈现出多样化

---

① 张建新.走向多元：英国高校分类与定位的发展历程 [J]. 比较教育研究，2005（03）：66-70.
② 郭锋.英国高等教育发展的新特点 [J]. 国家教育行政学院学报，2011（10）：84-90.

类型,尤其是私立白金汉大学的成立开创了英国大学"完全独立性"的办学模式,并列举了曼彻斯特大学的内部管理的变革、阿斯顿大学的管理形态的流变等。[①]李向荣详细介绍了英国高等教育状况,作者在大学的类型、发展阶段、发展趋势等方面进行深入分析,认为英国的私立大学较重视高等教育特色化的同时,也进一步丰富了英国高等教育的国际化特色。[②]连尔婷认为,欧美私立高等教育实际上是在政府对其不断进行支持、鼓励的情况下才促进私立大学发展的,并不是光靠企业的捐赠而形成办学特色,其办学成功经验对我国民办大学的改革有着重要影响。[③]桂文玲在《英国大学自治的传统与现行自治模式》一文中,将自治视为英国大学变革的主线,提出了英国大学自治的传统有三种建制模式,分别是联邦大学建制、非联邦大学建制、私立大学建制,作者分别以伦敦大学、华威大学、白金汉大学三个具体的案例来加以阐释,并提出英国大学自治变革过程中的理念对我国高等教育体制的变革产生的影响。[④]这篇论文的价值所在是抓住了英国高等教育变革的主线,以不同大学的办学模式为基准,分析了英国大学变革的未来趋向,唯一的缺憾是没有深入地解析大学自治为学校办学带来了哪些特色。

4. 关于英国私立大学办学经费的研究

胡波和全介分析了英、美、日等国家高等教育经费的来源情况,他们认为高等教育的经费除了政府的拨款占据一部分之外,其他的资金来源对大学的发展来说同等重要。作者在分析英国政府资金来源时,阐释了英国私立大学——白金汉大学,认为这所大学是英国第一所非营利性私立大学,其经费来源与英国公立高校不同,表现为资金来源渠道的多元化。[⑤]陈法宝指出,据英国《每日电讯报》网站 2013 年 7 月 27 日报道,随着近年来英

---

① 司俊峰.英国大学自治样态的流变研究 [D].上海:华东师范大学,2017.
② 李向荣.英国高等教育状况、发展趋势与借鉴 [J].安徽广播电视大学学报, 2005(01):86-90.
③ 连尔婷.欧美私立高等教育发展经验及借鉴 [J].继续教育研究,2020(04): 46-49.
④ 桂文玲.英国大学的自治传统与现行自治模式研究 [D].福州:福建师范大学, 2015.
⑤ 胡波,全介.中外高等教育经费来源的比较及对我国的启示 [J].中国冶金教育, 2000(01):40-44.

国公立大学学费的持续上涨，将近有 16 万人选择进入英国的 674 所大学，因为私立大学的学费相比公立大学要便宜，私立大学要 3000 ~ 6000 英镑，公立大学需要 8300 英镑。私立大学与公立大学课程开设相当，但私立大学在毕业生找工作方面，可能没有公立大学毕业生找工作容易。作者认为，对于在私立大学学习的外国学生而言，应该辩证看待私立大学的就业率问题。① 江庆在深入分析英国高等教育财政模式时，提出英国高等教育财政呈现出多样化的发展趋向，私立大学与公立大学财政分配呈现出二元分配制的模式，即要么同质型，要么异质型，同质型的差异不体现在经费来源上，而是在学校传统、经营方式上。异质性主要体现在经费来源上的不同。② 匡建江等人分门别类地分析了英国私立小学、中学、高等教育的财政政策，着力探索了英国私立高等教育的发展状况，认为英国私立教育的不断扩张与英国政府对私人和集团办学免税有很大关联，其形成之初都是以慈善机构形式存在，而后随着不同基金形式的发展，逐渐形成了一定规模巨大的私立教育机构，从而助推了英国高等教育的发展。③

通过上述研究分析发现，我国现有关于英国私立大学的研究大都是以英国高等教育发展的状况涵盖其私立高等教育的问题研究。虽然两者同属于英国高等教育领域，但两者内在的治理、人才的培养、课程的设置、科研的转化等问题却存在很大不同。有些研究者认为英国私立大学成立时间较短，在发展模式上不能够代表英国高等教育发展的未来趋向④，无法彰显英国高等教育发展的典范，因而可以忽视私立大学在脱离英国政府的资金管控之下其办学特色的研究。但事实上，私立大学所呈现的不一样的发展特色正影响着英国高等教育的变革，只有从不同的方面对其进行深入研究，才能充分揭示出私立大学如何影响英国高等教育的发展。

① 陈法宝. 英国就读私立大学新生人数增至 16 万 [J]. 世界教育信息，2013，26（19）：76-77.
② 江庆. 英国高等教育财政模式及其启示 [J]. 复旦教育论坛，2004（02）：81-84.
③ 匡建江，李国强，沈阳. 英国私立教育及其财税扶持政策 [J]. 世界教育信息，2015，28（02）：18-23.
④ 司俊峰. 英国大学自治样态的流变研究 [D]. 上海：华东师范大学，2017.

（二）我国对白金汉大学研究的文献综述

1. 关于白金汉大学历史影响的研究

张泰金在《英国高等教育历史·现状》一书中利用充分的史料详细分析了英国高等教育改革和发展的情况，从英国高等教育的管理体制到英国的海外留学教育政策，从课程学习到学位授予，从基础教育到大学招生……都能看到作者利用详实的史料来分析英国高等教育改革的状况，尤其是作者在分析英国首相撒切尔夫人对高等教育的改革举措时，着重强调了英国私立白金汉大学的发展与撒切尔夫人重视自由市场经济和私有化的改革有着密切的关系。白金汉大学获得皇家特许状，使其在学位授予权上得到了社会的认可，为强化独立办学的特色奠定了坚实基础。[①] 马健生和孔令帅通过俯瞰美、英、德、法、日、俄、中等七国高等教育概况，探讨了不同国家在高等教育发展历程中所面临的机遇和挑战，着力强调了英国高等教育的一个独特类型——私立大学。作者认为 20 世纪 70 年代英国成立了一所完全独立的大学——白金汉大学，这所大学不由国家资助，旨在提高教育水平，培养学生的崇高精神，有效促进了英国高等教育的独特性和多样性。[②] 易红郡在《战后英国高等教育政策研究》中详细分析了二战后英国高等教育政策制定的过程、影响因素和特点。作者利用充分的史料，注重文本解读，强调史论结合，阐释二战后英国高等教育重建、调整、改革的政策，清晰勾勒了英国高等教育政策发展的恢宏画卷。同时，作者也揭示了英国不同类型的高等教育发展形态，从新大学的兴起、多科技术学院的崛起、师范学院的扩展、开放大学的问世到私立大学的创建等方面深入融合了英国高等教育政策的发展。其中，作者认为作为英国第一所不依靠政府资助的私立大学——白金汉大学，其独特的办学模式和别具一格的独

---

① 　张泰金. 英国的高等教育历史·现状 [M]. 上海：上海外语出版社，1995：99-101.

② 　马健生，孔令帅. 学习化社会高等教育的使命 [M]. 太原：山西教育出版社，2010：173.

立办学特色,促进了英国高等教育的多样化。[①] 张建新利用高等教育漂移理论[②] 对英国高等教育从二元论到一元论转变的机制进行深入的探究,分析英国高等教育从教学职能到研究职能再到服务社会职能的转变,从教育培养绅士到科技人才再到通才的人才模式转变,从学术到职业的转变等都使英国高等教育深深烙下了从二元制到一元制转变的印记。作者在阐述英国高等教育体制二元制的机构类型、办学主体、服务对象、发展层次等问题时,分析了英国大学包含了古典大学、近代大学和现代大学的不同大学,在阐述现代大学中的私立大学白金汉大学时,作者认为这所大学不依靠国家提供资助,而是依靠企业、学生费用等渠道维持运转,能根据工商企业发展的要求,调整办学模式,有力地提高了白金汉大学在英国高等教育中的影响力。[③] 为本书从市场和实用的视角探究白金汉大学的发展问题提供了较好的突破口,但微有不足的是作者缺少了利用充分的史料来证明白金汉大学体制的改革与英国高等教育二元制之间的关系,也鲜有利用其学校发展的案例验证英国高等教育二元制到一元制的变化特征。

2. 关于白金汉大学办学特色的研究

郜岭认为白金汉大学作为英国完全私立的学校是少数的。这所大学拥有高度的自治权,不受政府的束缚,因而其办学特色较为突出。作者在论述英国私立学校投资体系时,阐明了白金汉大学是不依靠政府资金,完全依靠企业、个人捐款、学费等资金支持办学,而其他私立大学有的接受政

① 易红郡.战后英国高等教育政策研究 [M].长沙：湖南师范大学出版社,2016：115-116.

② 高等教育漂移理论是 1983 年由美国著名教育学者伯顿·克拉克提出。他认为高等教育学术漂移有"教学漂移""科研漂移"形式,发生漂移现象的原因是由于现代知识更新较快,创造高深知识必须投入大量的资源作为支撑,而原先传统的高校教学无法提供,因此必须从其教学当中脱离出来,注重科研,并强化与政府、企业等多元部门之间的联系。张建新博士借鉴其漂移理论,在其著作中分析了英国高等教育制度的变迁规律,认为高等教育的漂移除了大学职能以及职业的内在逻辑要求之外,还与大学面临的社会环境有关。参见（1）伯顿·克拉克.探究的场所：现代大学的科研和研究生教育 [M].王承绪,译.杭州：浙江教育出版社,2001：230-232.（2）张建新.高等教育体制变迁研究：英国高等教育从二元制向一元制转变探析 [M].北京：教育科学出版社,2006：130-160.

③ 张建新.高等教育体制变迁研究：英国高等教育从二元制向一元制转变探析 [M].北京：教育科学出版社,2006：65.

府资助,因而其办学特色就不太明显。① 张志勇以亲身考察英国教育为切入点,讲述英国教育私人资助的办学情况,重点描绘了英国非公立性质的大学——白金汉大学。他认为白金汉大学这所"小而精"、办学特色十分突出的大学是坚守教育的"传统"与"独立"的典范。所谓"传统",作者认为体现在大学对学生的个人负责精神、以辅导制教学为主、把教学质量放在首位、提供优质的学习环境等方面;所谓"独立",体现在学校办学不依靠政府,而是凭着自治而办学,能够开设一些特色的课程,达到特色办学的目的。② 罗云和汪萍在《英国白金汉大学办学特色及启示》一文中,从白金汉大学的办学经费独立以及优质教育的个性化服务着手,分析了白金汉大学拥有"独立办学、小规模经营、两年本科学制"等办学特色。这些办学特色为我国民办高校怎样改革提供了可借鉴的价值。③ 但美中不足的是,作者没有从历史的角度对白金汉大学的课程改革、人才培养等方面作深刻阐析,尽管文章有一些"缺憾",但是其将白金汉大学的办学特色表征出来,为本书继续深化白金汉大学的研究提供了很好的线索。此外,就强调私立大学小规模办学而言,孙琪则强调像白金汉大学、达特茅斯学院、耶鲁大学等私立大学,他们办学规模小,注重优势课程的发挥,追求学术自由等办学特色,在世界一流大学体系中发挥着不可或缺的作用。这些特色可对我国民办高校的发展带来有益的启发。④

3. 关于白金汉大学办学质量保障的研究

刘春分析英国高等教育评估体系,重点探讨英国教育评估目标、框架、实施等不同的内容,其中提到了白金汉大学作为英国一所私立大学,其大学评估与质量保证机制可为那些未接受高等教育的成年人提供远程教育。⑤ 徐锦培分析了近十年来英国大学教学质量满意度的特点,并分析其

① 邰岭.英国私立教育概况 [J].淮北煤师院学报(哲学社会科学版),2002(01):115-117.
② 张志勇.英国教育的传统与变革管窥 [J].当代教育科学,2005(16):42-45.
③ 罗云,王萍.英国白金汉大学办学特色及启示 [J].中国教育技术装备,2008(18):85-88.
④ 孙琪.国际典型小规模私立大学特色研究及启示 [J].黑龙江高教研究,2013,31(02):48-51.
⑤ 刘春.英国高等教育的评估体系与质量保证机制 [C].北京:全国测绘学科教学改革研讨会论文集,2007:379-384.

下降的现象、原因，提出英国大学质量下降是多重原因致使的。作者描述了白金汉大学在全英大学生问卷调查中的表现情况，但着墨不多地分析英国白金汉大学为什么在全英大学生问卷中能够名列前茅。[①] 李先军和陈琪在《英国私立高校第三方评估模式及其借鉴》一文中认为，英国高等教育呈现出多元化的特点，其私立高校的第三方评估主要依靠英国高等教育质量保障署的周期评估和年度审核调查两种方式进行的。白金汉大学作为其审查的对象，在学术标准、学生学习机会的总体质量、学习机会的信息质量以及学生学习机会的促进等维度考评中具有权威性和公信力，能够促进私立高校的发展。而我国民办高校则相反，往往是政府主导，缺少第三方评估机构的审查。因此，我国可借鉴英国第三方评估机构的经验，提高我国民办高校的办学质量。[②]

通过上述论述发现，我国学者所著的研究成果对英国私立高等教育的深入研究较为薄弱，大多是以描述性话语来阐释英国高等教育的发展历程，无法深入解析其办学的内在模式，探明英国私立高等教育的发展机理，也无法折射出其发展内涵对英国高等教育乃至世界高等教育的发展产生的影响。而作为英国一所被授予皇家特许状的白金汉私立大学，我国学者对其研究还有待进一步深化。因此，本书以切口小、立意新、史料全等研究特点，深入探究英国私立高等教育的典范——白金汉大学，剖析其大学办学上到底是有哪些特色，对英国乃至世界产生何种影响，以及对我国民办高等教育的改革具有哪些参考价值。

第四节　研究思路与方法

一、研究思路

著者在搜集英国高等教育的资料时发现，英国私立大学在英国高等教

---

① 徐锦培. 英国开放大学教学质量满意度数据解读、比较与分析 [J]. 中国远程教育，2017（06）：55-63+72.
② 李先军，陈琪. 英国私立高校第三方评估模式及其借鉴 [J]. 重庆高教研究，2019，7（05）：104-116.

育发展历程中具有不可忽视的地位。著者经过查阅外文文献,发现英国私立大学发展历程较短,而作为英国私立大学的开创者——白金汉大学,其在 40 多年的发展历程中取得了卓越的办学成绩,因此本书在考证英国私立白金汉大学成立的现实基础上,采用多样的研究方法深入阐析白金汉大学的历史背景,梳理白金汉大学改革上的发展历程,继而层层推进,总结与概括英国私立白金汉大学独立办学的特点、影响以及经验,希冀能为我国一流民办大学的建设提供镜鉴(参见图 1-1)。

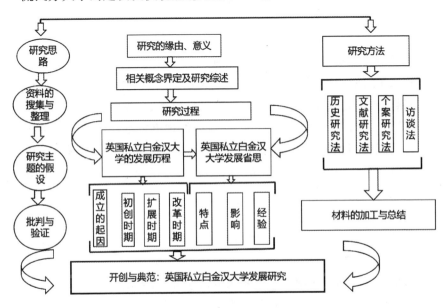

图 1-1　本书的研究思路

二、研究方法

(一)历史研究法

历史研究法是指对已经发生的历史事件进行考察、分析和解释,从而在了解对象的历史与现状的基础上,鉴往知来,揭示其本质和规律,以此来指导和解决现实问题的方法。其中史料是历史研究的基础,没有充分的史料就不能详细而具体地展现出历史事件、人物以及其背后的经济文化等背景。① 因此，只有充分地挖掘其史料，进行细致的分析，才能够呈现出历史所发生的事实，为以后提供历史经验和教训。

本研究基于战后英国高等教育历史的沿革历程，在分析其私立大学的演变规律中发现英国白金汉大学的办学特色。因此，本书按图索骥，深入描述白金汉大学发展的现状，探究白金汉大学发展的特色，以充分的史料来分析其办学的规律，为总结其办学特点提供历史明鉴。

（二）文献研究法

文献研究法是学者开展研究经常使用的一种方法，它通过阅读分析重要文献来了解所研究问题的情况。所谓文献，是指包含研究对象任何形式的材料，它可以是文字的、书面的，也可以是口述的、视频的或音频的。文献法，即对文献进行查阅、分析、整理，从而发现事物本质属性的一种研究方法。文献资料根据其内容的加工方式，可以大致分为一级文献、二级文献和三级文献。一级文献又称"第一手资料"，是指原始文献，如报刊文章、会议文献、档案材料等。二级文献是将分散的一级文献加以整理组织，使之成为系统的文献，以便查找利用、如索引、文摘等。三级文献是在利用二级文献的基础上，通过对文献内容的整理分析编写出来的成果，如专题综述、评述等。②

为了尽可能地采用第一手资料来开展研究，著者浏览了英国大量与私立高等教育相关的网站以及相关大学的网站，通过对英国私立白金汉大学相关的中外文献和资料的搜集、整理和分析，探寻白金汉大学历史沿革的过程，便于全面充分地认识白金汉大学发展的规律，为我国民办大学的改革提供新的参考。

（三）个案研究法

个案研究作为一种研究方法，已经有一百多年的历史，它的源头可以追溯到 19 世纪中期法国社会学家利普雷（Frede Le Play）的个案研究。他认为个案研究可以从微观上来说明具体的问题，展现其内在规律，进而可

① 陈露茜，张斌贤，石佳丽.近年来我国外国教育史研究进展 [J].高等教育研究，2017，38（08）：79-90.
② 裴娣娜.教育研究方法导论 [M].合肥：安徽教育出版社，2013：342.

从整体上折射出研究问题的特性。[①] 我国著名学者顾明远先生在《教育大辞典》中认为,个案研究法是从研究对象中选定的某一特定对象,加以调查分析,弄清其特点及其形成过程,从而得出较为深入而又全面的结论。[②] 因此,以个案法来研究大学的办学特色,就是要对与其相关学校的办学类型进行逐一研究,从探讨其大学外部与内部之间的关系着手进行深入分析。当然,大学个案研究是选择一种具有代表性、典型性的研究对象,在分析学校文化、教师教学、校长领导力、师资队伍、人才培养等多因素的具体影响中,通过一个个具体行为的辨析,深入办学的细微环节,对其进行麻雀式的解剖,从而有利于掌握其办学的内涵、形成机制及建设途径,避免"眉毛胡子一把抓"的情况发生。

本书选择白金汉大学作为研究对象,通过追溯其建立和发展的历史过程,着力挖掘其独立办学的发展细节,从而在整体概貌上总结出大学办学的特色、影响及其经验。

（四）访谈法

访谈法是一种典型把握实际情况的研究方法,它是一项来自教育实践,能很好地用到教育研究之中的研究方法。访谈就是以当面交谈、电话交谈和录音等口头形式,从被访谈人当中收集客观的、不带偏见的事实材料,映射出访谈的真实效应。此外,访谈还可依据研究问题的性质、目的或对象等方面,将访谈分为结构型访谈和非结构型访谈、正式访谈与非正式访谈、个人访谈与团体访谈等,从而能够简便、迅速、直接地从访谈中得到所需的信息。访谈法也可依据不同的载体、实际运用、问答形式等不同,分为不同的类型,如电话访谈与访问访谈等不同的访谈形式。它的特性就是能够在短时间内收集大量的资料,进而有利于研究的深化。[③]

本研究之所以要运用访谈法,是因为从白金汉大学的建校史而言,并不是太悠久,40多年的时间让学校的教职工目睹了学校的变革历程,通过访谈研究法可以更好地将白金汉大学发展的历史画卷生动形象地展现在我们眼前。另一方面,通过对学校师生的访谈调研,可以更加立体地呈现

---

① 廖盖隆,孙连成,陈有进,等.马克思主义百科要览:下卷 [M].北京:人民日报出版社,1993:389.

② 顾明远.教育大辞典 [Z].上海:上海教育出版社,1992:1024.

③ 裴娣娜.教育研究方法导论 [M].合肥:安徽教育出版社,2013:135-136.

白金汉大学办学的特点，更好地帮助我们透过现象看本质。此外，通过他们讲述的真实案例，以及他们对学校办学的建议，能够窥见多种视角下的白金汉大学的容貌，总结白金汉大学办学的经验，为进一步优化民办大学内部治理结构、完善现代大学制度和调适"府学关系"等方面提供新思路。

第五节　研究内容

一、历史分期依据

（一）白金汉大学的初创（1973—1982 年）

1973 年，白金汉大学为了募集其办学所需资金，开始以"白金汉大学学院有限公司"而命名，直到 1976 年，大学才正式成立，并获得招生第一批学生的资格。学校秉承完全独立与个性的办学理念，在悉尼·凯恩（Sydney Caine）等人的合作下，通过其不断努力，学校成立了理事会，设置学校各种管理委员会，成立第一批学院。虽然白金汉大学还没有获得皇家特许状，没有完全独立授予学位的权力，但学校拥有了可以独立办学的权力，并尝试着积极对学校的各项管理制度进行改革，如强调理事会与大学校长、委员会之间该如何有所分工等问题，有利于大学各项工作得以有条不紊的实施。其中最有特色的是白金汉大学汲取了牛津大学、剑桥大学导生制管理的经验，开创了"2 年制、4 学期"学制，使其在学生的个性培养上更加凸显学校的办学理念。

学校经过 10 年的发展，学校的办学模式有了雏形，新的机构开始发挥出独立办学的样态，在办学理念、课程设置、教师教学、人才培养、教育管理等方面展开初步探索，有效避免政府对大学办学的干涉，为白金汉大学在人才培养上能迅速以市场的发展特点进行办学奠定基础，也为其适应当代社会发展变革的需要提供有力的保障。

（二）白金汉大学的扩展（1983—2010 年）

本书将 1983—2010 年作为白金汉大学发展的扩展阶段。1983 年,白金汉大学被授予英国皇家特许证,这意味着白金汉大学拥有了可以完全独立授予学生学位的权力。在撒切尔夫人上台后,大学积极利用"新管理主义"的理论,实施了市场与政府政策相结合的发展策略,推出一些新的教育政策,助推白金汉大学的发展。同时,撒切尔夫人在结束其政治生涯后,1992 年还担任了白金汉大学的名誉校长,直至 1998 年由于身体原因才离开。她在任的这一时期,白金汉大学通过依附市场化的改革经验,使其办学更具有时代特色。此后,白金汉大学在梅杰、布莱尔等政府的市场化改革影响下,学生人数不断增加,使得白金汉大学坚定地朝着更加个性化、市场化办学的实践中前进,为国家输送了时代所需的各类实用人才。

（三）白金汉大学的改革（2011 年至今）

自 2011 年开始,白金汉大学面对时代的挑战着手新的改革,在自主办学上更加注重市场化,所实行的一些改革措施更具有时代前瞻性与灵活性。这一年,英国政府颁布的《2011 年教育法案》,要求提高高等教育费用,在管理上提高高校的服务质量。高等教育费用的上升,增加了大学学生的学习成本,使得许多英国大学生的家庭不得不放弃学习时间长、费用贵的学校。而相比而言,白金汉大学学制较短,学习时间紧凑,入学时间一年4 次,这为学校的发展带来了前所未有的机遇。同时,这一年,白金汉大学在参与大学排名中取得全英高校学生满意度的第一名优异成绩。在安东尼·赛尔顿校长带领下,白金汉大学为了提高办学质量,依靠卓越与一流的改革理念,在大学的人才培养目标、教学组织形式、学科建设、教学制度、学术标准审查、教育管理等方面开始进行全面深入改革,使得白金汉大学的办学特色更加凸显,赢得了社会的广泛关注。

二、主要研究内容

英国私立大学是英国 20 世纪 70 年代新发展的教育类型,本书选取了白金汉大学作为研究的主要对象。在充分厘清英国私立大学、办学特色等相关概念的关系基础上,分析白金汉大学办学的历史、现状,总结与概括其办学的特点、影响。同时,白金汉大学的发展经验可为我国进一步审视民办高校调适"府学关系"、完善现代大学制度等方面提出改进的策略与优化路径。本研究由三大部分组成。

第一部分是本研究的第一章和第二章。第一章绪论是本研究的一个基本设计,从战后英国高等教育沿革及当前白金汉大学办学情况提出选择本论题的缘由,从理论和实践两个方面阐述了本研究的意义,对英国私立大学、办学特色、培养模式等概念进行有效的界定,并通过文献综述对他人的研究成果进行研究,了解分析有关私立大学、白金汉大学研究的进展,指出他们的研究成果对本研究的深化有哪些可借鉴的意义。此外,本部分还对本书的研究思路和研究方法进行了规划与设计,并对研究的创新点、难点与重点以及研究的不足之处进行有效反思。第二章主要是英国私立白金汉大学发展的现实基础,主要从英国政治经济社会发展、政策与高等教育体制演变、政府与大学之间的关系、美国私立大学的影响等四个方面加以分析,深入解析二战后英国私立白金汉大学成立的起因。

第二部分包括第三章、第四章、第五章。这一部分主要是深入阐析白金汉大学发展阶段,梳理白金汉大学办学的历史脉络,分析其办学的内容、过程。第三章是大学基于独立与个性的办学理念,强化独立自主的办学自主权、个性化的教育理念以及独立的大学开拓精神。在课程方面,开设了博雅的学科基础课程,并融合了自主独立个性化的课程设置。同时,白金汉大学为了促进师生之间的互动和学生个性化的培养,实施了教师个性化的小组辅导教学。此外,大学在办学的各项管理制度中,成立了理事会和学术咨询委员会,其各司其职的人员分工制度,促进了白金汉大学各项管理工作有条不紊地开展。大学还实施了学生"工读生"计划,并在学制上进行大胆的尝试,推行了 2 年制本科、4 学期管理的制度。第四章是白金汉大学基于市场与实用的发展理念展开积极的探索。首先,大学在其教育理念的构建上强调要服务于市场,注重社会服务的职能,强调大学要为地方经济建设服务。在大学的课程体系上,注重市场和实用性课程建设,并尝试在一些课程中实施跨学科选修课程。在人才培养上,白金汉大学将市场与实用性作为人才培养目标的定位标准,实施了大学市场服务计划,强化学生的专业技能和市场化实践能力。同时,在教师教学上,注重小组辅导学习设计和教师实操培训的技能,利用具有市场经验的教师推进相关产业的振兴。为了更好地推动大学与市场化办学之间的融合,培养具有适应社会发展的应用型人才,白金汉大学还拓展多元化的筹资渠道、成立精益企业中心、开创产业化的项目以及实施新的大学质量保证制度。第五章是大学以卓越与一流的发展目标,对其课程设置、人才培养目标、学生学习、教师教学、教育管理等方面进行了深化改革,在参与排名中确定卓越与一流大学目标,倡导大学之间积极交流,提升国际人才的竞争力。在课程上,白金汉大学不断注重实施跨学科制、统合专业化课程与市场化课程、打造精品课程和创设产业课程。在学生创新能力和师资力量培训上,大学强调人才培养标准、学生的协作能力以及教师的教育培训。在管理制度方面,白金汉大学实施了教学卓越框架、学术标准设定与评估、学生执行委员会与申诉机制以及外部审查官员的参与监制等管理制度。在这些有力改革措施助推下,白金汉大学发挥英国高等教育质量保障的优势以及自身的主动创造性,全面提升了人才的培养质量,助推了一流大学的发展。

第三部分由第六章组成。第六章是对白金汉大学办学的特征、影响、经验等的审视。通过仔细分析白金汉大学自主办学的历史和现状,著者发现白金汉大学办学具有其独立自主性、需求导向性、时代前瞻性等特点,对英国私立大学的发展产生深远影响,丰富了英国高等教育制度体系,提高了英国高等教育资源的竞争力,一定程度上推动了全球高等教育改革的时代潮流。同时,白金汉大学发展中所形成的理念、传统和经验启示着我国民办高等教育的发展要坚持独立自主与寻求外部支持相结合;摒弃大而全的办学规模,保证人才培养质量;立足市场发展机制,加强与产业、企业全方位合作;坚持以人为本的服务宗旨,积极构建人才服务保障体系;开阔全球化教育视野,彰显本土化办学特色;与时俱进,积极调整高校发展战略。

第六节　创新点、重难点与不足之处

一、创新点

(一)以英国私立大学为研究视角的创新

通过对现有的中外文献的整理与分析,发现当下学者们对英国高等教育研究的文献较多,尤其是英国高等教育政策解读的文献更是汗牛充栋。但经过深入比对发现,外文中很少有直接研究英国私立高等教育的文献,大都从宏观上将其与英国政府的所实施的某项教育政策相关联,鲜少从微观上研究英国私立大学对英国高等教育的发展所造成的影响,尤其是缺乏从一所学校办学体系沿革上深入地进行分析。而中文文献中大多是论述一下英国高等教育相关的发展历程,同样缺少对英国私立高等教育的研究,更鲜有从某所私立大学的视角探索英国私立高等教育的发展状况。因此,这就为本书以英国私立大学的研究视角作为研究的突破口提供新的契机,也为其研究领域的扩展提供可能。

（二）以白金汉大学为研究内容的创新

纵览中外关于英国高等教育的研究成果,发现英国高等教育形态呈现出多样化的态势。其研究内容多关注它的历史沿革,将研究放在了古典大学以及二战之后新兴的学校,较少关注英国白金汉大学,认为其建校较晚,学校在没有受到政府关注的情况下,其发展模式不足以代表整个英国高等教育发展的范式,而白金汉大学将自己在办学经费上的不利因素转化为有利的因素,突破了外在性制度的钳制,成为英国私立高等教育的典范。由此,为了使研究更加深入,本书从学校发展历史维度、办学特色以及私立高校的现实观照等内容上考虑,选取了私立大学中办学时间最早、发展最有特色的白金汉大学作为研究的内容。

（三）访谈研究法的创新

鉴于研究对象是一所现当代大学,要了解其办学现状,需使用访谈研究法才能获得一手生动的研究资料。而且这种访谈研究法能够通过录音或视频等现代技术媒介,将其融入不同的研究方法中,有利于深入剖析英国白金汉大学在成立40多年的历程当中的办学特色,多方位、多层次、多领域地展现出其大学变革的生动画卷。

二、重难点

（一）重 点

（1）本研究拟突破的重点之一是总结和分析英国私立高等教育发展的情况。英国高等教育发展史呈现的"府学关系"较为复杂，也正是这一缘由推动了英国私立大学发展，但是不同的私立大学由于资金来源、师资力量、课程设置等不同，因而呈现出不同的发展模式。要从私立大学中概括出其发展的模式，需要通过抓住其形成的主线，进而从学校类型、内部管理、办学目标、招生考试、课程设置、师资来源、校园文化以及教师的教学方法、课堂的教学过程、学生的学习等过程中选取研究的维度，才能以"小题大做"的研究视角深入探究其研究对象的现状，总结其办学的规律。

（2）本研究拟突破的重点之二是从不同的角度剖析白金汉大学的发展理念、人才培养、管理机制、课程设置、师资水平等方面的内容。想要分析和概括白金汉大学作为英国私立大学的"排头兵"，对英国高等教育改革乃至世界私立高等教育的发展所产生的影响，以及对我国新时代民办高校的改革带来的启示，更需要探索其在不同发展阶段中英国高等教育政策发挥的作用、独立办学的宗旨以及其他因素对白金汉大学办学的影响等，才能使本研究得以深化。

（二）难 点

本书的难点主要是如何从具有历史性与时代性、合理性与代表性、理论性与实践性等因素当中设计出合适的访谈样本。在面对研究问题较复杂，涉及学校内部因素较多，文化内涵不同，对白金汉大学师生不太了解等因素的情况下，要有针对性地设计访谈相关的内容，准确把握调查研究设计的信度、效度，以及掌握本研究的访谈材料等问题，这对著者来说比较困难。再者，原计划利用留学的机会到英国实地查阅私立高等教育和白金汉大学的相关资料，但由于全球受到新冠病毒肆虐，出国签证面临诸多困难。但为了更加深入研究白金汉大学的发展现状，著者采取了电话和邮件的方式对部分师生进行了访谈。

三、不足之处

（一）资料收集方面不足

由于地域和时间等因素的限制，著者无法亲临研究现场，这就使得本研究的文献资料主要从英国国家图书馆、各大期刊及其学校的官网上搜集而来，还有一些通过邮件、电话的方式与白金汉大学师生相联系，让其把相关资料邮发而来。尽管如此，也无法保证做到每一项研究内容都有详实的资料与之相匹配。另一方面，著者在与白金汉大学的师生之间进行交流时，由于双方文化背景的差异，难免在访谈的过程中出现与内容不一致的问题。因此，这都为本研究在结论的客观定夺上嵌有瑕疵的成分。

（二）研究理论深度的不足

一个在论文选题上有所创新的研究，必然需要运用新的研究方法、构建架构等因素做支撑。这些支撑的动力源泉与其说源于外在因素的影响，还不如说是研究者对研究理论深度的驾驭。以本书的研究理论为例，本研究是以大学制度史研究为主，但单纯地梳理白金汉大学发展的历程，没有深挖教育制度背后的理论逻辑，就难免使本研究苍白无力。这就诚如德国伟大哲学家康德所言"没有理论的历史是盲目的，没有历史的理论又是空洞的"。[①] 因此，在研究过程中，为了更好地为研究问题服务，更需对教育学、政治学、历史学等不同学科理论知识进行运用，同时，研究者还需不断提高其研究素养，多向相关专家、老师、同学请教。

---

① 转引 [俄]卡特琳娅·萨利莫娃，[美]欧文·V.约翰宁迈耶.当代教育史研究与教学的主要趋势 [M].方晓东，等译.北京：教育科学出版社，2001：22.

第二章 英国私立白金汉大学成立的起因

英国高等教育经过12世纪至20世纪长期发展,形成了其层次多元化、类型多样化、内涵丰富化等特点。美国著名教育学者伯顿·克拉克在《探究的场所:现代大学的科研和研究生教育》中对英国大学有一段精辟的描述。他认为,英国大学从中世纪诞生到20世纪,呈现的是一种规模小、质量高的精英化的高等教育系统,这样遗传的烙印继续影响着英国高等教育的改革。①尤其是二战后,英国大刀阔斧地将高等教育发展的结构作为其不断深化改革的方向,促使大学内部结构的调整,有力地促进了大学地位的提升。英国教育学者彼得·斯科特指出:"高等教育制度和真正意义上的高等教育是一种前后一致的范畴,但它在1945年以前并不存在,在19世纪末20世纪初,国家对大学进行介入管理之前,大学和学院基本上是私立机构。"②但在某种意义上来说,它不是严格意义上的私立大学。英国高等教育的发展除了19世纪前的牛津大学、剑桥大学、苏格兰大学等成为英国主要的大学之外,其余的大学都是在19世纪建立起来,然而,其大学的发展地位与特色直到二战后才得以确立。③20世纪70年代,英国第一所私立大学——白金汉大学也是在这一背景下而成立,它的创建与战后社会经济发展的需求、教育政策的改革等方面有着密切关联。

---

① 伯顿·克拉克.探究的场所:现代大学的科研和研究生教育[M].王承绪,译.杭州:浙江教育出版社,2001:96.

② 彼得·斯科特认为,英国在19世纪末20世纪初之前,其高等教育虽然也接受政府资助,但由于没有受到政府过多干预,政府对大学自治传统的尊重,在某种意义上来说,大学的发展带有私立大学的性质。而随着1919年大学拨款委员会的成立,政府对大学的资助要通过大学拨款委员会,委员会也切实发挥了"府学关系"缓冲器的角色,但二战之后,政府开始直接介入大学的管理,使得"府学关系"发生了明显变化。从这一点来说,英国还没有真正意义上的私立大学。参见 Peter Scott.*The Meaning of Mass Higher Education*[M].Buckingham:SRHE and Open University Press,1995:14.

③ 易红郡.战后英国高等教育政策研究[M].长沙:湖南师范大学出版社,2016:1.

第一节　战后英国经济社会发展的要求

一、战后英国经济的恢复与发展

二战期间，英国经济遭到重创，人口大幅度减少，许多学校建筑和公共设施被严重破坏。战后社会的重建成为摆在英国保守党面前的一个重大问题，但社会的发展必须依靠强大的经济做支撑，而英国经济的萧条已经不能满足社会重建的希望。1946 年，英国的工业发展只占 1930 年工业发展的 80%，其在资本主义世界的比重也从 1937 年 12.5% 下降到 10%，工业地位骤降。曾引以为傲的对外贸易也面临严重萎缩，从 1939 年前每年对外贸易占国内生产总值的 70% 降到了战后的 30%。英国在世界贸易总额的比重也严重下降，从原先占世界贸易总额的 16% 降到战后的 12%，巨大的贸易差异使英国开始尝试使用债券的方式向美国、加拿大等借贷来减少海外贸易逆差所带来高达 35 亿英镑的负担。然而，与之相对比的是英国政府为了讨好和拉拢殖民地，消解英属殖民地的反抗意识，还将 1.2 亿英镑的借贷资金用在海外殖民地的"扶持"上，从印度和其他殖民地中以政府借贷的形式从中获得所需的物资和劳动力。二战结束后，英国在印度由原先 3.5 亿英镑的债务上升到 12 亿英镑，其他殖民地的债务也由 1.5 亿英镑上升到 4.45 亿英镑。[①] 这让曾经虎踞龙盘的大英帝国在二战后"去殖民化"的战斗中，失去了"光芒"。英国著名比较教育学家埃德蒙·金（Edmund King）曾总结道："两次世界大战，使本来经济发展停滞的英国债务累累，为了偿还债务，巨额的财富流失了，从前引以为傲的'日不落'帝国，在面对工业衰败、科学技术落后、经济实力不济等问题上，'让英国有一阵子看上去像解甲归田而囊空如洗的武士一样'"[②] 然而，战争的影响远

---

① 　L·James.*The Rise and Fall of the British Empire*[M].Hong Kong：Martian Press，1994：506−509.

② 　埃德蒙·金．别国的学校和我们的学校：今日比较教育 [M].王承绪，等译．北京：人民教育出版社，2001：199.

不止这些,其中最为深远的是英国人民对帝国前途命运的冷漠。据有关调查分析:"1948 年,四分之三的英国人不知道自治领土与殖民地[①]的区别,每两个英国人中就有一个说不出任何一个殖民地的名称。"[②]此外,许多英国民众对英国的未来产生了怀疑,人们内心的焦灼与不安让本来满目疮痍的国家开始蒙上了黯淡的阴影。因此,"落日余晖"这一词最恰当地描绘了英国战后经济发展的特点。

英国此后的保守党和工党政府通过利用"凯恩斯主义"加强顶层设计、深化政策机制的改革,历经十年之久,取得了卓越的成绩。1951 年,丘吉尔政府开始着力于重申国有化的改革举措,采取积极的货币政策,将 1932 年以来一直维持 2% 的银行利率渐进性地提高到 2.5%,并在农业、工业、外交等政策上提出一系列的改革,取消分期付款购物的限制,扩大海外投资,采取中庸渐进性的方法,以体现出"凯恩斯主义"在不同领域政策上的变化。[③]1954 年 6 月英国《经济学家》杂志刊载了有关英国经济发展的报道,认为英国经济在这一时期没有发生通货膨胀,可称之为英国经济的奇迹。[④]但是 20 世纪 50 年代中期后,这一时期国民经济的发展出现了"走走停停"的局面,"这一时期任何通过需求而刺激经济快速发展的企图,都会因为造成国际收支的危机而作罢。"[⑤]人们对保守党"走走停停"的发展模式提出批评,促使保守党 1962 年成立国家经济发展委员会,将货币政策降到次要地位,以提升财政政策。1964 年 10 月,工党开始执政,为了促进英国经济的发展,于 1965 年 12 月编制了《全国经济计划》,此经济政策在战后 20 世纪 60 年代取得很好的成效。1960—1969 年英国国内生产总值增长率 3%,工业增长率 3.5%,高于历史发展水平。[⑥]但工党政府没有兑现经济持续增长的诺言,于 1970 年被迫下野。上台后的希思政府,着手改革英国的税收,削减公共开支,使私人进入资源的利用范围以刺激英国经济的发展。

1971 年 4 月,初步探索成立英国私立大学的规划委员会认为解决私

---

① 英国自治领土指英格兰、苏格兰、威尔士、原爱尔兰(现北爱尔兰)等组成的英国大不列颠及北爱尔兰联合王国,而英国殖民地指英国在海外霸占的领地,如埃及、印度、直布罗陀、泽西岛、百慕大群岛等。

② 钱承旦,等.英国通史[M].南京:江苏人民出版社,2015:334.

③ 钱承旦,等.英国通史[M].南京:江苏人民出版社,2015:332.

④ R.K.Webb.Modern England[J].*Economist*,1986,12(1):591.

⑤ 钱承旦,等.英国通史[M].南京:江苏人民出版社,2015:140.

⑥ 孙洁.英国的政党制度与福利制度[M].北京:商务印书馆,2008:75.

立大学的创建问题,主要有三个问题:资金、人员网络和管理机构,而缺乏资金的支持是当前最大的瓶颈,"如果能找到钱,我们就放心了"。[①]战后的"英国病"虽然造成了经济的"走走停停"的发展局面,但从整体上来看,英国经济从 20 世纪 40 年代后期的恢复到 50 年代的增长,60 年代趋于稳定。国内生产总值从二战结束后增速 1.4% 到 50 年代的 2.6% 再到 20 世纪 60 年代的 3.1%,展现了战后英国经济稳中向好的发展局面。[②]随着英国在 20 世纪 60 年代迎来了经济黄金发展期,为高等教育的发展提供坚实的物质基础,其中表现最为明显的是政府加大了对高等教育的资助。英国教育经费在国民总量中的比重从 1954 年的 3.2% 上升到 1970 年的 6.5%。[③]尽管英国私立白金汉大学不接受政府资助,但经济的发展也为白金汉大学在创建的过程中吸收私人的捐赠提供契机,激励着白金汉大学为募集到充分的建设资金而积极奔走。

二、福利事业的不断完善

战后的英国不断重视国家福利事业,在整个国家范围之内建立一套全体国民福利的制度体系。这套体系可以说是从"摇篮到坟墓"的社会保障体系。早在 20 世纪初期,英国政府颁布《工伤赔偿法》《学校供餐法》《失业保险法》等一系列事关促进英国政府福利落地问题的政策,但由于经济发展缓慢、政策不健全、财富分配不合理、消费结构不完善等原因,严重影响了相关福利政策的实施。1941 年,英国政府组成一个 12 人调查委员会,主席由英国伦敦经济学院院长威廉·贝弗里齐(William Beveridge)担任,对英国民众的医疗、教育、就业等问题展开了调查。1942 年 12 月,委员会提交了《社会保障及相关服务》的报告,在报告中以生动形象、通俗易懂的形式提出建立有关惠及全社会的福利保险的制度,不论种族、阶层、贫富等外在因素的影响,全员都可参与、共同享受社会福利的保障。1943 年英国政府发布相应白皮书,引起了强烈的社会效应,被认为是可以推动英国经

---

① Joyce Pemberton.*The University College at Buckingham*: *A First Account of Its Conception*, *Foundation and Early Years*[M].Buckingham: Buckingham Press, 1979: 25.

② 钱承旦, 等.英国通史 [M].南京:江苏人民出版社,2015:132.

③ 梁淑红.利益的博弈:战后高等教育政策的制定过程研究 [M].北京:光明日报出版社,2012:46.

济社会发展的一份重要报告,是"现代工业社会生活中新的人权宣言",[①]有力提高了英国民众对政府的信任。1947年,英国的工业恢复战前水平,其中经济稳中向好,社会和谐发展,人民安居乐业。以1940—1978年期间英国人民住房水平为例,许多人住房从原先住房拥挤、环境恶劣,发展成人们都有房屋可居(参见表2-1),这表明英国人民的生活条件得以改善。

表2-1 英格兰与威尔士房屋建造状况(单位:万间)

年　　度	房屋数量	年　　度	房屋数量
1940—1949	63.1	1960—1969	317.9
1950—1959	245.3	1970—1978	249.6

(资料来源:钱承旦,等.英国通史[M].南京:江苏人民出版社,2015:215.)

英国经济的恢复,带动了政府对社会福利的重视,不断加强对住房、教育、失业、交通、电力等方面的保障。从家庭的调查情况来看,20世纪50年代已经有47%的家庭拥有录像机、83%的家庭拥有电话、62%的家庭拥有一辆汽车……医疗条件的进步使人均寿命也从先前1900年的55岁上升到1970年的77岁,财富的不平均分配现象开始呈现均匀化的趋势,"从1911年,最富裕的1%人口拥有国家财富的69%,1946年减少到了50%,1951年这个数字再减少到42%,1977年只剩下24%……1953—1973年最贫穷的5%及10%的人实际收入提高了75%。而在1953年最底层的20%人口所过的贫困生活,到1973年只剩下2.5%的人仍停留在此水平。"[②]

从英国的教育福利制度来看,《1944年教育法》(也被称为《巴特勒教育法》)通过议会表决。该法案的主要内容包括:设置教育部取代先前的教育委员会,加强国家对地方教育的监督、指导和管理,对法定的初等教育、中等教育和技术教育的公共教育制度进行衔接,地方教育当局对5～15岁的义务教育实施免费,对私立学校和教会学校在办学经费上给予适当补助,扩大了基础教育、中等教育福利政策的惠及范围。此后,《国家保险法》(1946)、《国家健康服务法》(1948),共同确立了英国教育福利政策的基础,但缺少对高等教育福利的关注。20世纪50年代末高等教育的阶级特征十分明显,富裕家庭接受高等教育占三分之一,而家庭贫困

[①] 阿伦·斯克德,克利斯·库里.战后英国政治史[M].王子珍,秦新民,译.北京:世界知识出版社,1985:7.

[②] 钱承旦,等.英国通史[M].南京:江苏人民出版社,2015:216.

和技术工人家庭仅为1%。1962年,政府颁布了《高等教育资助》政策,让地方教育部门资助因贫困而上不起学的大学生,并以减免税收的方式鼓励慈善机构参与,这使得贫困学生到了20世纪70年代因上不起学而退学的情况明显减少。同时,这也激起了大学开始建立慈善机构的欲望。"民众对于慈善事业的热衷使得某些领域已有的志愿服务总能得到固定数量的公共资金支持……对于高等教育,高校中依然有独立于政府之外的教育事业捐赠。"[①] 英国私立大学就抓住这一机遇,将其注册成非营利性的慈善机构,其资金来源于学费和捐款,政府决定对其慈善机构减免税收。白金汉大学学院在1973年,根据英国1960年的《慈善法》进行注册,将白金汉大学学院发展成一个慈善机构,其一方面能够获得独立大学信托资金对教育慈善机构的大力支持,另一方面能够在民众间更好地宣传白金汉大学学院的办学情况,使更多不能接受高等教育的学生,尤其是家庭贫困的优秀学子能到白金汉大学学院接受高等教育。白金汉大学学院财政委员会蒙克勋爵认为,慈善机构能够进一步获得收入来源,使"学院能够增加奖学金和助学金的数量,这不仅是为了表彰杰出的学术成就,也使优秀的学生能够来白金汉学院,否则他们将无法这样做。"[②]

第二节　战后英国高等教育政策的影响

二战后,英国政府不得不承担重建英国高等教育的重任。据统计,1938—1939年英国大学总在校生5万人,到1944—1945年约为3.78万人,大部分男学生参战,留下的仅是不足龄的男大学生。[③]与此同时,战争中部分大学校园被德军炸毁,部分校舍被国家征用作为战争伤员和难民安

①　王名,李勇,黄浩明.英国非营利性组织[M].北京：社会科学文献出版社,2009：34.

②　Joyce Pemberton.*The University College at Buckingham*：*A First Account of Its Conception*，*Foundation and Early Years*[M].Buckingham：Buckingham Press，1979：168.

③　易红郡.战后英国高等教育政策研究[M].长沙：湖南师范大学出版社,2016：34.

置点,课程无法进行,教育教学遭到前所未有的破坏。为了解决这一难题,英国发布了一系列事关高等教育的蓝皮书和白皮书,这些政策为英国高等教育的改革保驾护航。战后英国高等教育政策的变革,与高等教育的规模扩张、质量的保证、结构的调整是一脉相承的,彰显出英国战后高等教育政策的变革从微观逐渐走向宏观、从单一走向多元、从封闭走向开放的政策变革规律。政策的变革促进了英国高等教育的办学结构的变化,也为英国私立白金汉大学的发展提供了有力支撑。

一、高等科技教育政策的引导

1944 年,英国政府委任珀西公爵为高等教育技术委员会主席,开始分析战后英国科技教育的需要,并就大学和技术学院的发展状况提出建议。1945 年,该委员会形成了《珀西报告》。《珀西报告》指出英国对科技教育的忽视是造成工业衰败的原因。"作为先进产业国家的大英帝国之地位,由于没有将科学有效应用于产业当中而导致了失败。"[①]《珀西报告》是英国一份建立完备的职业教育系统的报告,它强调了大学与职业教育的区别,大学是培养科学家的场所,而职业院校是培养技术人员和工艺人员的地方。《珀西报告》指出:"作为英国在第二次世界大战后科学、技术教育政策的蓝图,可以说在英国的科学、技术教育发展史上作出'无法估量'的贡献。"[②]1945 年 12 月,枢密院院长莫里森(H.Morrison)成立了"科学人力"委员会,主席是时任财政部的兼职大臣巴洛(A.Barlow),该委员会主要"考虑今后十年内将指导我们使用和开发科学人力和资源的政策,并且尽早提交一份广泛范围的报告,以便在那些有赖于使用科学人力的领域做好预测工作。"[③]1946 年 5 月该报告提交议会,形成《巴洛报告》,该报告要求教育要培养更多受过高等教育训练的科学与技术人员,主张创办高层次的技术学院。只有这样才能培养更多的科学技术人员,但也不能为了培养更多的科学技术人才而"以牺牲人文学科学生的大量增加去满足对日益增长的科学家和技术专家的需求"。[④]为了更好地落实这份报告,英国政府 1946

---

① 日本世界教育史研究会编.六国技术教育史 [M].李永连,等译.北京:教育科学出版社,1984:89.

② 日本世界教育史研究会编.六国技术教育史 [M].李永连,等译.北京:教育科学出版社,1984:133.

③ 瞿葆奎.英国教育改革 [M].北京:人民教育出版社,1993:233.

④ 瞿葆奎.英国教育改革 [M].北京:人民教育出版社,1993:234.

年 12 月成立了议会和科学委员会，1947 年成立全国工商业教育咨询委员会，1951 年丘吉尔对英国内阁进行组建时，为了强调技术教育的重要性，落实了《巴洛报告》的建议和措施，将有关科学技术研究的工作由原先财政部下属的财政管理中心领导转交财政部直接领导。这极大提升了科技教育在英国高等教育中的地位。也诚如白金汉大学前规划委员会副主席米莱德曾指出，科学技术教育对白金汉大学在后期所培养的人才标准上提供了很好的向导，它与大学的理念定位是一脉相承的。[1]

  1955 年上任的艾登政府更是强调科学技术教育的重要性，1956 年颁发了具有划时代意义的《技术教育》白皮书，提出在下一个 5 年投资 7 千万英镑支持技术教育，在课程、文凭、学院类别、管理形式等方面做出详细规划，并对英国科技教育之后的发展提出了新要求。1956—1963 年学生人数从 4700 人增加到 10300 人，但遗憾的是由于科技教育的师资力量匮乏，导致《技术教育》的白皮书内容没有完全实现，但也为英国企业培养了大量的人才，这促使企业开始想方设法投资到大学办学中。1956 年企业投资研究经费占 260 万英镑，到 1962 年上升到 820 万英镑，上升大约 58%。[2] 企业的积极投资有利于大学筹集到办学资金，大学也为企业培养各类人才，在很大程度上使两者达到了互利共赢。

  英国高等教育结构体系的转变，使地方性大学如雨后春笋般出现。20 世纪 50 年代英国共有 21 所大学，到 60 年代中期又增加了 14 所。1956 年，大学拨款委员会对英国大学人数进行预测，认为到 1968 年英国高等教育的人数将从 8.5 万人增加到 16.8 万，然而实际上，到 1968 年，英国全日制高等教育人数为 20.5 万，相较 1958 年人数增加了 110%。[3] 这促使英国高等教育的发展理念、结构、规模较之前教育政策上发生了改变。白金汉大学经济学院教授莱福斯（K·Raffles）曾言道："英国 60 年代地方性大学不断建立，增加了建立独立大学的信心。"[4]

---

[1] Joyce Pemberton.*The University College at Buckingham：A First Account of Its Conception，Foundation and Early Years*[M].Buckingham：Buckingham Press，1979：9.

[2] 易红郡.战后英国高等教育政策研究 [M]. 长沙：湖南师范大学出版社，2016：48.

[3] Michael Sanderson.*The Universities and British Industries1850-1970*[M]. London：Routledge and Kegan Paul，1972：125.

[4] Joyce Pemberton.*The University College at Buckingham：A First Account of Its Conception，Foundation and Early Years*[M].Buckingham：Buckingham Press，1979：12.

英国二元制的形成也为私立白金汉大学的创建提供了契机。从高等教育管理体制来看,英国形成了大学的办学经费由教育与科学部和大学拨款委员会负责——技术学院由地方教育当局负责——学术事务校长和教师的三级管理系统,每一系统都有相应的管理规则。[①]这些"严密"的管理系统是由高等教育的管理机构所决定,20世纪60年代中期,高等教育系统中产生了多科技术学院的办学体制,这一教育系统与大学相互平行,共同构成了英国高等教育的二元制系统。诚如在白金汉大学斯蒂·德文森(Stee Devonson)访谈中所言,二元制让白金汉大学在前期发展的问题上进行了深入的讨论,有许多教授建议白金汉大学发展成科学技术型院校,但由于人才与资金储备上不足,暂时搁置了。因此,白金汉大学只能在初建时期发展英国较为传统的学科,如法律、文学、经济学等专业(DS20210721)。

二、《罗宾斯报告》政策的驱动

1963年,英国颁布的《罗宾斯报告》,直接助推了白金汉大学的创建。罗宾斯是伦敦大学经济学院的一名著名教授,被保守党首相麦克米伦任命为全国高等教育委员会主席,该委员会由12人组成,3人来自工业领域,2人来自基础教育界,7人来自大学。其委员会主要任务是"考察英国全日制高等教育的模式,根据国家的需要和资源,向女王陛下的政府建议应该按照什么原则来制定它的长期发展规划",并针对"这个模式是否应该改变,是否需要新型的院校,为了规划和调整新型院校的发展,是否应该对当前的安排做一些更改"等。[②]该委员会历经两年半,举行了111次会议,书写412份备忘录,取证121位证人,对苏联、美国、法国等国家进行7次访问,共耗资128770英镑,最终1963年9月呈现了一份长达355页报告——《罗宾斯报告》和6本近2000页的附件。[③]

《罗宾斯报告》勾勒了英国高等教育在20世纪60年代以后的发展蓝图。一是计划扩充高等教育人数,从1962年到1974年,全日制高等人数

---

① 梁淑红.利益的博弈:战后高等教育政策的制定过程研究[M].北京:光明日报出版社,2012:55.
② 瞿葆奎.英国教育改革[M].北京:人民教育出版社,1993:270.
③ 梁淑红.利益的博弈:战后高等教育政策的制定过程研究[M].北京:光明日报出版社,2012:64-65.

从 21.6 万增加到 39 万，再到 1981 年增加到 56 万，这也意味着英国高等教育从原先的精英化教育走向了大众化教育。[①] 二是高等教育投入。高等教育人数的增加对高等教育的收入是显而易见的，但需不断增加高等教育的投入，该报告建议从 1962—1981 年由原先高等教育投入的 20600 万英镑提高到 74200 万英镑，促使高等教育在国民经济的比例从原先的 0.8% 上升到 1.6%。[②] 三是整合与开发高等教育的资源。该报告建议扩大高等教育的规模，创办新型的高等院校。建议在原有 20 所大学的基础上再创办 6 所大学，这些新型院校的招生规模达到 3 万人。此外，为了强化英国的教育发展地位，该报告还建议再设立 5 所新型理工大学，使其在规模、结构上与其他高等教育发展有着独有的特色。该报告还打算使原先的多科技术学院升格为大学，接受大学拨款委员会的拨款，在学位授予和课程设计等方面使其享受与大学同等的地位和待遇。四是为了加强大学办学的质量，该报告还建议成立全国学位委员会，授予那些非大学性质的高等院校学位权，如地方教育学院、多科技术学院和继续教育院校等无权授予学位的高等教育组织、机构。[③]

正是《罗宾斯报告》的实施，为私立大学的成立提供必要的条件。白金汉大学在其独立大学声明中所言，"《罗宾斯报告》发表后，英国大学的乐观情绪正在消退。尽管有过一段大学快速扩张和新大学激增的时期，英国在为大学毕业生和研究生提供大学教育方面仍然落后于其他富裕国家，并遭受着最高学历毕业生的破坏性人才流失。扩张的过程本身受到阻碍，由于公共财政的停滞而使规划更加困难。学生的不满和员工的不满揭示了一个持续的问题。"[④]《罗宾斯报告》助推了白金汉大学的发展，它不仅是促进其规模的扩张，而且对白金汉大学的教育结构、教师培训、研究生教育、教育质量保证制度、管理等方面产生了重大影响，使其在夯实独立与个性的办学特色过程中逐渐走向卓越与一流的大学发展之路。

---

① 易红郡.战后英国高等教育政策研究 [M].长沙：湖南师范大学出版社，2016：60.
② 易红郡.战后英国高等教育政策研究 [M].长沙：湖南师范大学出版社，2016：60.
③ 易红郡.战后英国高等教育政策研究 [M].长沙：湖南师范大学出版社，2016：60-61.
④ Joyce Pemberton.*The University College at Buckingham：A First Account of Its Conception，Foundation and Early Years*[M].Buckingham：Buckingham Press，1979：188.

第三节　英国政府与大学自治之间的博弈

由于英国具有民间办学的传统,自中世纪以来除了英国雷丁大学获得正式的大学地位之外,其他大学都是任由其自由发展,英国政府的不干涉政策使得英国高等教育发展十分缓慢。随着英国对大学的重视,开始重视对高等教育的管理,尤其是对所成立的大学都需要英国议会严格审批,获得批准后授予特许状,才能实施办学,原先的大学拨款委员会对大学实施经费支持,大学也坦然接受政府的资助,但随着政府不断去干涉大学的发展,使得两者之间显现出相互博弈的态势。

一、大学自治权的传统

自中世纪开始,英国大学与政府的关系一直随着时代的发展不断发生演变。英国最古老的大学牛津大学和剑桥大学,最初成立开始是对学生进行一种专业的宗教训练,以培养各种类型的牧师为办学目的,大学办学十分自由。到13世纪,教会利用资金资助的形式,使大学能够培养基督教的所需人员,教学内容强调教会法和神学的学习,学生所学习的课程都与教会神学有着紧密联系。而大学校长作为大学管理的首脑,从原先可以由学校内部的任课老师任命,自由管理学校事务到其校长的权力必须由主教赋予,被动地参与大学的政务,这也使得大学校长在学校发展与教会利益处理上不断出现矛盾。1368年教皇出面干涉,废除了教会对牛津大学校长的任命,这开创了英国大学自治的先河,同时也影响了剑桥大学在校长任命上想摆脱教会对其自由的干涉。直到1632年伊利主教开始承认剑桥大学自己解决内部事宜问题。因此,在这一时期大学与政府的关系并非十分密切,"大学受制于教会,处于一个封闭的'象牙塔'之中"。[①] 政府认为大学是一个知识分子组成的行会,"所有的教育事务几乎都是由教会团体来

---

① 郑文.英国大学权力协调与制衡[M].北京:北京大学出版社,2011:41.

管理和实施"，[①] 大学按照教会所要求的任务培养好教会所需要的人才就行。然而随着英国王权的集中，16 世纪英国的宗教改革运动，王权反对教皇的统治，废除了罗马教皇对英国事务的干涉，教会权力在大学开始削弱。随着 1640 年英国资产阶级革命的到来，英国政府没有像法国、德国加强对大学的控制，反而延续了英国大学的自治权力。但这并不意味着英国大学可以无视英国政府对高等教育所提出的要求，若大学想获得其学位授予权，必须得到英国王室的皇家特许状，没有皇家特许状是不能授予大学学位的。伦敦大学早在 1828 年就获得招生的资格，但由于没有获得皇家特许状，只能自己颁发相应的课程结业证书；19 世纪末期，英国新兴的城市学院也由于教学设施不达标、师资力量不够等各种客观原因，没有获得皇家特许状，只能颁发其他大学的学位证书。总体来说，19 世纪的英国政府并没有对大学进行过多的干涉，大学与政府的关系并非十分密切，大学开始在招生、课程、教学形式、教育管理等方面具有很大的自治权，并不过多地受政府干预，大学的自治权限较大。

进入 20 世纪前叶，英国地方城市学院开始获得独立大学的地位，但相比美国、德国大学的改革，英国大学显然活力不够、效率低下，没有较强的竞争力。对此，如何提高英国大学的效率成为此后执政党面对的问题，但这也促使大学和政府的关系开始发生了变化。第一次世界大战以后，英国政府认识到大学对社会的价值，以及对国家民族兴旺发达的意义，认为有必要对大学办学加大支持。如果政府过多对大学进行干涉定会引起大学的厌恶与反抗，会对英国高等教育的发展乃至对民族的未来产生不利的影响。虽然在 19 世纪的一段时间里，新成立的大学和城市学院面临办学经费的紧缺问题，但政府依旧对其视而不见，这与其说是政府对大学自治权的尊重，还不如说英国政府对大学发展的忽视。

二、大学拨款委员会：“府学”关系的缓冲器

英国政府为了能够获得大学的外部管理权，避免与大学直接对抗，决定在 1919 年 7 月成立大学与政府的中介——大学拨款委员会。其主要职责是了解大学教育的财政需要，给政府提供满足其需要的拨款建议。这个

---

① 贺国庆，于洪波，朱文富.外国教育史 [M].北京：高等教育出版社，2009：153.

缓冲组织可以认为是政府与大学基于共同的管理目标而建立的机构,也可以认为是政府通过拨款对大学的办学施加影响,以达到大学发展目的的机构,还可以认为是政府为了提高大学的发展,对大学的权力进行有效保护的机构。大学拨款委员会主要是一种大学资金的分配制度,每五年拨款一次,拨款委员会会与大学进行协商沟通,就大学经费、建设用地、人员工资等进行预算,然后形成报告上报到英国政府,政府根据拨款委员会的建议将资金拨给大学。大学得到政府的拨款,政府并不会对每所大学该如何使用所拨款项进行审查和说明。大学拨款委员会认为大学应该坚持自治为主,即便他们认为可以提供一个详细的有利于大学发展的方案,也会与大学进行详细的协商。大学拨款委员会完全尊重大学办学的自治权利,这也使得大学与国家联系更加密切,成为国家公共机构中不可或缺的一部分。1931年,大学校长委员会正式成立,其最大的作用是加强与大学拨款委员会的联系,强化大学与政府的配合。然而,到二战后,政府和大学之间关系开始发生微妙的变化。诚如上述所言,战后英国经济遭受了巨大的破坏,财政赤字严重,无法及时满足大学亟待重建的愿望。根据1944年大学拨款委员会的预算,英国所有大学的战后重建工作大约需要2800多万英镑,这对本身已是落日余晖的英国来说更是雪上加霜。[①] 因此,政府对英国大学所需基金问题进行了系统反思:为什么政府对大学的投入没有使英国的经济在战后及时得到恢复,战前大学所培养的人才是否能够适应战后英国社会经济的发展,等等。1944年,政府开始对大学委员会进行重组和改革,大学委员会成员由原来10人扩大到1943年15人,人员委任由财政部大臣和国务大臣商议后任命,到1946年任命一名专职副主席。尽管受到财政部和国务委员会的反对,但大学拨款委员会依旧对大学采取不注重干预的政策。

三、政府对大学自治的干预

1946年,英国财政部起草大学拨款委员会备忘录,要求大学拨款委员会在满足上述职责外,还要"帮助制定大学发展的规划,以满足国家提出

---

① Michael Shattock.*The UGC and The Management of British University*[M]. London: Open University Press, 1994: 2.

的各种要求"，[①] 政府应该比过去更应该关心大学的活动，而且在大学发展的过程中应成为主要的职责。[②] 大学拨款委员会的职责的扩大显然超越了 1919 年大学拨款委员会的初衷职责，其功能和府学关系发生了根本的变化。也正因为这一变化，政府开始干预大学的办学行为，尽管素有掌管大学学术自治权的大学校长委员会并没有为此而深感厌倦，反而欣然接受。这也是因为大学拨款委员会兑现了职责扩大后的承诺，发挥出财政的作用。1947—1952 年期间，大学拨款委员会常规化资产支出增加了 90%，预算支出从 1953 年的 2430 万英镑和 1958 年的 4105 万英镑，增加到 1963 年的 9020 万英镑，这 10 年间的经费前五年平均增速 80%，后 5 年平均增加 120%。1963—1967 年五年时间大学拨款委员会共拨款四亿七千万英镑，相比前 5 年又增加了 88%，[③] 英国大学拨款委员会根据大学发展的状况提出具体的发展建议并决定所提供的日常项目和设备经费（参见表 2-2 ）。

表 2-2　1972—1977 年英国年度支出的预算（单位：百万英镑）

学　　年	经　　费	设备费
1972—1973	252.0	23.5
1973—1974	263.0	24.5
1974—1975	276.0	25.5
1975—1976	292.0	27.5
1976—1977	309.0	29.5

（资料来源：瞿葆奎.英国教育改革 [M]. 北京：人民教育出版社，1993：371.）

　　不断增加的政府资金，使大学乐此不疲地接受政府对大学办学行为的干涉。大学行为的转变也从侧面说明了大学自治能力的衰退，其在办学经费上已经离不开政府的援助。1963 年随着《罗宾斯报告》的实施，英国大学的规模、结构发生了显著的变化，随之而变的是大学拨款委员会成员扩充到 1963 年的 50 人，到 1968 年人数高达 112 人。[④] 诚如英国财务大

① 　Michael Shttock.*The UGC and Management of British University*[M]. London：Open University Press，1994：2-3.
② 　Peter Gosden.*The Education System Since 1944*[M].Oxford：Martin Robertson Company Ltd，1983：140-143.
③ 　张泰金.英国的高等教育现状·历史 [M]. 上海：上海外语教育出版社，1995：58.
④ 　郑文.英国大学权力协调与制衡 [M]. 北京：北京大学出版社，2011：72.

臣道尔顿指出,英国大学的迅速扩张,使得大学拨款委员会在大学与政府之间的角色发生了显著的变化,由原先大学向政府提出自治的要求,开始慢慢转变为政府指导大学办学的要求,尤其是 1964 年,大学拨款委员会由财政部转移到教育与科学部,这使得大学拨款委员会作为一个公共机构开始发生了变化。"在这一段时期,大学拨款委员会试图扮演更加积极的角色,但在政府那里失去了权力。"[1] 这并不是说大学拨款委员会转交到教育与科学部后,其自身的职能发生了改变,而是说明政府开始在大学的规模、结构、财政等方面上扮演十分重要的角色,尤其是政府开始第一次在 1966 年让公共核算委员会审查大学拨款委员会和大学使用的资金账目,直接开始怀疑大学拨款委员会在政府财政决策过程中的作用。此外,大学拨款委员会权力的改变也随着教育与科学部下设的高等教育常务次长而发生变化,大学被纳入了高等教育常务次长的管理之下,直到 1981 年,高等教育常务次长的取消,大学拨款委员会成为一个综合的高等教育管理部门。原本高等教育在教育与科学部有着自己的专门管理系统,并没有与大学拨款委员会有着十分紧密的联系,但随着大学拨款委员会转移到教育与科学部后,其位置被教育与科学部门合并的高等教育人员所取代,大学拨款委员会地位的下降,使得其在计划和财政领域等方面的权力受到政府的牵制。[2]

随着政府对大学拨款委员会严格监督,大学拨款委员会也受到财政上的限制。1966—1967 年,公共会计审计委员会指出大学拨款委员会在拨款问题上存在严重问题,需要对大学拨款委员会在支持大学发展方面的深入指导,尤其大学拨款委员会在不明大学自身收入和学术发展的情况下,不加慎重地对大学进行拨款,严重有悖大学拨款委员会的职能。为此,教育与科学部、大学拨款委员会进行反驳,认为公共会计委员会有些越俎代庖,不该管理大学拨款委员会职责权限内的事宜,破坏英国大学内在自治的传统。但尽管如此,公共会计审计会不予理睬,还对大学拨款委员会提出了要求:重新审查大学的拨款、教师的聘任以及人才培养等问题。大学拨款委员会虽对此也进行了强烈的抗争,但最终还是对大学内在的问题进行审查。1967 年,大学拨款委员会失去了大学学术人员工资决定权,改由教育与科学部门决定,由教育与科学部门审查英国大学教师职业人员工资问题,提出大学内部管理上的建议和举措。教育与科学部门直接绕开大学

---

① 郑文.英国大学权力协调与制衡 [M].北京:北京大学出版社,2011:72.
② 郑文.英国大学权力协调与制衡 [M].北京:北京大学出版社,2011:74.

拨款委员会参与到大学的各项管理当中,并针对其发展状况进行拨款。大学拨款委员会权力的制约,也寓意着教育与科学部对大学权力的直接管理,很大程度上决定了大学经费的拨款事宜。①

英国大学在 1970 年代初已经被政府所控制,尽管 1919 年成立的大学拨款委员会开始扮演政府与大学之间缓冲器的角色,但随着时间推移,政府不断对大学自治权进行干预,其常用的措施是通过财政的手段对大学办学资金进行干预,没有大学办学经费,大学的人才培养、科学研究和社会服务等方面就会受到严重影响,由此大学也就愿意成为国家垄断的一个对象。大学过度的政治化,逐渐吞噬了大学自治的理念,"国家财政援助的共同需求是将不同的英国大学转变为有点类似的'大学体系'",②而原先引以为傲的大学的内部自治权在追求大学政治化的权力中受到了破坏。大学虽对此进行积极反抗,但是由于政府资金的拨付的影响使得一些大学反对的声音逐渐减少。"在某些方面,人们感到,寻求真相的人已成为新的汇款人的危险,只能保持他们的缺席机会,才能使拥有者依旧还有活力。"③正是在这种双方不断博弈的情况下,大学想要成为一所独立大学,就必须在资金的问题上不接受政府的资助。因此,有些有志之士就开始谋划着怎样能建立一所新大学,以脱离政府的资助,使其完全具有独立性。英国私立白金汉大学就在这样的背景下应运而生。1967 年 5 月,来自英国伊普斯维奇城镇的一名内科医生约翰·波利(John Paulley)博士,可视为英国私立大学的"吹哨人",他给英国最大的报刊《泰晤士报》(The Times)写信,抱怨英国大学缺乏活力,没有竞争意识,光依靠政府的拨款,毫无创新性,另一方面英国政府在处理府学关系上一直都在控制其大学的发展,使大学不能按照其独立自由地开展教育、研究和服务工作。"如果这方面需要提高警惕,我们也不应放弃,因为普遍的意见尚未承认独立的努力不优于国家控制,但作为一种催化剂是必不可少的。"④

① David Lethbridge.University Degrees for Sale—The Buckingham Experience[J]. *Journal of Management Development*.1989,8(03):38-49.

② Roger Geiger.*Private in Higher Education*:*Structure*,*Function*,*and Change in Eight Countries*[M].Ann Arbor:the University of Michigan Press,1986:160-169.

③ David Lethbridge.University Degrees for Sale —The Buckingham Experience[J]. *Journal of Management Development*.1989,8(03):38-49.

④ Joyce Pemberton.*The University College at Buckingham*:*A First Account of Its Conception*,*Foundation and Early Years*[M].Buckingham:Buckingham press,1979:14.

第四节　美国私立大学的影响

　　美国高等教育无论是私立大学还是公立大学,都会有效以市场、政府、大学三者关系之间的资本权重来配置教育的经费。美国高等教育的经费是由政府、私人、基金会、学费等组成,不同类型的高校,其经费来源不同。美国一共有 3000 多所高等学校。一般而言,州立大学和部分社区大学,是由美国各州政府资助,而哈佛大学、斯坦福大学、耶鲁大学、普林斯顿大学等一大批世界级顶尖大学都是私立大学,其经费源自教会、校友会、企业界、基金会等方面的赠款。随着美国高等社会服务功能的强化,美国私立大学独占鳌头,其私立大学的办学发展更自由多元化,发展成就世界瞩目,自然而然就成为世界高等教育学习的典范。"我们在总结 20 世纪的英国历史时尤其指出这两点:一是渐进式的发展,二是失去引领的能力。20 世纪的英国夕阳西下,但它还是向前走,只是不能走在世界潮流的前面——作为小国,除非它有足够的能力"引导世界",否则它最佳的状态就是跟随潮流。"[①] 英国的大学发展也是如此,二战后通过不断学习美国大学的发展特色,促进了高等教育英国化的形成。自 1963 年《罗宾斯报告》之后,英国新成立的很多大学,如"平板玻璃大学"、多科技术学院和私立大学等,这些大学在很大程度上受到美国大学发展模式的影响——从校园的设计、大学的管理理念、课程的设置以及学术机构的组成等,都展现了二战后美国大学的办学理念,这些办学理念对英国私立白金汉大学的发展产生了十分深远影响。[②]

---

① 钱承旦, 等 . 英国通史 [M]. 南京:江苏人民出版社 2015:4.
② David Smith, Lewis Baston, Jean Bocock, Peter Scott.Americanization and UK Higher education: Towards a History of Transatlantic Influence on Policy and Practice[J].*Journal of Education Policy* 2002, 17（04）: 450-453.

一、美国私立大学发展的启示

美国私立大学与公立大学的划分之别,主要是看两方面:一方面是经费来源,另一方面主要是学校的发展形式。两者还在学校的学生规模、教学质量、发展理念、办学效益、社会服务等方面存在不同。在这些多重的表现形式中,其最主要的表现源自美国卡内基教育委员会对高等教育的分类标准,这也使得美国所呈现的无论是研究型大学、城市大学还是文理学院等都存在私立大学的发展内涵。美国学者罗杰·盖格(Roger Geiger)通过分析8个国家私立大学的结构、功能及其演变的历程发现,私立大学存在不同的发展形态,如果单单以不同类型大学的经费使用情况来判断大学的性质是不妥当的,判断私立大学的类型还应该从结构与功能上去深度分析不同类型的大学在教育服务上的水平。总体而言,研究型大学和文理学院与私立大学相比,其服务与管理方面不能如私立大学那样能做到因时而变,因势而动。①

从美国私立大学的发展史上来看,其大部分大学都是脱离于非政府教育的局限性,形成具有自由性的总体框架。这些非营利性或营利性的私人大学在某些程度上为人才培养领域和公共服务部门提供新的方案。"私立机构能够通过将自己限制在一个有限但又不太昂贵的高等教育领域而能够提供优质的优势……尽管私人机构在高等教育和研究领域中击败国家的机会很少,但有些领域恰恰是真正大学的标志。"②20世纪初期,美国私立大学在大学管理、企业合作、市场服务等方面取得卓越的成就。哈佛大学作为美国私立大学的标杆,通过吸收德国柏林大学发展的成就,将本国高等教育资源的优势与自身发展理念相结合,助推了美国高等教育的快速发展。

二战后的英国,亟待休养生息,想要从战乱中重振大国雄风,必须注重教育改革。而保守的英国人在第二次科技革命后,由于其发展速度不及美国,逐渐开始反思美国的发展为什么如此之快。英国政府通过比较发现,

---

① Roger L.Geiger.*Private in Higher Education*: *Structure*, *Function*, *and Change in Eight Countries*[M].Ann Arbor: The University of Michigan Press, 1986: 160-169.

② Roger Geiger.The Private Alternative in Higher Education [J].*European Journal of Education*, 1985, 20(04): 385-398.

其高等教育所培养的人才存在着很大的区别,尤其是科技教育在高等教育发展中的比重让美国成为世界强大的国家。1946 年,英国政府开始着力探索科技教育,发布了较多事关科技教育的文件,强化资金支持力度,推动科技教育在英国不同类型大学落地生根。从牛津大学、伦敦大学、城市大学到"平板玻璃大学"、多科技术学校和开放大学都将科技教育作为大学研究和开发新技术的主要渠道。这些大学除了大部分教育经费是来源于政府拨款之外,还有一部分是源自私人和私人机构所支持,其比重占英国高等教育发展的 10% ~ 25%。尽管每一所大学在成立后都要被皇家授予特许状,但大学的经费管理必须对政府负责,资金使用要严格按照大学拨款委员会的规定使用,英国政府对其进行监督。而这与美国相比,美国私立大学的内在管理机制是坚持独立自主管理,政府无权干涉私立大学的研究与发展。从这方面来看,英国还没有一所真正意义的私立大学。1967 年,作为首次将美国私立大学引进英国的约翰·波利博士发出了英国应该像美国那样积极建立私立大学的号召,即让私立大学能够像美国斯坦福大学和其他私立大学那样,不受政府控制,以展现出大学的发展活力。[①]

二、英国私立白金汉大学缔造者对美国私立大学的学习

尽管二战之后,英国高等教育依旧沉浸在自我满足的状态,但仍然有敢于开创新风的饱学之士,尝试着去努力开创英国第一所私立大学。早在 1967 年 5 月 27 日,约翰·W. 波利博士写了一封信寄给英国具有影响力的报纸——《泰晤士报》,信中他讲到美国私立大学的发展是由于伟大的私人基金会的投入模式,使得各州私立大学的创建不止一所,如果没有私立大学的刺激和办学实践的自由,那么该国的许多优秀的州立大学将会走向没落。[②]换言之,美国公立大学的优秀是源于私立大学的竞争与激励,英国公立大学长期受到英国政府的资助,其独立办学特色逐渐失去,成为英国政府的一个机构,独立办学的特色消解逐渐引起了许多有志之士的不满。包括利物浦大学校长巴恩斯(Barnes)博士,他即将辞职,以抗议政府

①　Joyce Pemberton.*The University College at Buckingham*：*A First Account of Its Conception*，*Foundation and Early Years*[M].Buckingham：Buckingham press，1979：14.

②　The University of Buckingham.History of the University[EB/OL].[2021-05-26].https：//www.buckingham.ac.uk/about/history.

侵犯大学自治；卡西亚公学教务长和英国驻美国前大使悉尼·凯恩爵士，伦敦经济学院前院长、剑桥大学查尔斯·威尔逊（Charles Wilson）教授（佛罗伦萨欧洲大学教授），芝加哥大学和伦敦经济学院的教授哈里·约翰逊（Harry G.Johnson），哈罗公学校长詹姆斯（R.L.James）博士，约克大学的教授艾伦·皮科克（Alan Peacock）等一大批校长和学者提倡要像美国私立大学一样建立英国私立大学。^①独立于政府的管理机制的倡议，使得伯明翰大学弗恩斯（H.S.Ferns）教授出版了这一主题的小册子，题为《开创一所独立大学》，并发表了《独立大学的紧迫性宣言》，"我们认为，将国家和国家财政与大学联系起来的机制已经变得笨拙和浪费，并导致了越来越令人反感的详细控制措施，阻碍了实验和创新，即使牛津和剑桥这样的大学也没有足够的独立收入来避免这一过程。"^②此后倡导建立私立大学的几人不断地通过信件交流，伯明翰大学政治学教授哈利·弗恩斯写信给保利博士，他们同意联系牛津大学的马克斯·贝洛夫教授。会议安排在伦敦的改革俱乐部，会议决定联系保守党经济事务研究所（IEA）所长拉尔夫·哈里斯先生。^③他们经过 1 年多的商议，1968 年 6 月，在白金汉召开的城市学术会议上，参会人员提出要像美国私立大学那样建立英国私立大学，但认为英国私立大学的经费有限，其募捐和学生学费问题面临诸多难题，并不能支持英国私立大学像美国私立大学那样发展的规模之大，因此先成立私立学院，等时机成熟再成立大学。

1969 年 1 月，有关创办私立大学的会议再次在伦敦召开，这次会议并没有展开激烈的讨论，而是就前两次会议的问题进行表决，决定在英国创建独立大学，并坚决认为这一大学是独立于政府组织之外的私立大学。在经历有志之士等人考察美国私立大学的发展状况后，又历经 6 年的商议与募捐工作，1973 年，学校决定选择校址。考虑到私立大学的后期发展及其借鉴和吸收英国顶级牛津大学的发展成果，学校选址英国东南部、离牛津大学 50 公里之外的白金汉郡，这是一座古老而又具有现代发展意蕴的城

---

① Max Beloff.Starting a Private College：A British Experiment in Higher Education[J].*The American Scholar*，1979，48（03）：395-403.
② Joyce Pemberton.*The University College at Buckingham*：*A First Account of Its Conception*，*Foundation and Early Years*[M].Buckingham：Buckingham Press，1979：188.
③ Rosalind M.O.Pritchard.Principles and Pragmatism in Private Higher Education: Examples From Britain and Germany[J].*Higher Education*，1992，24（03）：247-273.

市。然而,这所大学并不是如最初设想的那样一开始就招收学生,由于资金有限只能作为一个"有限公司"而成立。"白金汉大学学院有限公司"首先面对的是要募集到学院开始运转的资金的问题。直到1974年,学院通过私人捐款和基金投资的形式,积攒到600万欧元。学院在1976年2月正式开始招生,这也意味着白金汉大学具有正式颁发结业证书的资格,成为英国第一所私立大学。诚如英国首相撒切尔夫人曾说,白金汉大学"总有一些非常有才华的人雄心勃勃要创造一些新东西……白金汉大学创始人所拥有的信念和决心使他们克服了这些困难。这些困难与他们的努力不可避免地相伴相生,就像新世界的建设者一样,他们不希望政府过多地干预,而是靠自己的力量前行","白金汉大学的先驱者们不畏艰难,在机遇中迎难而上,他们向我们展示了什么是真正的领导力,扎根自己的信念决定未来之路,以坚不可摧的决心稳步向前,直到他们的愿景成为现实。"[①]

英国私立白金汉大学在学院的系科设置、课程安排、管理和人才培养等方面学习美国私立大学的模式和方法,展现出对新的办学制度的创新。比如,大学采用了个性化课程。该个性化课程学习了美国斯坦福大学在课程设置上多样化的特点,将不同的课程相互融合,既培养学生专业知识,也激发了学生对跨学科学习的兴趣。"这些课程就像'超级市场'中的知识商品,任由顾客根据市场前景随意选择、随意组合。"[②]起初,白金汉大学是根据英国传统大学课程内容对其课程进行规划,但随着对美国其他私立大学在课程上深化改革,大学开始从传统博雅的课程学习转向到学生自由、个性化的课程上来。在教学模式上,原本大学比较重视导师制的培养方法,通过学习美国私立大学人才的培养方式,开始使用不同的教学法,注重培养学生探究问题与合作交流的习惯。

英国私立白金汉大学还在学习美国私立大学教师教学上做出规划要求:一是通过引进不同学校的教师对学生进行面授,学生可以根据不同学校的教师进行仔细交流,一般而言,这类课程大多属于基础性的课程;二是将不同的课程专业划分为不同的导师小组,学生可以在不同导师之间进行学习,以便学生可以就导师所指导的学习与同伴进行深入的学习;三是

① 英国白金汉国际教育学院.自由独立、肩负使命——"铁娘子"撒切尔夫人的理想大学[EB/OL].(2021-06-16)[2022-03-01].https://zhuanlan.zhihu.com/p/386965870.
② 程灵.二战以来美国对英国高等教育的影响:理念的迁移和政策借鉴的宏观考察[M].北京:社会科学文献出版社,2015:94.

导师小组以学生的专业特点引导学生未来学习兴趣,虽然导师在学生的专业规划中起到十分重要的作用,但导师的个性化辅导可以使学生避免在学习专业课过程中产生迷茫心理;四是不同学科的学生在不同导师的指导下按照学生学习兴趣进行指导,这样有利于学生学科素养的形成,激发学习的兴趣。学习"美国化"的英国白金汉私立大学虽然规划着与美国私立大学发展模式相近,但大学自身也要与之具备相应要求:从学校办学理念上,坚持独立自主,在法律所要求的范围内实施办学;管理方面,学校顺应社会发展趋势,积极引领教育改革潮流,坚持个性化的管理需求;学术自由方面,学校坚持学术自治、自律、自由,构建出一种能够培养学生学业创新、实践创新的发展之路。

因此,学习"美国化"的英国私立白金汉大学有利于促进英国高等教育的多元化色彩,这类大学也会保持和加强英国教育的独立性和个性化的传统。[①] 此外,私立白金汉大学还积极借鉴美国私立大学市场与实用的办学经验,注重学生的创新能力和实践能力的培养,形成不同于美国私立大学而又与美国私立大学相互媲美的发展模式。

---

① 王承绪, 徐辉 . 战后英国教育研究 [M]. 南昌：江西教育出版社，1992：316–318.

第三章 独立与个性：英国私立白金汉大学的初创（1973—1982 年）

20 世纪 70 年代英国经济的衰退，使得其高等教育面临严峻挑战，虽然"英国大学法律上是私立的，一部分靠历史上有名的信托财产而生存着，另有靠皇家特许状的资格而生存。20 世纪 60 年代末，英国大学一直接受着虽不完全自由，但能得到最低限度计划要求的补助"，[①] 直到 20 世纪 70 年代后期，英国大学仍然被允许在大学拨款委员会代表国家制定的主要方针范围内实施预定的计划，但其在政策和结构关系方面发生了剧烈变化。英国政府已放弃了 1963 年《罗宾斯报告》关于所有学生都可以进入高等教育院校的建议。这一基本政策的更改，促使大学拨款委员会根据教育和科技部的指示，大幅度削减各大学的经费和计划招生的人数，重新分配并少量增加攻读科学、工程技术和商业学位的学生人数，相应减少学习文科和人文科学的人数。而作为英国第一所成立的私立大学——白金汉大学，也不得不在此情境下开始探索大学的发展问题。

第一节 英国私立白金汉大学初创的背景

一、经济开始衰退与社会矛盾逐渐激化

英国在进入 20 世纪 70 年代初，面临着经济的极大挑战，整个 60 年代

---

① Max Beloff.Starting a Private College: A British Experiment in Higher Education[J].*The American Scholar*，1979，48（03）：395-403.

的英国经济发展的黄金期开始步入了暗淡期，保守党领袖希斯在上台后，信誓旦旦要继续推动英国经济增长，改变英国在世界范围内的地位。为了更大激发经济的活力与资本的投资力度，希斯政府通过积极改革税收的政策，减少相关企业、团体、个人等直接税以及与利益租金等方面的特别投资费用，以增值税代替了选择性税收，引用竞争招标的形式，让私人更多地向资源丰硕的领域投资，但新政策刚要实施，1971年英国失业率突破了二战后的100万人。为了缓解失业所带来的诸多问题，英国政府开始减税10亿英镑，进行财政刺激，希望可以缓解失业问题，但这时候的通货膨胀问题也随之而来。通货膨胀和失业问题的双重变奏，使物价急速上涨，英镑也开始贬值，消费物价不断上涨。20世纪60年代，消费上涨3.4%，到1975年上涨到24.2%，与此同时英镑的购买力却持续下跌，从60年代购买力为54%降到70年代的85%。然而工党却将工资调控作为解决这一问题的主要途径。[①]1959—1964年期间，英国政府的公共服务开支占用了国内生产总值的1/3，其中福利占了绝大部分，政府在海外贸易、工业生产等方面面临严重困境，庞大的政府开支让英国政府出现了2.4亿英镑的财政赤字，因此，不得不向国际货币基金组织贷款7亿多英镑来应对财政赤字。1972年11月，英国通过实施供给手段开始进行干预，并将福利工资暂时增长3倍作为调控方法，但财政赤字反而高达6.5亿英镑。1973年10月，阿拉伯和以色列第四次战争爆发，石油输出国组织为打击以色列，宣布禁止石油出口，这使原油由不到3美元一桶增加到13美元一桶，石油价格大涨导致全世界经济危机爆发，英国财政赤字一度高达35亿英镑。原先保守党建立的美好理想与美好社会发展愿景也逐渐在危机重重中幻灭。

1976年，工党领袖卡拉汉上台，在执政初期实行了"社会契约"，加强对社会人员工资调控，使其工资与生活费用保持一致，对关乎国家安全和国计民生的工业实施国有化，由国家购买。对航空工业和造船业实行国有化，建立了国家企业局，并通过财政救济活动，将面临倒闭的私人企业收归国有，但似乎依旧无法挽回英国经济衰落的情形，反而使通货膨胀愈演愈烈。失业、罢工、游行、通货膨胀等成为英国社会混乱、经济糟糕的表现。1974—1975年，英国几乎步入绝境的边缘，1975年英国失业人口超过100万，1978年达到160万。[②]居高不下的失业率，使得铁路、码头等工人罢工

---

① 于维需. 当代英国经济医治：英国病的调整和改革 [M]. 北京：中国社会科学出版社，1990：13-14.

② 钱承旦，等. 英国通史 [M]. 南京：江苏人民出版社，2015：80.

问题不断滋生。从 20 世纪 60 年代末期到 1972 年，英国因罢工而损失的工作日高达 2400 万个。为了减缓工人的罢工问题，英国政府开始与工人委员会进行调解，协议对工人增加 12% 的工资，但工资的增加，进一步加重了政府的财政负担，通货膨胀更加严重。与此同时，英国对外贸易出现巨大逆差，英镑的市场汇率从 2.61 美元降至 2.42 美元……这使工党开始认识到凯恩斯主义下的经济政策已经不适合英国经济和社会的发展，于是着力探索实施货币主义政策。英国于是在反通货膨胀、限制工资、国际贸易等方面努力，减少公共开支，实施紧缩的财政支持政策，货币有所回升，通货膨胀降低，人民生活水平有所改善，外汇储备增加 7 倍，通货膨胀下降了 10%。但由于英国宏观政策没有及时调整，英镑的供应量没有达到预期值，加之触犯了一些财团的利益，1979 年英国各地爆发了严重的罢工和冲突，被称之为"愤懑的冬季"。1980 年英国失业人口达到 150 万人，1982 年高达 300 万。不断增加的失业人口表明，英国 20 世纪 70 年代到 80 年代初整个经济发展的停滞和社会发展的矛盾到了有必要再改革的地步。

1979 年，英国第一任女首相撒切尔夫人上台执政，带领保守党开始了长达 21 年的政治生涯。在撒切尔夫人执政期间，英国的经济政策发生了巨大的变化，着力在通货膨胀和失业率上展开深入治理。她认为"通货膨胀是造成英国 20 世纪 70 年代经济运行不佳，尤其是低增长率和高失业率的主要原因，掩盖了相对价格运动，减少了市场经济的效率，引起低投资，使英国产品在国际市场上失去价格优势。"[1] 为此，她建议英国的经济战略上继续延续先前所实施的货币主义政策，按照货币的供应量稳定价格的波动，使之与国民经济总产量的增长相适应。此外，撒切尔夫人还积极利用市场需求的手段，减少公共部门的投资，削弱产品成本，强调效率主义的应用，鼓励私有化、市场化。然而，在撒切尔夫人在实施货币主义政策的初期，把主要的精力都放在了如何治理通货膨胀的问题，却忽视了事关英国社会民生福利的问题。1981 年，物价较之前上涨到 2.1%，失业人口高达 200 多万，所提出的减少通货膨胀目标依旧没有实现。1980—1981 年，英国的金融风险达到 19.5%，远超过之前预定的 7% ~ 11%。[2] 不断增加的风险让英国民众对撒切尔政府执政能力产生了怀疑。1981 年 3 月，在剑桥大学经济学院教授弗兰克·汉恩（Frank Hann）和罗波特·尼尔德（Robert

---

① 钱承旦，等 . 英国通史 [M]. 南京：江苏人民出版社，2015：155.
② 钱承旦，等 . 英国通史 [M]. 南京：江苏人民出版社，2015：155.

Nield）的组织下，纠集了英国 364 位学者，在英国《泰晤士报》上针对撒切尔政府实施的各项政策进行指责。

"皮之不存，毛将焉附？"一旦经济出现了较大的波动，任何领域的发展情况都将会受到严重的影响。通货膨胀和社会矛盾的不断激化给高等教育的发展带来消极影响，而对于尚在襁褓中的私立白金汉大学想要在艰难的客观环境中形成属于自己的办学特色就较为困难，尤其在面对不得不依靠私人的捐款和缺乏生源经费的情况下，就必须为大学的未来发展及其规划上做好充分的准备，才能在应对外界的形势与内在的管理、教学、人才培养等问题时具有前瞻性、灵活性。

二、大学办学经费的削减

英国从相对繁荣的 20 世纪 60 年代过渡到了令人沮丧的 70 年代。在工党执政的 5 年时间里，英国政府都在积极应对通货膨胀所带来的社会压力，对高等教育领域的改革没有像 60 年代那样积极有为，反而转向削减大学经费。1978—1979 年，英国《泰晤士报》在刊登有关高等教育发展的相关问题上都是围绕"大学经费削减"的问题而展开，这为政府此后削减大学教育经费奠定了基调。犹如美国教育家伯顿·克拉克指出："随着市场紧缩，大学是庇护所退隐处的概念——强调资助者基本上不进入学术组织也被打破了。一种更具管理型的武断型的权威和权力模式，却在那种所谓的谈判、协商中诞生了。"[1]1979 年，以撒切尔夫人为首的保守党开始执掌英国，为提高大学的改革效率，果断采取货币主义策略，积极在高等教育经费上进行削减。撒切尔夫人认为，英国失业人口不断增加是因为大学在培养人才上出现了结构性问题，大学沉迷于过去的成就，使得许多学生在大学期间不能很好学习专业知识，毕业后不能适应社会发展，不能为企业的创新贡献智慧。其效率低，使大学无所作为，而政府的大量投资更加剧了这一问题的出现。加之，英国高等教育的管理和课程设置等没有考虑到社会发展的问题，政府投入大量的资金并没有换来如预期所培养的人才以及对经济与社会发展的贡献，反而培养了许多颓废、懒惰、自私的人。[2] 面对

---

① 伯顿·克拉克. 高等教育新论：多学科的研究 [M]. 王承绪，等译，杭州：浙江教育出版社，2001：61.

② 梁淑红. 利益的博弈：战后高等教育政策的制定过程研究 [M]. 北京：光明日报出版社，2012：105-106.

这一问题，大学必须从原先低效、懒惰、自傲的睡梦中惊醒。为此，撒切尔夫人在货币主义政策实施下，坚持效率优先，减少教育经费，降低高等教育在政府公共支出的比重，以刺激大学自我革命。1979年，财政部为积极响应撒切尔政府的号召，在其大学的预算中就明确表明，减少地方当局对高等教育的资助，削减大学拨款、学生的助学金、科研经费。1979年11月，在公共开支白皮书预算1980—1981年教育经费4.11亿英镑，政府的开支计划在1981—1984年对经费进行大幅削减，高等教育总削减占总经费7%。从1981年的8.79亿英镑减少到8.08英镑，但实际经费的减少要比预算的高（参见表3-1）。

表3-1 1980—1983年英国高等教育经费的削减（单位：百万英镑）

时　间	资　金	周期拨款	总　额
1980—1981	462	7719	8528
1981—1982	400	7440	8186
1982—1983	350	7300	8000

（资料来源：Geoffrey Walford.*Restructuring University Politics and Power in the Management of Change*[M].New York：Groom Helm，1987：49.）

与此同时，政府考虑到20世纪60年代大学的二元制的实施使学生的人数扩张，带来了十分严重的弊病，1978年政府开始削减大学招生名额，但遭到了英国民众的强烈反对，于是被迫搁置，但大学人数的削减仍在继续（参见表3-2）。而迫于无奈，英国政府开始决定实施削减海外留学生的计划。1979年8月，大学拨款委员会主席帕克斯曾在一封给英国大学的一封公开信中提到，1980—1981年打算削减各大学5%的招生名额，并相应提高学费。

表3-2 1978—1983年英国大学人数的削减（单位：人）

时　间	男　性	女　性	总　数
1978—1979	52870	34014	84884
1979—1980	51997	33906	85903
1980—1981	51508	34201	85709
1981—1982	50000	33469	83469
1982—1983	47787	33055	80842

（资料来源：Geoffrey Walford. *Restructuring University Politics and Power in the Management of Change*[M].New York：Groom Helm，1987：53.）

而此时英国大学海外共招生 35000 多人，约占英国大学总人口的
11%，这些海外留学生高额的学费及其他费用，为英国带来了巨大的财政
支撑。海外留学生学费不断增加，从原先每年 8 万英镑提高到每年 9 万英
镑，一定程度上缓冲经济危机对英国高等教育的冲击，但此举措产生严重
影响，直接导致英国海外留学人才大量流失，1983—1984 年减少到 32000
多人，相较于 1979 年减少 37%。①

20 世纪 70 至 80 年代，英国对大学经费的削减引起了英国民众强
烈反对，《罗宾斯报告》所推崇的英国大学规模的扩张因此而受到冷遇。
1983 年英国高等教育适龄入学人口达到最高，大学拨款委员会估计将会
削减大学人数的 5% 左右，这意味着好多适龄高等教育人口不能入学，高
等教育为大众化服务的梦想受到严峻挑战。为此，工党开始诋毁保守党在
教育上不作为，认为这对今后英国的发展是不利的。尽管工党对保守党提
出十分严厉的批评，但保守党依旧没有改变大学削减经费的决定，反而将
坚持认为大学经费的削减会损害大学利益的教育大臣马克·卡莱尔（Mark
Clare）撤销，换成国务大臣基斯·约瑟（Keith Joseph）。约瑟任国务大臣
四年有余的时间里，坚决执行撒切尔政府的决定，将主要精力放在高等教
育两个方面进行深化改革：一是削减教育经费，二是改变教师状况，裁减
学术工作人员，对大学人力资源进行重组。大学人员的削减同时还对人才
流失造成了极大影响。早在英国 1973 年出现金融危机时，就有许多英国
金融、工业、商业等领域的人才开始纷纷向外转移资金，资金的转移带动了
一部分人员的流动，这些人员纷纷流向美国、瑞士、波兰等发达国家。1975
年将近有 6 万多名企业高管人才流失，1979 年英国大学将近 1000 名学术
工作人员流向海外，1981 年这一数字还在不断地增长。如此严重的人才
外流，引起了牛津大学人才委员会对这一问题的重视，他们通过研究发现，
1976—1983 年英国各个领域的人才都在不停地流失，其中将近 600 个关
乎英国科技发展和重要的科研项目被迫停止，不同领域的人才外流使得英
国的发展受到影响。②

大学经费的削减对依靠国家经费而生存的高校来说，是一个灾难，但
对私立白金汉大学的发展反而产生一定的助推力，因为白金汉大学的发展

---

①   Geoffrey Walford. *Restructuring University Politics and Power in the
Management of Change*[M].New York：Groom Helm，1987：42.

②   王承绪，徐辉.战后英国教育研究 [M].南昌：江西教育出版社，1992：323-
325.

不会依靠政府的经费资助，而是依靠学费、企业、个人的捐款。经费的削减使部分大学学术人员离开，这部分学术人员开始加入白金汉大学的教师队伍中，他们将牛津大学、雷丁大学等一流大学的教学与管理经验引进白金汉大学，为白金汉师资力量的增强提供了支撑。此外，由于政府对入学名额的限制，使得许多可以接受高等教育机构的学生没有升入大学，而选择了私立大学。因此可以说经费的削减在一定程度上助推私立大学的发展，让许多学生到私立大学接受高等教育。①

三、英国私立白金汉大学办学资质的认可

1967年，约翰·波利博士在《泰晤士报》发表了一封关于建立一所独立大学的倡导信，发出"现在难道不是时候根据美国那些伟大的私人基金会的模式在英国创建至少一所新大学"②的号召。伯明翰大学教授弗恩斯、牛津大学教授贝洛夫、剑桥大学教授斯坦尔（F.T.Stenerd）等对《泰晤士报》所刊发的这篇文章十分感兴趣。"这所创办的私立大学，它将被认为是20世纪最杰出的教育事业之一。"③1969年白金汉大学规划委员会成立，此委员会旨在联合不同社会人员，倡导与激励其成员和支持者的理想，对独立大学的资格进行讨论，认为独立大学的成立有三种方式：一是通过皇家特许的方式成立大学，能够具有授予获学士、硕士和博士学位的能力；另一种是像其他非大学的高等教育机构一样，依附全国学位授予委员会（CNAA）④申请大学的学位，以证明其是一个有用的、稳定的高等教育机构，但需要更多的关注CNAA，这与独立大学的发展理念相悖；第三种是尝试通过议会的《私人法案》以及与另一所大学相互结合的形式以获得授予学位的权力，但这些讨论也产生了不同的意见。1971年初，大学成立讨论委员会，同年12月成立学术执行机构，主任由芭芭拉·申菲尔德（Barbara

① Janet Finch.*Education as Social Polity*[M].New York：Longman，1984：223–224.
② Roger Geiger.The Private Alternative in Higher Education[J].*European Journal of Education*，1985，20（4）：385–398.
③ Joyce Pemberton.*The University College at Buckingham：A First Account of Its Conception，Foundation and Early Years*[M].Buckingham：Buckingham Press，1979：8.
④ 1964年9月，CNAA成立，其主要职能是专门负责非大学的高等教育机构的学位授予工作。该委员会作为一个自治组织，会针对非大学的高等院校或科研机构所开设的课程水准进行学术审定，审定合格后，可授予那些在大学以外的教育或研究机构学习的个人学位。

Shenfield）担任。1972 年 7 月 13 日，申菲尔德在独立大学委员会的一份报告中提出，如果我们成立的机构不是独立大学，那么就没有技术难度，CNAA 就会以咨询枢密院的方式来解释它的章程，所有的机构都会因此而获得教育和科学的资格，独立学院就能获得课程设置的资格。1973 年 3 月 29 日，大学以注册为教育慈善机构的非营利性公司的形式成立了白金汉大学学院，它是以"公司"的形式成立并成为一个合法的实体。因为英国法律规定，所有成立的大学必须获得英国女王的承认，若不能获得，只能为一个私人创设的企业机构。创立"白金汉大学学院有限公司"的目的，一是建立和维护、支持大学（不接受大学拨款委员会资助）应当提前学习、知识授课和研究，使学生获得大学教育的优势及大学文凭证书、执照。并通过公司规定的考试或其他测试向学生提供奖学金和其他学术成就或资格；二是仅为达到上述公司的主要目标，并在此方式和范围内行使下列全部或任何一项权力，如支付和扣除任何租金、差饷、税费用。"本公司或代表公司可在所持有的任何财产的保险、改善、维修或其他应付的开支或解除本公司负债上可以行使任何权力。"①

1973 年，白金汉大学规划委员会取消，并在伦敦成立了学院理事委员会，任命悉尼·凯恩（Sydney Kane）爵士为主席，亚瑟·德雷夫（Arthur Deraff）爵士为副主席，并募捐到财政资金 120 万英镑，以修复白金汉大学亨特街（Hunter Street）的房产，此后白金汉大学学院理事会委任马克斯·贝洛夫为校长。同年 7 月白金汉大学财务系统成立并吸纳伊利斯特拉基金加入。在此后的白金汉大学第一次会议上，学院委员会主席西德尼指出了白金汉大学成立时所面对的困难，并肯定白金汉大学在办学自由的初衷上如其他领域一样，在高等教育中存在私人主动建立并由私人资金支持的成分，这样才能使真正独立的机构有利于社会和个人自由，并起到补充政府支持力量的作用。②但是白金汉大学想要获得社会的肯定需要做出一番努力。其办学资格问题一直困扰着独立大学以什么样的名义进行招生，这对白金汉大学学院未来的发展至关重要。1973 年 11 月 8 日，白金汉大学学院发出声明，计划在 1975 年 4 月开始招生，根据 CNAA 的建

---

① Joyce Pemberton.*The University College at Buckingham：A First Account of Its Conception，Foundation and Early Years*[M].Buckingham：Buckingham Press，1979：31.

② Joyce Pemberton.*The University College at Buckingham：A First Account of Its Conception，Foundation and Early Years*[M].Buckingham：Buckingham Press，1979：125.

议学院实行 3 年制的管理制度，但由于理事会的坚决反对，后经过校长的讨论，改成 2 年制的学位。由于委员会管理的问题，以及英国面对严重的经济危机，许多审议的结果没有更好地实施，学院理事会决定将招生时间向后推迟一年。"这在当时看来是一个严重的挫折，学院里弥漫着沮丧的气氛，拖延不可避免地增加本已紧张的财政资源的负担，而且很难成为激发新的捐款动机。"①

　　1976 年 2 月，白金汉大学学院正式开学，学生 67 人，其各项专业课程、管理、教师等大学具有的因素已经成熟，面对白金汉大学学院各项资金的短缺现象，有一些地方当局表示他们愿意为白金汉学院的学生提供奖励，教育与科学部也明确表示，更多开放学生申请当地教育部门授予的权力，并授予白金汉大学学院执照。1976 年英国《泰晤士报》高等教育增刊，刊登了伦敦教育委员会主席约翰·福特（John Ford）对白金汉学院的评价，在面对地方政府经济不景气的时候，"我们完全赞同这所大学的目标，并对它打算推行的政策深感满意。"②此后英国教育与科学部人员对白金汉大学学院进行深入学习和交流，同意承认白金汉大学学院为适合其颁发奖项的合适机构，大学的学费和生活费用都与公立大学的本科学生无异。为了确保其白金汉大学执照与其他大学颁发的毕业证书具有同等学士学位的法律效力，白金汉大学在审查等级与学生荣誉上采取了与公立大学类似的评分标准，对学生学业成绩进行监督。1977 年 5 月，白金汉大学学院学术咨询委员会和英国 CNAA 在一次英国联合会议上谈论白金汉大学学院的办学特色时，表示对白金汉大学学院的发展十分满意，同意学生所获得的白金汉大学学院毕业许可证与其他大学所获得的学士学位证书具有相同法律效力。1976 年，时任教育大臣的撒切尔夫人在 2 月出席了白金汉大学学院的开幕式。她在致开幕词中曾高度赞赏道："贵校孕育于动荡的繁荣时期，但却在我们国家命运的低谷之时结出硕果。"③1979 年，撒切尔夫

①　Joyce Pemberton.*The University College at Buckingham：A First Account of Its Conception，Foundation and Early Years*[M].Buckingham：Buckingham Press，1979：66.

②　Joyce Pemberton.*The University College at Buckingham：A First Account of Its Conception，Foundation and Early Years*[M].Buckingham：Buckingham Press，1979：66.

③　Joyce Pemberton.*The University College at Buckingham：A First Account of Its Conception，Foundation and Early Years*[M].Buckingham：Buckingham Press，1979：103.

人带领保守党登上政治舞台,开始对英国高等教育市场化进行改革。此后,白金汉大学学院由于与撒切尔政府执政理念较为相似,1980 年教育与科学国务大臣卡里尔斯宣布对白金汉大学学院实施新的大学学位授予规定,宣布从 1981 年开始,白金汉大学学院就可以实施新的学位授予权,在完成第一年独立学位授予权时,1983 年白金汉大学学院获得英国皇家特许状,并升格为白金汉大学。

第二节　构建大学独立自主的办学理念

一、倡导独立自主办学

1967 年 5 月,波利博士在对英国私立大学建设的构想上指出,现在英国所成立的私立大学应该像利兰·斯坦福和简·斯坦福在加州建立一所大学一样,其特点是依靠信托基金的形式启动。[①] 他建议英国应积极建立私立大学,其大学的发展不应该接受英国政府的资助,而是通过基金会、私人捐赠等方式走出一条独立自主、特色鲜明的私立大学。这段话引起了伯明翰大学政治学教授哈里·弗恩斯的共鸣,他开始反思英国大学在战后所面对的机遇和挑战。他认为,当前英国大学所面临的机遇像英国高等教育 "二元机制" 一样,虽看似高等教育规模和结构不断调整,但真正的大学还没有形成。为此,他希望政府不应该干预大学的发展。同样 6 月 12 日,弗恩斯教授给波利回信,在信件上,弗恩斯表达了要建立独立大学的愿望。两人在对独立大学的发展问题上不谋而合。在伦敦皇家医学院的一次午宴上,两人与牛津大学经济学院教授马克斯·贝洛夫相识,共同表示了要建立独立大学的愿望,这一想法与贝洛夫在 1967 年 7 月《政治季刊》上所刊发的《独立大学的紧急宣言》一文有着异曲同工之妙,坚决认为其建立的大学是独立于政府的私立大学。英国学者彭伯顿对此评论道："由于波

---

① Joyce Pemberton.*The University College at Buckingham*：*A First Account of Its Conception*，*Foundation and Early years*[M].Buckingham：Buckingham press，1979：13.

利的信，其他一直有类似想法的人开始意识到，他们并不是孤立的。"①

1969 年，独立大学规划委员会成立，但还没有筹够足够开办私立大学的所需资金，这使创办私立大学的希望变得渺茫。1969—1972 年期间，尽管规划委员会在四年当中经常召开一些会议，"讨论各种问题，并就学术政策问题作出决定，然而，其审议始终是战术性的，而不是战略性的，这是由事实的力量所决定的，特别是办学的可能性和资金不足，使许多现有的选择落空。计划委员会一直两手空空，只有通过国际能源机构的慷慨贷款和担保才能继续存在。"②1973 年 3 月，白金汉大学学院以公司的形式成立，但对白金汉大学独立性的办学理念依旧表达得非常明确——不接受政府财政支持，抵制政府的干预，坚信白金汉大学学院在面临困境当中依旧能保持大学办学的独立性。此后，巴恩斯教授、贝洛夫教授、悉尼凯恩爵士、单曼教授、申菲尔德夫人、惠特克洛夫教授、约翰·莱斯教授、蒙克顿爵士等 12 人组成了学院委员会。由于他们积极倡导募捐，委员会接收到私人募捐 120 万英镑。在 1973 年 4 月伦敦召开的一次会议上，与会人员对白金汉大学学院的独立性给予明确的释义："在高等教育中存在私人主动建立的大学并由私人资金支持的真正独立的大学将有利于社会生活和个人自由，这些大学不是取代而是补充平行的政府支持的大学。"③同年 7 月，黑尔舍姆在白金汉大学学院揭牌仪式上发表演讲，高扬白金汉大学学院的独立之精神，"在白金汉大学学院的就职典礼上，随时有很多话要说，但在这些日子里，当所有不依赖于政府、企业无法吸收国家基金通常不可能实现时，一个新的机构的就职典礼就值得赞赏，不仅仅是不接受大学拨款委员的资金，而是它不愿意参与其中，这本身足以引起注意，值得鼓掌……不可否认的是依赖于单一的供应来源必然会影响政策和限制态度，这就是寻求建立一所完全独立于公共财政的大学机构的理由。不像理工学院那样

①　Rosalind M.O.Pritchard.Principles and Pragmatism in Private Higher Education: Examples From Britain and Germany[J].*Higher Education*, 1992, 24（03）: 247-273.

②　G.K.Shaw and M.Blaug.The University of Buckingham After Ten Years-A Tentative Evaluation[J].*Higher Education Quarterly*, 1988, 42（01）: 72-89.

③　Joyce Pemberton.*The University College at Buckingham*：*A First Account of Its Conception*，*Foundation and Early Years*[M].Buckingham: Buckingham Press，1979：38.

完全独立，不像大学那样半独立，而是完全独立，就像大学曾经的样子。"①
时任英国教育大臣的撒切尔夫人也指出："作为一个政治家，我不能对你
发号施令，毕竟你们给我们社会带来的巨大挑战就是你们办学独立性。我
们必须记住独立不是天赋，它不是政府赋予的东西，而是一个自由的人民
享受和使用的东西。你们的主动是为了提醒我们自由的重要特征，而这些
特征我们一直处于被遗忘的危险中。自由需要利用现有的机会，创造出活
力和想象力。"②1976 年 2 月，白金汉大学正式创立，不接受中央和政府的
资助，完全独立发展享有多种自由，在教学上可以独立决定学期开始、结束
时间，以及师生的节假日安排，独立进行内部管理。

　　但是，建设独立大学的想法一直受到外界的质疑。一些政客常将独立
大学与政治的派别联系在一起，认为这是对国家政治的挑战。白金汉大学
学院想要在英国高等教育中获得一席之地，其首当其冲的就是办学经费问
题。诚如白金汉大学的创始人马克斯·贝洛夫所言："在独立大学办学的
4 年开始时，白金汉大学学院一直是教育甚至政治辩论的永恒话题。"③怎
样才能够获得杰出的赞助商的支持以有利于白金汉大学的长远发展这一
问题，胁迫着白金汉大学在政治意识上必须做出选择，出于对大学未来的
发展的考量，白金汉大学要选择与政党相契合的发展理念。因为白金汉大
学学院仅是一个私立学院，没有政治的庇佑，很容易被政党扼杀在摇篮之
下，其独立的办学理念将成为其他大学不可企及的梦想。④1976 年 8 月，
白金汉大学为此而展开了争论，一些人认为，当前学校各项发展都应该有
意识地反映各种政治观点，从而将独立这一敏感问题从政治意识当中剔
除，另有一些人则认为假如学校与当局权力力量结盟太紧密，会对筹资方
面产生影响，还有人认为工党只对私立中学产生厌倦，并不会将此认识逻

---

① Joyce Pemberton.*The University College at Buckingham*：*A First Account of Its Conception*，*Foundation and Early Years*[M].Buckingham：Buckingham Press，1979：40-41.

② Joyce Pemberton.*The University College at Buckingham*：*A First Account of Its Conception*，*Foundation and Early Years*[M].Buckingham：Buckingham Press，1979：104.

③ Max Beloff.Starting a Private College：A British Experiment in Higher Education[J].*The American Scholar*，1979，48（03）：395-403.

④ Roger Geiger.The Private Alternative in Higher Education[J].*European Journal of Education*，1985，20（04）：385-398.

辑延伸到高等教育部门。[①] 这一讨论，并没有使学校在政治立场上有了不同的认识，学院在对富人捐资的问题上依旧坚持学校独立、个性的办学标准。时任校长马克斯·贝洛夫在塑造学院发展的政治立场上态度十分坚决，不想获得政治上的依赖性，"强烈抵制试图跨越政党，寻求学院发展的企图。"[②] 而在此时，右翼[③]势力密切参与了学校的早期发展规划，将白金汉大学发展问题与自由市场集体主义相关联，时任教育大臣撒切尔夫人和约瑟夫爵士也积极支持白金汉大学学院的发展。作为理事会的海莎姆勋爵却与时任工党大臣尼尔·金诺尔（Neil Kinrol）在独立的立场上产生矛盾，并公然反抗工党大臣对教育的决策。这更使得白金汉大学学院的独立办学地位受到了严峻挑战。

为此，白金汉大学学院在办学的政治意识立场上，与当局展开对抗。虽然丹尼法律图书馆、帕特里克和海沙姆大厦的建立都是保守党对白金汉大学的强大支持的表现，但这种政党的资金会干涉到白金汉大学学院的独立办学的理念，对学校的发展带来了不利的影响，"在大学的教学当中，特别是大学政治和经济领域，必须具有同样的党派性。"[④] 但这样的党派之争使白金汉大学扩大了社会的影响，尽管被人们认为白金汉大学的独立办学仅是一个谎言，并不能在现实实践之中存在，但是白金汉大学学院在政治立场上依旧迈开英国当局，坚持独立自主的理念，并对此展开积极探索。

二、强调个性化的人才培养理念

1967 年 5 月，波利博士在《泰晤士报》上发出建立一所私立大学的呼声，在与英国有志之士共同努力下，于 1973 年创建了"白金汉大学学院有限公司"。从大学创建之初，白金汉大学学院就以个性化的教育理念进行

---

① Max Beloff.Starting a Private College：A British Experiment in Higher Education[J].*The American Scholar*，1979，48（03）：395-40.
② Max Beloff.Starting a Private College：A British Experiment in Higher Education[J].*The American Scholar*，1979，48（03）：395-40.
③ 右翼起源于法国大革命时期，后传播到欧美其他国家。它代表的是贵族阶级，认为社会的发展是由贵族阶级决定的，主张自由放任，反对政府干预，提倡经济自由，支持自由市场，提倡竞争，减少管制。参见李繁荣.新自由主义经济学思想批判：基于生态正义和社会正义的理论剖析 [M].太原：山西经济出版社，2017：198.
④ Max Beloff.Starting a Private College：A British Experiment in Higher Education[J].*The American Scholar*，1979，48（03）：395-40.

办学。大学为了传承白金汉郡（Buckinghamshire）天然的自然资源，传承自然文化的特性，在大学的校徽设计上，以白金汉郡传统的纹章为象征，刻印着洁白无瑕的天鹅——它张开翅膀貌似展翅翱翔，但又因眷恋游水之乐而又停歇顿足。这一图标寓意着，白金汉与众不同，将以独立自主的办学理念，实施个性化的教育。

在白金汉大学发展初期，一直渴望建立一个思想独立的组织机构。尽管由创始人创立的这种精神仍然存在，但它的重点是发展和提供更具个性化的知识和技能。1973 年 4 月，有关白金汉大学学院的新闻已经在《泰晤士报》《白金汉报》等媒体得以传播，引起了部分民众对白金汉大学学院办学理念的兴趣，但在学院的性质得以确立之前，是很难招生到学生。作为白金汉大学学院校长的贝洛夫曾将白金汉大学学院的建校理念、改革宗旨等问题向来自白金汉大学学院咨询的人员进行介绍，并希望学生以及社会人员能积极反馈有关白金汉大学学院发展的建议，白金汉大学学院规划委员会将会根据好的建议进行讨论。1973 年 11 月，白金汉大学学院顾问詹姆斯博士在温莎大公园（Windsor Great Park）的坎伯兰别墅与 20 多所著名学校的校长进行交流，并在会议上以贝洛夫教授所阐述的独立大学发展的宗旨展开论述："白金汉大学学院以及作为其核心的大学学术目标必须被定义为追求个性，他的目标是为学生提供他们有权期待的东西，以回报他们自己支付的费用，也就是说白金汉大学学院在本科阶段就是提供个性化的教育，使学生在学科的学习当中享有最好的教学。"[1] 这也如在访谈白金汉大学毕业生克莱恩·布尔（Crane Bull）说，感觉最为明显的就是白金汉大学为学生设计出更加个性化的服务，如个性化的课程指导、师生服务以及学生学习实践等活动（BC20210613）。

1975 年 3 月，白金汉大学在伦敦举行的新闻发布会上，发布了白金汉大学的第一份明确的招股说明书，再次明晰白金汉大学学院具有独立的办学自主权，坚持个性化的教育理念。同年 4 月，英国大学校长和大学就业

---

① Joyce Pemberton.*The University College at Buckingham：A First Account of Its Conception，Foundation and Early Years*[M].Buckingham：Buckingham Press，1979：75.

顾问参加了白金汉大学学院的校园开放日（Open Day）[1]，并就相关白金汉大学个性化教育理念的实施向教职人员提问，此后校长贝洛夫发表演说，阐释白金汉大学学院是以白金汉郡的亨特街的建筑改造而成，其设计的理念就是大学以人的个性化发展而设计，融合了白金汉大学独立、自由、民主等发展理念，大学的发展与所设计的课程相互联结，以导师个人辅导的方式，推动学生的个性成长。1976 年 2 月，白金汉大学校长贝洛夫主持了一个讲座，它提出当前英国高等教育的一个问题就是没有对学生进行个性化的培养，他认为："学生在很大一段时间里被按照他们所专攻的不同学科组织起来，很少作为一个单一的单位将其聚集在一起，而且可能觉得他们之间越来越没有共同点，我们认为在白金汉大学的优势之一就是坚持个性化的教育，让我们每段时间都可以在一起，挖掘每一个学生内在的潜力。"[2] 撒切尔夫人在对白金汉大学学院的演讲上也提到："对于一个习惯了极大的个人主动性的自由民族来说，目前的国家气氛中有一些不可取的氛围，在这氛围中许多人并不知道他们自己或他们的同伴有新的主动性，而且在国家当中越演越重⋯⋯在白金汉大学的成立典礼上，我觉得它成为希望的象征，老师们可以鼓励学生把他们的命运掌握在自己的手中，从事不涉及政府部门的游说。"[3]

1976 年，白金汉大学学院改变传统、加强创新，不断完善学生的生活基础设施，增强学生学习的主动性，提高学生的社交能力，实施客座教授制度邀请法学院、人文学院的教授讲学，还成立辩论社，以提高学生口头交流和自我表达艺术的能力。当然，学校为了丰富学生的生活，拓宽学生的视野，决定每一假期都会安排学生开展欧洲游学活动。1978 年还开创了学院个性化专题的研讨会，师生可就人权、教育、婚姻等方面展开讨论。白金汉大学学院还提出让学生积极参与各项活动实践的举措。例如，图书馆委

---

[1]　白金汉大学学院的校园开放日一般情况下每月都会举行。在开放日这天，会由分管工作的副校长先致辞，并向教职工提问；其次，教师可以与学生进行亲密的交谈，以便更好地了解学生生活与学习的情况；再次，学生可以与学校住宿、财务、学生会等各部门工作人员就相关问题进行讨论，交流学生想知道的问题；最后，参观者找学生或教职工带领参观校园，并免费享用午餐。

[2]　Joyce Pemberton.*The University College at Buckingham：A First Account of Its Conception，Foundation and Early Years*[M].Buckingham：Buckingham Press，1979：93.

[3]　Joyce Pemberton.*The University College at Buckingham：A First Account of Its Conception，Foundation and Early Years*[M].Buckingham：Buckingham Press，1979：103.

员会的学生可参加多份课程文本的商议；内务委员会的学生可为食堂就餐、公共房间设施和住房规定提出意见。规章和行为委员会还对学生进行了提议，如果遇到重大关切的案件，则有权直接与理事会取得联系。[①]

在白金汉大学学院以个性化的教育理念开展活动还体现在对待不同背景的学生。1977年2月，白金汉大学学院招生中有许多18～48岁不等年龄的学生，其中部分学生来自非洲、欧洲、亚洲、大洋洲。学校在第一年正式招生并没有出现这么多的学生，针对这一始料未及的情况，学校本着对学生负责的精神，坚持以个性化的教育理念来对待。白金汉大学事务委员会起草了一份《关于海外留学生的准则》的文件并报请理事会批准，做出规定："不得基于种族、肤色、信仰或政治信仰将任何学生排除在外；第一年的经验已经表明，在一个共同的目标是追求知识的社区中可以达到充满活力和和谐的程度，最重要的是，该社区的规模和特点可以使学生和教职员工进行紧密的人际交往。"[②] 这些学生对白金汉大学学院的个性化服务十分满意，也使白金汉大学办学特色在国际上获得良好的声誉。

三、"独立飞翔"的大学开拓精神

1969年1月，弗恩斯教授在对《开创一所独立大学》的计划报告提到，在英国，至少有一所大学可以较好告诉学生它具有内在开拓精神，能够有力地为激发现代世界的创造性做好准备。[③] 这种开拓精神内蕴于创始人对创建一所独立大学的执着追求以及面对大学发展困境所具有的不屈不挠的精神。

为了建立英国第一所独立大学，以伯明翰大学政治学教授哈里·弗恩斯、牛津大学经济学院马克斯·贝洛夫教授等为首的有识之士对此展开了一系列的开创性活动。例如，成立第一个规划委员会，对独立大学的发展进行整体考虑，着力实施大学相关的基础建设。为了尽快落实大学的选址，1971年，规划会成员多尔·丹曼和弗雷德·普利先生提议将大学建立在

---

① Jone E.Pembrton.The University College at Buckingham，England[J].*The Journal of the R utgers University Libraries*，1977，39（02）：108-114.

② Jone E.Pembrton.The University College at Buckingham，England[J].*The Journal of the Rutgers University Libraries*，1977，39（02）：108-114.

③ Joyce Pemberton.*The University College at Buckingham：A First Account of Its Conception，Foundation and Early Years*[M].Buckingham：Buckingham Press，1979：198.

白金汉郡这个地方，并初步撰写了三份报告，提出白金汉郡历史悠久、人口密集，许多现存的建筑都建于18世纪和19世纪初，坐落在欧斯河的环内，环境宜人，没有被工业化和城镇集约化的发展所侵蚀，并且在牛津大学和剑桥大学之间，可以吸收其大学的发展经验，促进白金汉大学的发展。在1971年的白金汉城发展计划的会议上，普利先生展现了大学的外观草图、建造时间表和资金使用情况。他在规划委员会的会议上深情说道："如果在这里成立一所白金汉大学将会结出丰硕的果实。"[①] 随后，在同年4月2日的白金汉报纸新闻广告头版上，刊登了一则将独立大学建在白金汉郡的消息。但是，大学建设中一个主要的问题是必须有捐助者的帮助。1972年，白金汉大学学院为募捐而积极奔走，一个愿意捐助约100万英镑的款项——拉尔夫·哈里斯以及他的家族信托基金（The Trust Fund）承诺给予白金汉学院所需的资金，另外还有坦洛勋爵提出资助100万法郎资金的支持。这极大激发了白金汉大学学院规划委员会对建设私立大学的信心。

1973年，白金汉大学开始施工，大学保留了白金汉镇原有的外观，在内部结构上进行了相当大的调整，以使其适合于新的用途。经过3年艰辛的努力，这项工作已经完成，大学具有更多的教学区域，图书馆的空间还增加了一倍，创建了更多的公共休息室。[②]1976年，白金汉大学学院奠基仪式上，黑尔舍姆勋爵发表了重要的演讲："这是一个令人难忘的庄严的仪式，白金汉大学学院独立开创的精神重构历史的新篇章……这象征着一种信仰的行为，也标志着我们对未来的希望。"[③]

同时，学校以"用我们自己的翅膀飞行"（Flying on Our Own Wings）确定其私立大学的校训。白金汉大学学院秉持这份独立开创的发展精神，在大学的学生服务、学制年限、课程设计、人才培养、管理机制、教师聘请等方面进行了大胆的开拓，不断获得社会的赞赏。撒切尔夫人说："白金汉大学学院是一种实践性的实验，用当代的方式来思考什么是教育所

① Joyce Pemberton.*The University College at Buckingham：A First Account of Its Conception，Foundation and Early Years*[M].Buckingham：Buckingham Press，1979：24.

② Jone E.Pembrton.The University College at Buckingham，England[J].*The Journal of the Rutgers University Libraries*，1977，39（02）：108-114.

③ Joyce Pemberton.*The University College at Buckingham：A First Account of Its Conception，Foundation and Early Years*[M].Buckingham：Buckingham Press，1979：42.

必需的,而不是我们刚刚习惯于享受的。"① 现当代英国教育学者彭伯顿对白金汉大学的开拓精神赞赏道:"白金汉大学学院,是一所高等教育机构,主要但不是唯一的本科院校,它致力于不用国家资助和国家控制,使其完全具有开创性。"② 白金汉学院的开拓进取精神,让其在任何困难面前都能保持锐意进取的态度,勇于开拓,积极发展新方案、培育新理念、验证新理论,不断努力使其人才培养与社会需求相匹配,为初创时期大学如何践行其开拓精神提供诸多助益。这些能确保这样的机构得到外界的持续物质支持,以及全世界志趣相投的学者、教授和学生对学院日常生活的热情参与。③ 白金汉大学将会成为迎接那么多国际学者、学生的东道主,是特别值得高兴的事,那是因为大学的独立开拓的精神被广为传承。④

第三节　大学通识与个性化的课程设置

　　白金汉大学学院以弗恩斯的《开创一所独立大学》的报告为依托,认为过早专业化将会"成为知识狭隘的媒介,更糟糕的是,成为对学习的厌倦和厌恶的媒介",⑤ 因此需要对所开设独立大学不同的专业课程进行探索。白金汉大学在刚成立时,由于各项制度不健全和资源匮乏的,所实施的课程设计理念依旧是博雅教育(Liberal Arts Education),但随着 1978 年学院在课程的实施上遇到挫折,博雅教育给学生带来了学习上的压力,学

① Jone E.Pembrton.The University College at Buckingham, England[J].*The Journal of the Rutgers University Libraries*, 1977, 39(02): 108–114.
② Max Beloff.Starting a Private College: A British Experiment in Higher Education[J].*The American Scholar*, 1979, 48(03): 395–403.
③ Jone E.Pembrton.The University College at Buckingham, England[J].*The Journal of the Rutgers University Libraries*, 1977, 39(02): 108–114.
④ 英国白金汉国际教育学院.自由独立、肩负使命——"铁娘子"撒切尔夫人的理想大学[EB/OL].(2021–06–16)[2022–03–01].https://zhuanlan.zhihu.com/p/386965870.
⑤ Joyce Pemberton.*The University College at Buckingham: A First Account of Its Conception, Foundation and Early Years*[M].Buckingham: Buckingham Press, 1979: 197.

院开始积极探索个性化课程，提升学生专业知识和技能，使"每位参与该课程的学生都适合从事学习研究的工作，这对于那些缺乏知识的学生来说能培养他们的思维能力。"①

一、开设博雅的基础课程

尽管白金汉大学成立于20世纪70年代，但英国古典主义思想依旧影响着大学的发展，大学在课程设置上与古典时期所提倡的博雅教育理念有联系。19世纪英国维多利亚时期的红衣主教约翰·亨利·纽曼（John Henry Newman）在爱尔兰主持建立一所天主教大学，将其自由、博雅的教育理念用于大学的发展当中。1852年，纽曼在围绕大学的发展理念及其办学宗旨上展开一系列的演讲，这些演讲被整理为《大学的理想》。他认为大学就应该是教学的地方，教学是大学传授知识的殿堂，也是大学唯一的职能。他反对把大学和其他问题联系在一起，认为如果大学忽略了知识教学的整个体系，就会造成逻辑上的错误。"这就意味着，一方面，大学的目的是理智的而非道德的；另一方面，它以传播和推广知识而非增扩知识为目的。"② 大学不应该成为知识生产的场所，而应该传授知识，不能功利主义地利用大学知识来解决就业。长期以来，牛津、剑桥两所大学受此影响较大，作为英国高等教育的翘楚，其博雅课程的设置自然对其他大学产生影响。"他们在形成英国大学模式的价值方面发挥了决定性的作用，这种价值也正是其他部分的高等教育机构所向往的，牛津大学和剑桥大学发展模式是独特的，这两所大学所建立起来的价值观在整个20世纪英国高等教育史上产生了持久而有力的影响。"③ 白金汉大学在办学初期课程内容以法律、历史和文学等方面为主，坚持让学生学习普通的课程知识，但在实践学习当中并不能很好地加以应用。这使得白金汉大学学院在以后的课程设置过程中，逐步清晰地认识到在高等教育体系中，本科课程应以人

---

① Joyce Pemberton.*The University College at Buckingham*：*A First Account of Its Conception*，*Foundation and Early Years*[M].Buckingham：Buckingham Press，1979：197.
② 约翰·亨利·纽曼.大学的理想[M].徐辉，顾建新，等译.杭州：浙江教育出版社，2001：73.
③ Ted Tapper，Brian Salter.*Oxford*，*Cambridge and the Changing Idea of the University*[M].Buckingham：SRHE and Open University Press，1992：225.

文通识课程为目标。①

1973 年 11 月，白金汉大学学院顾问詹姆斯（R.L.James）博士发表了重要讲话，他说白金汉大学发展的目标就是"为学生提供他们有权期待的东西，以回报他们自己支付的费用，是让学生在自费的情况下得到他们应得的回报"。②这样的教学目标要坚持开设不同的课程来培养学生的基础能力。1974 年 1 月，白金汉大学学院召开学院理事会会议，讨论白金汉大学学院人才课程规划，在会议上贝洛夫教授和工商领导人就人才培养目标展开了讨论，认为白金汉大学学院培养的人才应该是既有技能又有知识的毕业生，他们能够发现知识的变化规律，提高自身的技能，以满足毕业生未来社会的发展需求。因此必须继续将实验重点放在博雅教育课程上，"该课程最大的目标是确保毕业生能够找到通向任何知识体系的道路：不做专家所做的事，而是理解他所做的事及其与社会的相关性，对科学与艺术之间的相互关系有一些感觉。"③即便白金汉大学学院的管理者出于审慎的理由，也必须朝这个方向前进。1974 年 8 月，白金汉大学学院召开理事会，认为英国和英联邦国家目前对法律和会计培训的需求只是短暂的，不可能持续很长时间。这样一来，若学院课程与太狭窄的专业化联系在一起将是致命的。④1975 年 10 月，白金汉大学学院在草拟的大学招股书上对其所开设的课程进行了详细说明，认为白金汉大学在开设专业上应更加注重基础性的知识，以帮助学生接受创业的挑战。白金汉大学学院首先成立的是法学院，学院在 1975 年 3 月就积极讨论法学的课程设置情况，其中法学院招募了 13 名英国教授，设计出法学的基本课程理念：利用有价值的公共课程作为练习和行为的一种测试的标准，以激发法学院的学生具有通识的基本能力。1976 年，白金汉大学学院开始招生第一批学生，67 名学生中有近 1/3 海外学生，这些海外学生由于缺乏较好的语言基础而无法

① Joyce Pemberton.*The University College at Buckingham*：*A First Account of Its Conception*，*Foundation and Early Years*[M].Buckingham：Buckingham Press，1979：197.

② Joyce Pemberton.*The University College at Buckingham*：*A First Account of Its Conception*，*Foundation and Early Years*[M].Buckingham：Buckingham Press，1979：75.

③ Joyce Pemberton.*The University College at Buckingham*：*A First Account of Its Conception*，*Foundation and Early Years*[M].Buckingham：Buckingham Press，1979：209.

④ Max Beloff.Starting a Private College：A British Experiment in Higher Education[J]. *The American Scholar*，1979，48（03）：395-403.

学习其他课程，"实践证明，要对那些非英语的申请者应进行仔细的评估，必要时参加讲座，有效地参与研讨会和补习课程"，[①] 这样才能提升其专业知识。

由于学院开创 2 年本科制的学习制度，2 年当中要达到 3 ~ 4 年的学习水准，这使每学期开设的课程较多，学院要制定自己的课程规定，"所有本科生都应该学习他们专业兴趣之外的一些学科，以便扩展他们的教育基础，并熟悉现代世界中应用高等学习所必需的其他思维方式。"[②] 白金汉大学学院首设的法律、经济、政治专业，要求学生加强基础知识的学习，阅读一些科学基础知识。如果学生在不同学科之间有学习的困难，可通过辅导课程的强化以便其能够自我学习。学生第一学期可加强基础知识的学习，其他时间可以选择一个学习的课程进行深入的辅导学习。1978 年，白金汉大学学院法学院召开会议，邀请白金汉理事会成员埃德加·威廉斯（Edgar Williams）爵士，就白金汉法学院开设的课程提出建议，他说通过学习有关法学的课程，"我看到法学院的课程十分具有通识意义，这样种类齐全的学习课程，学生已经迫不及待地想看看这里能尝试些什么。虽然一门课程的学习是专业化的学习，但是过早专业化可能很容易使我们在未来的发展中失去平衡"。[③] 事实上，当白金汉大学在考虑大学生学习课程时，就将所培养的人才沿着可预测的道路进行探索，尽管在发展通识教育的课程探究中遇到一些难题，但白金汉大学也能积极解决。1981 年 2 月，白金汉大学学院在开学的第二周，有学生将自己反对进行通识课程学习的建议递交给理事会，认为两年的学习时间要学习将近 20 门课程，对一个大学生要求太高，请求能否降低学生学习的标准。白金汉大学学院理事会通过调查发现，学生反映的问题确实存在，学院根据这一问题积极地对不同专业的课程进行调整，减少了课程学习的量，但学生学习的任务没有减少。

白金汉大学学院初建的三个学院，在课程的设置上都十分重视通识教

---

① Joyce Pemberton.*The University College at Buckingham：A First Account of Its Conception，Foundation and Early Years*[M].Buckingham：Buckingham Press，1979：87.

② Joyce Pemberton.*The University College at Buckingham：A First Account of Its Conception，Foundation and Early Years*[M].Buckingham：Buckingham Press，1979：107.

③ Joyce Pemberton.*The University College at Buckingham：A First Account of Its Conception，Foundation and Early Years*[M].Buckingham：Buckingham Press，1979：102.

育课程,还根据不同的专业学生扩展不同的知识学习。1982年4月学院在一次理事会上,再次明晰大学的课程切不可过于关注未来的目标,以至于大学忽视了当前的义务：培养好学生。[1] 他们的教育和职业技能仍然是大学的首要任务。大学试图培养教职工和学生的社会责任感,"研究和知识并不被认为是'无价值的',学者们有责任反思其研究成果对人类生存和整个社会的意义。尽一切努力提供广泛的教育,培养有思想、文明的人有助于克服学术和专业/实践教育的困难。这一点最明显地表现在大学对学生的承诺上,即使对未来的职业素养的培养也是如此。"[2] 也诚如白金汉大学的校长贝洛夫所言,在博雅的课程学习上"我们能为他们做得比其他机构更好,否则我们收取的费用的理由——独立的代价将不复存在"。[3]

二、创设个性化的专业课程

为了减轻学生博雅教育的压力,1978年6月,白金汉大学学院理事会在对课程管理方面提出要将学生的幸福课程融入其中的建议,尽管在会议上产生了分歧,但校长贝洛夫对此项建议十分感兴趣。此外,大学还建议选举学生会,建议他们提出学校当前在社交、文化、体育、生活、学习课程等方面的问题。1979年2月,白金汉大学形成了社交课程、融合课程和体育课程等选修课程,以满足学生个性化的发展需求。尽管学生都在为每学期的考试做准备,但通过参与课程以及从课程当中获得的知识,丰富了学生的内心世界。

白金汉大学学院所提供的一系列支持课程(包括人文社会科学、语言课程等)旨在提供给学生广泛的教育,从而使学生避免过度专业化,而过度专业化已成为白金汉大学学院对此深感烦恼的问题,这也受到了白金汉大学理事会的重视。1977年,白金汉大学学院做出规定,对于"学生自然倾向于忽略这些辅助研究而转向主要学科的课程,大学既要发现所定义的

---

[1] Joyce Pemberton.*The University College at Buckingham*: *A First Account of Its Conception*, *Foundation and Early Years*[M].Buckingham: Buckingham Press, 1979: 102.

[2] Rosalind M.O.Pritchard.Principles and Pragmatism in Private Higher Education: Examples From Britain and Germany[J].*Higher Education*, 1992, 24(03): 247-273.

[3] Max Beloff.Starting a Private College: A British Experiment in Higher Education[J].*The American Scholar*, 1979, 48(03): 395-403.

成就水平，又要取决于他们将达到学业规定的水平"。①

但是也应注意，作为白金汉大学学生重要的辅助学科，学校所提供支持学生开展研究与学习的课程是兴趣课。1977年2月，白金汉大学学院面临一个棘手的问题——学生兴趣爱好不一。面对不同学生的学业课程问题，白金汉大学理事会给出的解决方法是：白金汉大学注重个性化的课程培养方案，不同的专业与不同的学生在面对课程学习问题上会有不同的认识，因材施教才能更好地展现出白金汉大学学院的办学特色。1976年，白金汉大学学院教授布鲁克（A.J.Brook）就建议大学要自主开设有个性化的课程，可为那些感兴趣而且是非专业的学生开设一门生命科学的辅助课程，这一课程正好契合于人们想在自然科学的领域做贡献的想法，能激发了学生对不同学科知识的兴趣。②

白金汉大学学院个性化的专业课程设计还源自学生能够在其愉悦而紧张的学习氛围中自由支配学习的时间。对于海外学生，白金汉大学能够通过利用个性化的课程激发学生学习专业知识的兴趣。白金汉大学在1976年共有海外留学生13人，这些留学生在面对学院所要求的通识教育的问题上有着很大的困难，语言的障碍问题是摆在其面前的一道鸿沟。1977年，白金汉大学学院大卫·汉尼福德（David Hanniford）先生就利用一个小型的二手语言实验室建立一个语言学习的操纵台，它能够快速识别和测试学生需求的能力，并提供不同基础的语言教学模型，专门设计语言学习课程——情景课程。该平台能根据不同海外学生的背景提供语言课程教学，将其与语言相关的课程综合调整，形成沉浸式语言学习（Immersive Language Learning）课程，这项课程在第一学年课程中使用，之后在其他课程中进行强化。③

白金汉大学学院不同的课程之间的关系是通过一个或者多个课程之间有机联合而创设的，囊括了法律、经济学、法律、经济和政治、会计与财务管理以及历史、政治和英国文学等多门课程。1980年，白金汉大学考虑建立生物学和社会研究中心，以提高白金汉在课程上的设置特色。此外，白

① Jone E.Pembrton.The University College at Buckingham, England[J].*The Journal of the Rutgers University Libraries*, 1977, 39（02）：108-114.

② Joyce Pemberton.*The University College at Buckingham：A First Account of Its Conception, Foundation and Early Years*[M].Buckingham：Buckingham Press, 1979：116.

③ Jone E.Pembrton.The University College at Buckingham, England[J].*The Journal of the Rutgers University Libraries*, 1977, 39（02）：108-114.

金汉大学学院还在课程的设置上与其他国家大学进行联合,如与法国的艾克斯(Aix-Marseille)、南希(Nancy)和德国的图宾根(Tübingen)等大学组成合作开发的课程,包括法国法律课程的实践模型机制,以及法国法律初始课程中的修身课程,但学制需三年,"成功的学生不仅将拥有白金汉大学学位,并因此拥有在英格兰进行专业法律研究的权利,而且还可获得法国法律文凭。"① 此外白金汉大学还以每年秋季开学的免费服务项目为依托,与法国里尔大学和德国萨尔大学展开合作,为学生量身定制有关专业课程的学习内容,以适应其终身学习的要求。

白金汉大学学院课程设计与费恩斯起草的独立大学宣言一样,大学试图将职业教育和普通教育结合到其他课程中。所有的学生都需要学习基础知识,掌握一些科学思想和方法,尤其是生命科学上的知识易使学生发现生活的意义。②1981 年,英国公务员制度委员会对白金汉大学的课程进行审查发现,白金汉大学自主创设的一些个性化的课程能让学生能够理解生活,热爱生活,使其满足未来生活的需求,而且这些课程不比牛津大学、曼彻斯特大学等大学的专业课程少。③

第四节　学生自由学习与个性化的教师教学

一、师生互动学习的"小组制"

1973 年 2 月,白金汉大学学院就学生学习时间安排的问题进行了深入讨论,认为在英国大部分本科学位的时间是 3 ~ 4 年,每一学年大约有 28 周教学时间。牛津大学一年有 24 个星期的课程,其余的时间里,学生们可以和老师进行更深层次的交流。白金汉大学学院在学生的学习时间

①　Max Beloff.Starting a Private College：A British Experiment in Higher Education[J]. *The American Scholar*, 1979, 48 (03)：395-403.

②　Rosalind M.O.Pritchard.Principles and Pragmatism in Private Higher Education: Examples From Britain and Germany[J].*Higher Education*, 1992, 24(03)：247-273.

③　David Lethbridge.University Degrees for Sale-The Buckingham Experience[J]. *Journal of Management Development*, 1989, 8 (03)：38-49.

上应该体现着独立和个性化的学习方式，但对学习课程的要求不一，学生可以一年学习 40 周，以保证教师能够对学生的学业进行充分的指导。

1975 年 10 月，在白金汉大学学院注册日迎来了第一批注册的 47 名学生，白金汉学院的亨特街上一群身穿长袍的老师们静静地站着，与前来注册的大学生和家长们进行深入交流，并递交给学生一份《告学生通知书》复印件，作为一份学生手册，学生需签署一份行为规范的承诺书，上面写着"在白金汉大学学习的目的主要是学术和社交，我们将为您提供学习课程的信息，并与您的导师协商解决您的课程问题"①，这样就有利于学生能够按照学院学术团体的利益更好地学习。此后校长在欢迎仪式上发表重要的讲话，彭伯顿夫人详细介绍了有关白金汉学院的情况。为确保学生能够获得高水平的教育，白金汉大学学院在对学生的学业、年龄、生活习惯等进行全面了解后，会为其安排相应的导师，并在学生的学习上提出了警示："你需要定期参加导师为你规定的讲座、辅导等，并按要求提交书面作业……如果你的导师认为你没有足够重视你的学习，或没有取得足够的进步，你会被警告，并可能报告你所在的学校委员会，这作为最后的手段，学生可能被停学或永久性被学院开除。"②

1976 年 2 月，白金汉大学学院举行了校长讲座，全体教职工和学生总共 108 人参与，贝洛夫校长围绕学生的生活和学业方面，发表了重要的讲话，"大学的问题之一是，学生们在很大一部分时间里，往往被不同学科的组织隔绝开来，很少作为一个单一的单位聚集在一起，我们白金汉大学学院就是要改变这一传统，虽然大学没有较多的学生，但是会开创出师生互动的小组教学，将我们凝聚在一起……这里的学生都有机会参加高效的学习机构，所带来的全新的满足感应该是开创性的。因此，白金汉大学学院会特别重视个别辅导课，以确保学生能够享受到优质的教育资源。"③ 同年 5 月，白金汉大学学院出台了《白金汉大学学院学生与导师规则》，明确导

① Joyce Pemberton.*The University College at Buckingham*：*A First Account of Its Conception*，*Foundation and Early Years*[M].Buckingham：Buckingham Press，1979：86.

② Joyce Pemberton.*The University College at Buckingham*：*A First Account of Its Conception*，*Foundation and Early Years*[M].Buckingham：Buckingham Press，1979：87.

③ Joyce Pemberton.*The University College at Buckingham*：*A First Account of Its Conception*，*Foundation and Early Years*[M].Buckingham：Buckingham Press，1979：93.

师要加强小组教学的任务,培养学生独立、自由、个性的品质。由于白金汉大学将部分所获得的捐赠,一部分运用到图书馆的管理当中,花费了将近1/3的募捐经费,较少有资金投入师生的小组辅导当中,学生的利益不能完全展现出白金汉大学学院办学的初衷——充分为学生的学习服务。1977年,白金汉大学学院在面对外界政治的博弈环境下,将较多的精力放在了办学独立性方面,而忽视了学生的学习问题。大学在对学生进行中期考核时,发现导师没有很好地对学生修完学科的论文进行审查。1977年4月,白金汉大学决定学生中期和期末论文都要由学院的审查机构进行审定,为了使这一审定较为客观,学院还强化学生与导师辅助的标准,不断完善教师辅导学生学习方法,提升师生之间的互动。

1978年2月,随着白金汉大学学院第一批学生的毕业,白金汉大学学院为向社会证明学生与导师之间的辅导制不会因为外界的变化而发生改变,大学会安排每一位教职人员为学生的学习进行指导,导师对学生负责已成为白金汉学院小规模办学和学生能够完成学业的重要保证。正如白金汉大学校长贝洛夫所言,学生的学业和职业前途不仅是因为他们的大学被国家资助的机构而损害,而是因为他们选择白金汉大学,在这里师生之间的互动学习小组成就了他们。[①]1980年,在白金汉大学学院想要发展研究生教育之时,校长贝洛夫辞去职务,由皮科克教授担任。皮科克校长开始对白金汉大学学院的"师生小组制"进行深入的改革,强调了不同学科的教师对学生进行辅导的举措,教师必须围绕着自己所在的学院和不同的学生,承担起作为老师的职责和担当。学校为此受到了社会人员的赞赏,认为白金汉大学教师在小组辅导制的运用是其他大学学习的榜样,其员工的负责任的精神和总体素质相比其他大学要强得多。

英国社会高度关注白金汉大学学院的进展情况,从关注其资金的筹措到学生学习方式的变化,这使得白金汉大学学院更加重视对学生的培养问题,强调师生互动的重要性。由于学校以2年的学制展现出白金汉大学学院的发展特色,师生互动的小组学习显得尤为重要,它促使学院不断强化教师的责任意识,在人才培养举措上注重教师与学生之间的联系。这展现了白金汉大学学院初创时期的办学理念,也彰显了白金汉大学在未来发展道路上建设一流大学的信心。

---

① Max Beloff.Starting a Private College: A British Experiment in Higher Education[J].*The American Scholar*, 1979, 48（3）: 395-403.

二、个性化的教师"教授制"

1973 年 4 月,白金汉大学学院在伦敦召开第一次管理委员会,谈论了白金汉大学学院在此后的招生问题。白金汉大学学院的招生刚开始时是没有一定的外在条件限制的,仅表明招收那些足够优秀的学生,并保证他们能够在非常集中的时间里通过学业考评,就能够获得白金汉大学学院所颁发的执照。但对于能否真正地使白金汉大学学院获得一定的认可,还需要从白金汉大学学院教师教学的特色进行深入考察。白金汉大学学院虽有个性化的课程设置,若没有教师在个性化的教学上与之相契合,所谓的个性化课程也是其为突出办学特色而装点门面而已。

由于白金汉在招生对象上的多元化,学生的学情、文化背景不同,多数学生是海外的,处于流动状态。为了很好地辅导这些不同类型的学生,学校对教师提出了要求。"雇用全职专家只能提供一个学期的课程是不经济的。专职工作人员得到了兼职人员的补充,可将其分为四大类:新近退休的杰出学者;目前有一定资历的教师或愿意从事某些专业教学的从业人员;一些来自其他大学的学生担任指导角色;来自美国和英联邦国家的学者愿意在英国放假期间从事一些教学工作。"[1] 不同的教师类型助推了学生的学习。正如牛津大学副校长埃德加·威廉姆斯(Edgar Williams)在对白金汉大学教师的赞美词中说道:"白金汉大学教师的业务是做什么比谈论我们正在做什么或打算做什么更好。在这里,通过他们对即将进行的工作,证明他们所表现出的信心是独特的。"[2]

1976 年 2 月,白金汉大学学院理事会召开会议并提议,将教师课堂教授作为教师管理的一种机制,每一课程的教师要为不同的学生建立档案跟踪,能够灵活地对特定对象的学生提供个性化的教学。1976 年 6 月,白金汉大学会计专业教授克莱恩·琳达(Klein Linda)第一次尝试在户外上课,得到了学生一致好评。同年 9 月,白金汉大学学院法学专业教师第一次以社会辩论赛的形式开展教学,不仅培养了学生的口头表达的艺术和能力,也促使了白金汉大学学院成立了学生辩论赛社团。当然,白金汉大学学院

---

[1]　Max Beloff.Starting a Private College：A British Experiment in Higher Education[J].*The American Scholar*，1979，48（03）：395-403.

[2]　Joyce Pemberton.*The University College at Buckingham：A First Account of Its Conception*，*Foundation and Early Years*[M].Buckingham：Buckingham Press，1979：102.

的老师还以个性研讨会的形式开展教学,以挖掘学生发现问题、解决问题的潜力。1976 年 8 月,黑尔舍姆勋爵和法学院麦金托什教授召开不同人权法案研讨会,就苏格兰和威尔士人权下放问题展开了热烈讨论,学生对此表示十分满意。1978 年 3 月白金汉大学学院不同学院研讨会纷纷建立,相继召开了教育、家庭、学习等多领域的问题研讨。[1]1978 年的招生中有许多非欧洲学籍的学生,按照白金汉大学学院课程的安排,需要学习英语语法课程,而学院在教学上要按照学生的个性安排教师,个性化地进行课程辅导。教师通过对学生进行深入交流,尊重学生个性发展,尝试第一次利用周末时间给 6 名学生讲授地理文化知识;学校还成立了教师教授帮扶小组,该小组就是为了更好地促进教师怎样根据不同文化背景的学生设计出学生的学习方案,让学生体验个性化学习的乐趣。

通过教师积极探索,白金汉大学已经形成了教师个性化讲授教学的模式,帮助那些学习困难而又感觉不安的学生找到学习的信心,"他们没想到的是,他们不仅会发现自己在英国环境中,而且会在拥有许多第三世界学生的机构中找到自己。"[2]对于许多白金汉大学的学生来说,最感兴趣的就是如此,这让许多已经毕业的学生还对此记忆犹新。在访谈中他们说,白金汉大学学院教师积极上课,每一节课都十分精彩,充分尊重每一个学生的想法,让学生把每一个奇思妙想展现出来。学业考评也不是一直用考试和论文的形式,而是让学生开始用自己的特长自由发挥,充分展现每一学期的收获(DS20210721、DW20210610、LZK20210603)。

第五节　独立与特色化的大学管理制度

1967 年,约翰·波利博士在《泰晤士报》中指出,英国大学受政府控制,"从一些文章和权威报告中可以看出,越来越多的人担心,我们大学的学

① Joyce Pemberton.*The University College at Buckingham*: *A First Account of Its Conception*, *Foundation and Early Years*[M].Buckingham: Buckingham Press, 1979: 118-122.

② Max Beloff.Starting a Private College: A British Experiment in Higher Education[J].*The American Scholar*, 1979, 48 (03): 395-403.

术政策必须受到政治影响，因为它们的资金依赖于一个垄断的雇主——国家。"① 波利博士的先声道出了英国高等教育在战后，尤其是 20 世纪 60 年代所面对的困境，而摆脱政府对大学的控制就是不接受政府的资助，实施独立管理。1969 年，伯明翰大学教授弗恩斯在独立的大学宣言中也提出，当前迫切需要建立一个免受政府控制的高等教育机构，这一机构有着独立和高效协同的大学管理制度，"一所独立的大学是否有出路，就要观察涉及大学的管理决策是否受到政府权力的影响，建立什么样的管理结构回应所受制的环境，而不是间接地在机构的指导下，似乎比个人或机构本身更不了解反映的问题。"② 弗恩斯的这份报告为创立私立大学提供了行为指南，尤其提出将独立大学建成一所不同于公立大学的管理制度是促就其成功办学真正的奥秘所在。

一、英国私立白金汉大学管理结构及职责分工

在独立大学规划委员会成立之前，就吸纳了许多支持独立大学的有志之士，例如，约翰·斯科特、洛夫·米莱德以及凯恩·沃克等这些成员在对独立大学的经费、学生学费和服务收入结构上进行了详细的规划。1968 年 4 月的一次晚宴聚会上，著名的牛津大学教授马克斯·贝洛夫、马克·布劳（Mark Blaug）、悉尼·凯恩爵士、恩斯·特廉（Ernst Chain）爵士、科林·克拉克（Colin Clark）先生等讨论了独立大学有关自身管理的问题，并提出要对独立大学的成立进行募捐。1969 年 1 月，倡导成立独立大学的成员召开会议，组成独立大学规划委员会，这次会议邀请了国际能源机构的相关人员，以希望得到支持，并选举了悉尼·凯恩为董事长。他作为伦敦政治经济学院的前任院长，在管理制度上一直强调自由，认为独立大学规划委员会应将自由作为对独立大学管理的准则，以此才能汲取政治、工业、商业、建筑等多领域人士参与，为独立大学的发展建言献策。

1973 年，白金汉大学学院召开会议，撤销规划委员会，将其改制成理事会（Council），选举校长（也称为"名誉校长"）（Chancellor）和副校长

---

① Joyce Pemberton. *The University College at Buckingham*：*A First Account of Its Conception*，*Foundation and Early Years*[M].Buckingham：Buckingham Press，1979：13.

② Joyce Pemberton. *The University College at Buckingham*：*A First Account of Its Conception*，*Foundation and Early Years*[M].Buckingham：Buckingham Press，1979：210.

（Vice Chancellor）①，负责大学学院的管理工作，并对理事会负责。但在这次选举大学校长的问题上，出现了不同的意见：一部分人认为，应该选举能够积极与外界保持联系，提高白金汉大学学院名声的企业家或捐赠人担任校长；一部分人认为，校长是一个学校发展的带头人，应该选出能够体现白金汉大学发展特色的人员；还有一部分人认为，校长应该是具有高学识、具有管理经验的人员。经过综合意见，要在校长候选人弗恩斯、G.T.尤德、马克斯·贝洛夫中选出一人担任校长。经过长时间谈论，规划委员会选举马克斯·贝洛夫为校长。因为出生在1913年的贝洛夫，曾就读于英国私立精英圣保罗学校，1935年毕业于牛津大学圣体克里斯学院，此后又在英国皇家部队服兵役，退役后回到牛津大学经济学院教书，1947年当选为纳菲尔德学院（Nuffield College）院士，1957年又成为格莱斯顿政府议员，并成为牛津万灵学院院士。1973年成为英国科学院、皇家历史学院、皇家历史学会会员，1974年被授予牛津大学文学博士，还获得美国匹兹堡、加拿大主教大学、美国鲍登学院、法国艾克斯马赛大学的荣誉博士学位。多重的职位历练经验和光环的头衔背景，使贝洛夫顺利当选。

理事会作为白金汉大学学院的最高治理机构，有权力决定白金汉大学发展的规章制度，负责大学的财务、财产、投资和其他业务。理事会成员多由校长、副校长、基金会成员等代表组成。白金汉大学学院强调办学的独立性，依靠基金会的捐款，在办学性质的定位上注重应用型人才为主的培养，这使得在其理事会成员中有许多基金会人员，一方面为了行使他们对白金汉大学学院的监督权，另一方面使学校可与基金会加强联系，吸纳支持资金。具体而言，白金汉大学学院的各项资源的获得、分配或评价都由理事会负责，负责审批大学的经费报告，大学各项财产的核定，副校长与院长的聘任、解聘、职责赋予问题等有关白金汉大学学院的重大事情。理事会下面还常设多个委员会支持部门，这些部门主要是贯彻理事会所决定的

---

① 在英国的大学中，大学"校长"或"名誉校长"是学校礼仪的象征，代表着学校的公共形象，对学校内部管理上没有较多实质性的权力。大学行政的权力大都掌握在"副校长"手中，主持日常工作，拥有实质性的管理权，形成与其他国家不一样的"副校长权力现象"。《英汉大词典》也指出，在英国的大学里"副校长"就是"校长"。这也如英国大学副校长委员会也被认为是英国大学校长委员会一样。因此，在本研究当中，副校长也就统称为"校长"。参见（1）郑文.论英国大学副校长的角色、特征及权力[J].比较教育研究，2006（07）：67-70.（2）知乎网.什么是名誉校长？ Chancellor指的是名誉校长，那英国副校长称为是什么？ 是vice-Chancellor么？ 这两个谁更牛？ [EB/OL].[2022-03-28].https：//www.zhihu.com/question/27605753/answer/118972766.

各项措施,并将措施的落实情况与效果及时上报给理事会,以便董事会针对其问题提出下一步的行动计划。白金汉大学理事会下属的委员会有管理委员会、财务委员会、基金捐赠会、校务委员会、人事委员会、地方联络委员会、图书馆委员会等组成。各个委员会各司其职又相互联合,协同发展。如图书馆委员会的代表可提出多份课程文本,以帮助其开放时间的设定等事项有关的讨论;而校务委员会的成员则对食堂餐厅、公共房间设施和住房规定做出决策。规章和行为委员会还对各委员会提出,如果遇到重大关切的案件,则有权直接与理事会取得联系。在 1976 年 12 月举行的第一届大会上,几乎整个委员会团体都参加了会议,以听取校长关于第一年工作的报告,并向校长和其他大学官员公开提问。[①] 此外,白金汉大学学院还设置了各种业务委员会,专门为理事会和其他委员会提供高效服务,并拥有负责学生档案的保存、规章制度的颁布、聘用条例的签发、学院印章契约的签署以及其他行政和法律性质的权力。

　　值得说明的是,这一时期白金汉大学学院与英国其他大学治理机构一样,并没有将学术咨询委员会纳入理事会当中。学术咨询委员会是大学有关学术研究的独立机构,并非权力机构,行使对大学教学和课程开设、教师的教学能力、招生准则、执照授予等有关大学发展的权力。白金汉大学学术顾问代表一般情况下有 3 ~ 6 名,基本上都是由各个学院的著名教授参与,并在校务委员会里有兼职。白金汉大学学术咨询委员会的主要职责就是要按照独立大学的精神,让所有白金汉大学学院的各项活动都围绕其使命进行。一般而言,学术咨询委员会成员在学校的理事会管理与学术事务之间的关系上通常是密切联系的,较少出现学术委员会的权力行使与理事会的权力相悖的情况。通常而言,两者往往是密切合作。1977 年 5 月,白金汉大学学院理事会和学术咨询委员会为了确保白金汉大学学院的毕业生所颁发的本科毕业执照能够在其他地方被完全接受,并视作具有同等学力的证书,通过与英国 CNAA 进行协商,并出示白金汉大学学院的课程及其大学教师标准,请校外机构对白金汉大学学院的学业标准进行评价。1978 年 2 月,白金汉大学学院获得同等学力的文凭,大学理事会和学术咨询委员会通过了一项决议,其结果是英国法律和其他大学和社会机构接受了白金汉大学学院所颁发的本科执照,并被其他大学认可。这些毕业生顺

① 　Jone E.Pembrton.The University College at Buckingham，England[J].*The Journal of the Rutgers University Libraries*，1977，39（02）：108-114.

利走上工作岗位,有些学生获得具有预科能力的研究生入学资格。

白金汉大学学院不断加强大学的内部治理,得到了社会及其机构的肯定。1979 年 6 月,白金汉大学学院理事会在伦敦召开,提出其他机构与学位保障的平等条款,以使学生毕业后能够得到雇主的认可,这对于白金汉大学的学生来说没有身份的歧视,就与英国其他大学攻读荣誉学位的学生是一样的。1981 年 3 月,白金汉大学理事会对学生人才培养进行严格审查,并提出学院会在适当的时候向英国女王申请皇家许可证,以证明白金汉大学具有可以授予学士学位的实力。

二、银行贷款与自由的"半工半读生"

一所独立大学的创建,重中之重就是如何用办学的特色来吸引较多优秀生源。白金汉大学学院在创立之初想要以更多的基金捐赠,让其在较短的时间内能够创建英国第一所独立大学,但事实证明,这一想法不太成熟。早在 1969 年,弗恩斯教授就指出,英国的大学规模上并不是很大,大学在其经济规模上,并不能获得较好的经济收入。但在对未来私立大学的规划上,他预测当前英国若建立一所私立大学,每年的入学人数将会相比其他大学较多,人数可能达到 3000 人。1969 年,虽然大学开始成立独立大学规划委员会,募集资本成为委员会的头等事宜,但 1973 年英国爆发的金融危机,进一步阻碍了大学开拓市场的梦想。白金汉大学学院理事会原本估算如果在 1973 年开始招收第一批学生,到 1977 年会达到 3000 名学生的目标数字,1500 万英镑的资本数额,这样的大学办学规模将会为毕业生提供丰硕的就业机会。[①]但事实上,由于许多资金捐赠没有达到预期要求,原本大学的开学时间也就向后推迟,直到 1976 年 2 月白金汉大学的招生远远少于这一数字。严重的经济危机,使白金汉大学发展困难重重。1974 年 2 月 27 日,白金汉大学学院举行理事会,并确认大学发展目标是在 1979—1980 年期间建立将近 600 人的大学学院,并积极申请皇家特许状。但资金迟迟没有到位,贝洛夫和弗恩斯等人十分焦急,然而在此后的时间,大学对这一问题开始淡化。这也让他们开始认识到,大学资金对一所大学未来发展的重要性,若在传统的路线上对大学发展的规模进行理想

①　Max Beloff.Starting a Private College: A British Experiment in Higher Education[J].*The American Scholar*, 1979, 48（03）: 395-403.

化的预测，将会使其在未来发展中的危机和困难增加许多。

1973 年 4 月，在白金汉大学学院的奠基仪式后，悉尼爵士在与银行工作人员拉夫·雅伯仑（Ralph Jabron）先生交谈时，就预测到白金汉大学学院面对英国日渐萧条的金融危机时，若没有良好的学生贷款和支持学生完成学业的计划是很难吸引到学生。悉尼·凯恩和亚瑟·德雷夫两位爵士设想在学生学费上可以依靠银行的一部分贷款，"与银行建立深厚的合作关系，能够很好地支持白金汉大学学院的学生完成学业。"① 同年 11 月，有关白金汉大学学位的讨论由于被白金汉地方报和多家媒体的报道，使许多学生开始咨询有关白金汉大学入学资格的问题。1974 年 2 月，白金汉大学学院规划委员会与不同的基金捐赠者、其他社会团体进行积极磋商，重申了白金汉大学学院独立办学自主权的问题，并提出要尽快招生第一批学生，完善学生的贷款事宜。1974 年 9 月，白金汉大学学院在审理有关通过大学中央委员会入学课程的过程中，初步草拟了一份招股书，将白金汉大学学院的课程与学生的银行贷款相互联系起来，以学院规定费用来确定学生人数和课程设置，但由于白金汉大学理事会人员的意见不合，却迟迟没有实施。1975 年 4 月，白金汉学院在听取建议和意见的基础上，采取了更加积极的举措，对所招生的学生实施银行贷款和奖学金资助，对不愿意贷款的学生，允许他们以边打工、边上学的形式学习。这也正如黑尔舍姆勋爵所提到的，无论大学在发展的过程中遇到什么难题，都要小心地去保证学生自由接受教育的权利，这样才有利于提高学校的知名度，促进大学的发展。② 白金汉大学学院招生办助理院长劳伦斯·沃森（Lawrence Watson）在 1975 年 8 月一次学院会议上指出，"由于各种报纸，特别是《泰晤士报》上刊登了许多贷款通知，有大约 500 人前来询问。"③ 1975 年 10 月 13 日，第一批 47 名学生进行正式注册。到 1976 年 2 月正式开学，白金汉大学学院招收第一批学生 67 名，学费每学期 900 英镑，其中 51 人靠白金汉大学学院提供奖学金，全部依靠贷款，以边打工边学习完成学业，这一人

①　Max Beloff.Starting a Private College：A British Experiment in Higher Education[J].*The American Scholar*，1979，48（03）：395-403.

②　Joyce Pemberton.*The University College at Buckingham*：*A First Account of Its Conception，Foundation and Early Years*[M].Buckingham：Buckingham Press，1979：40.

③　Joyce Pemberton.*The University College at Buckingham*：*A First Account of Its Conception，Foundation and Early Years*[M].Buckingham：Buckingham Press，1979：84.

数随着大学人数增加而增加,1982 年大学有 447 人,依靠银行贷款边打工边学习完成学业的有 440 人(参见表 3-3)。另,由于大学没有严格的入学资格标准,所招生学生年龄偏大(1/3 学生超过 25 周岁),只能依靠不同的课程和学生不同的认知特点,提高学生学习的积极性。

表 3-3　1976—1982 年白金汉大学学生人数及其支持类型

年份	学生人数	总成本奖金(英镑)	没有获得奖学金的学生	助学金奖励的平均额(英镑)	没有获得奖项的学生	没有贷款的学生
1976	67	1046	16	654	1	0
1977	161	15983	23	695	5	10
1978	231	17060	23	742	6	5
1979	267	14217	16	889	5	6
1980	367	29396	22	1336	7	3
1981	416	42571	31	1373	66	3
1982	447	57294	38	1508	94	7

(资料来源: G.K.Shaw and M.Blaug.The University of Buckingham After Ten Years: A Tentative Evaluation[J].Higher Education Quarterly, 1988, 42(1): 72–89.)

随着 1978 年 2 月第一批招生的学生开始毕业,摆在他们面前的依旧是能否找到理想的工作。白金汉大学招生办助理院长在英国和国外不同的雇主所提供的招聘手册上了解,后对学生学业情况描述道:"如此多雇主在这里进行的教育实验对我们培养的毕业生都很感兴趣,因此向雇主介绍学生的相关工作显得尤为重要,这在英国其他大学机构是找不到的。"[1]1979 年,白金汉大学的就业办公室请来了首批"工读生"雷克·塞尔,他对白金汉大学的银行贷款系统表示了感谢:白金汉大学注重的是学生的教育质量,而不是拿到结业证书,大学是把牛津大学和剑桥大学的教学模式结合起来,把理论和实际相结合,提高学生的专业能力。[2]当然,这些学生能够在不同领域上发挥出所学的知识和能力,部分学生在美国商学院、英国伦敦大学、牛津大学、剑桥大学等进行深造。这就为大学坚

① Joyce Pemberton.*The University College at Buckingham: A First Account of Its Conception, Foundation and Early Years*[M].Buckingham: Buckingham Press, 1979: 176.
② Max Beloff.Starting a Private College: A British Experiment in Higher Education[J].*The American Scholar*, 1979, 48(03): 395–403.

定实施工读生的培养计划奠定基础，也为大学获得学位授予权提供有力支撑。①

三、2 年制本科学制、4 学期管理制度实施及改进

对于白金汉大学而言，新成立的独立大学若是以英国公立大学传统的学制来招生，将会面临严重困难。英国中产阶级，特别是职业中产阶级家庭日益贫困，若以传统 3 ～ 4 年的学位制度，自然不会吸引到学生，"假如我们不能依靠我们的积极吸引力，独立大学的办学形态就不会形成。"②1969 年，独立学院委员会进行第一次会议，就对独立大学所提供的办学资格进行讨论。在 1972 年，申菲尔德在提交给大学计划委员会的报告中，建议以法律课程学习的形式成立一所独立的大学。由于大学资金受限，直到 1973 年，理事会才同意这一想法，并提出相关原则的声明，批准白金汉大学学院法律学院授予荣誉学位，学制 2 年。2 年制的学位很容易吸引人，因为面对通货膨胀和金融危机，这样的安排可以减轻学生日益严重的经济负担。"我们必须依靠这样一个事实：由于某些原因，许多完全有能力的学生错过了一条普通的传送带，但还有其他传送带。该传送带将英国的男生或女生毫不费力地从学校带到了大学，从大学到大学招生系统。"③

（一）2 年制本科学制、4 学期管理制度实施

实施 2 年制的荣誉学位在白金汉的试验中是非常具有革命性和创新性的。白金汉大学学院通过取消英国长期的暑假，对学生进行个性化辅导，让学生 2 年内完成本科学业。将 3 学期的学年改为每学年 4 个学期（2 ～ 4 月、7 ～ 9 月、9 ～ 12 月、12 ～ 次年 2 月），每学期 10 周，允许白金汉大学的学生或多或少地学习与传统意义上的大学在课程设置上的不同领域知

---

① Max Beloff.Starting a Private College：A British Experiment in Higher Education[J].*The American Scholar*，1979，48（03）：395−403.
② Jone E.Pembrton.The University College at Buckingham，England[J].*The Journal of the Rutgers University Libraries*，1977，39（02）：108−114.
③ Max Beloff.Starting a Private College：A British Experiment in Higher Education[J]. *The American Scholar*，1979，48（03）：395−403.

识。坦洛勋爵在 1975 年的理事会说道："我相信我们的导师会坚持让我们在长期中深入研究自己的课题，围绕课题进行阅读的日子已经一去不复返了。如果我们学习经典，我们不再去希腊，走马拉松之路，或再次访问罗马，而是我们获得正在写一些经典论文的能力。在长假期间，现在我们的学生们要么开公交车，要么送报纸，要么找工作，玩得很开心……学院的创造者要相信，通过大幅度减少漫长的暑假，现代学制调整为 2 年制是很有意义的，如果这样的实验成功可能会被其他机构视为效仿的榜样……我相信这将是值得对此感兴趣的机构看到白金汉大学学院的创新，并考虑是否他们将此学制应用于整个国家的高等教育领域中。"①

白金汉大学学院由于开创了英国历史上学位授予时间最短的 2 年制学制，这也使白金汉大学发展成为"2 年制学位之家"的荣誉之星，真正激发大学积极开创一流大学的动力。1976 年，白金汉大学废除了英国其他高校仍在施行的长假日，将一年三个学期改为一年四个学期，每学期持续 10 个星期。这样一来，白金汉大学学习课程的时间较为紧凑，较传统高校多出 8 周时间，学生学习的内容有效地将其他学年的课程嵌入第一学年的课程学习当中。然而，虽然将传统的 3 年课程用 2 年的时间学完，节约了学生学习时间，但学生的学习质量并不能得到有效保证。白金汉大学的老师们由于每个学年都会有一个学习时期进行备课、外出学习等教学与科研任务，无法保证能够指导每一个学生。"如果没有这样的规定，白金汉是否能够吸引足够高素质和有潜力的工作人员来证明其独立大学地位是合理的，这是值得怀疑的。"②白金汉大学教师不承担教学和行政的责任，不能全程辅导学生的课程学习，使得白金汉大学的学生实际上有一个学习周期出现了不断更换教师或无人指导学习的情况。由于学生在学习中都有着专门的老师进行个性化服务，老师一旦离开，易使学生在学习的自主性和创造性受到了不利影响。但尽管如此，2 年快速获得白金汉大学学院的荣誉学位成为"学院最初实现实验目的的中心"，在白金汉大学教授罗乌克利夫（G.H.Rawcliffe）看来，2 年制学位的获得，能提升白金汉大学的竞争力，强化白金汉大学的特色。

---

① Joyce Pemberton.*The University College at Buckingham：A First Account of Its Conception，Foundation and Early Years*[M].Buckingham：Buckingham Press，1979：79.

② Max Beloff.Starting a Private College：A British Experiment in Higher Education[J]. *The American Scholar*，1979，48（03）：395-403.

（二）2 年制本科学制、4 学期管理制度的改进

由于 2 年的学制、4 学期管理得到了白金汉大学委员会的高度认可，学生的学习要匹配一定的课程学习内容，先通过博雅的课程学习，然后再通过专业化、个性化的学习，就可以获得白金汉大学学院授予荣誉学位。但也发现在学生学习当中并不能很好地掌握白金汉大学学院所规定的学习课程。于是学院 1978 年 9 月在《通讯》上发布了《白金汉大学学院荣誉学位授予的说明》，规定有些专业荣誉学位要增加一年的学习时间，部分荣誉学位从 2 年变成 3 年。白金汉大学的这一规定与英国其他大学的授予学位规定无异，不禁有社会人员对白金汉大学增加 1 年学制的授予荣誉学位问题感到疑惑，其不同学期学习的教育目的是什么。白金汉大学学院委员会给出的答案是："我们的目的就是要培养完人的学生，而不是某一方面的专家，每个学生的学习计划将是半专业性质的，学院最初预计将近 1/8 的努力将用于有限的领域之一，而在不同的课程学习中，如法律、经济、生命科学和数学科学，将会投入 3/8 的努力到支持与扩大这些学科领域的课程。除此之外，所有学生还将获得两种现代语言的良好阅读知识和数学基础知识。"[1]白金汉大学初创的 2 年制度的学位授予，却在实践当中增加了 1 年学制，与之配套的课程的学习也并没有很好地培养具有荣誉学位授予的学生，在很大程度上，白金汉大学学院学位授予变得不那么明确，使得白金汉大学在接收学生入学方面举步维艰，人数增长缓慢。1978 年，白金汉大学理事会成立了不同的小组，对白金汉大学学位授予问题进行调研，发现白金汉大学学位授予应该保持 2 年的学位课程，3 年的学位课程学习无异于给白金汉大学学院带来消极影响。不同的小组成员还为此展开了激烈的讨论，一部分人认为，大学应坚持传统卓越的学习机会，不用坚持获得不同授予资格的性质，这样才能培养优秀的人才；而另一部分人认为，白金汉大学应按照大学章程获得的时间来授予荣誉学位，3 年制荣誉学位课程会给学生带来沉重的负担，"只有当他们能够希望获得一种提高他们未来收入，增强未来就业的竞争力时，这时付费的学生将会积极地步入白

---

[1]　Max Beloff.Starting a Private College：A British Experiment in Higher Education[J].*The American Scholar*，1979，48（03）：395-403.

金汉大学"，[①] 更何况那些资助白金汉大学办学的捐款人都不愿看到大学的发展受到影响。

白金汉大学学院规划委员会通过比较发现，十分强调2年制和4学期管理的初衷，认为白金汉大学学院发展是长期的，却在大学荣誉学位授予上忽视这一目标所涉及的学科课程教学的实践，学院在大学招股说明书和招生上也没有针对性地提出。同时，典型的荣誉学位是基于每一个参与其中的本科生都适合在知识的前沿工作的假设，太狭窄，不太适合今天的需要，高专业化通常是一种软选择，会逃避面对社会和应对人类难题的需要。为此，白金汉大学学院决定主张实施一种包含语言、科学、数学、美学和社会学学科的一般学位，旨在培养新知识的使用者，而不是培养有绅士风度的文化消费者。然而，这个框架的目的是获得一般学位，但在很短的时间后，不同学位之间的区别变得逐渐模糊起来。[②] 针对这一问题，直到1982年，白金汉大学召开理事会，明确说明了坚持在不同学科专业进行不同的管理举措，以2年制和4学期管理制度为基础对相关专业进行有机调整。

---

① G.K.Shaw and M.Blaug.The University of Buckingham After Ten Years-A Tentative Evaluation[J].*Higher Education Quarterly*, 1988, 42（01）：72-89.

② Rosalind M.O.Pritchard.Principles and Pragmatism in Private Higher Education: Examples From Britain and Germany[J].*Higher Education*, 1992, 24（03）：247-273.

第四章 市场与实用：英国私立白金汉大学的扩展（1983—2010年）

    1979年，保守党领袖撒切尔夫人开始以新管理主义理论对政府进行改革，推动了英国经济恢复和社会的发展。之后，保守党领导人梅杰政府一以贯之地按照撒切尔夫人制定的发展战略，强调自由市场化，提倡利用市场的逻辑配置资源，避免政府过多干预，以此推动经济发展。1997—2010年，工党领袖布莱尔、布朗相继执政，其所执行的"第三条道路"和宪章运动成为这一时期执政党政策延续的特点。正是由于英国政府以市场化的逻辑，采用公共企业私营、公共服务市场以及公共与私人之间竞争相结合的改革方法，为提高英国高等教育的质量奠定了重要的基础。白金汉大学的发展也基于这样的发展逻辑，将外部的发展条件转化为内部的改革动力，积极利用英国实用和市场化改革经验，在办学理念、课程改革、人员管理、人才培养等方面取得卓越成效。

第一节 英国私立白金汉大学扩展的背景

一、经济增长的推动

    20世纪70年代英国的经济低迷的现象是战后所推崇的"凯恩斯主义"所解释不了的，这让执政党开始反思"凯恩斯现象"所带来的种种弊端，尤其是高通货膨胀难题始终没有得到解决。撒切尔夫人认为，英国通货膨胀的根本原因是"因为货币数量的增长快于生产量的增长，具体原因是政府开支过多，而政府收入却远远不能弥补支出，由此造成的财政赤字使市场上的货币流通过大，过多的货币引起了通货膨胀。要制止这一通货膨胀，唯一有效的办法是限制货币供应量的增长率，使货币供应量的增长同国民经济总产量的增长相适应"。[①]1979 年，英国在撒切尔夫人铁腕的领导下，实施了私有化改革，控制货币的发行量、削减社会福利和打击工会的改革举措。1983 年英国经济开始出现复苏，1983—1987 年通货膨胀由 1980 年的 18% 减少到 5%，这是 20 世纪 60 年代以来所没有的。[②]1985 年英国国内生产总值超过 3.3%，超过了美国同时期的 2.7%，是西欧国家中经济增长发展最为迅速的国家。1988 年英国经济全面好转，社会和谐，人民安居乐业。1987—1991 年，全国罢工次数将较前五年减少 70%，远低于欧洲其他国家。[③]

随着英国经济的不断恢复，白金汉大学也在不断地依照英国经济发展策略进行积极的调整。1984 年，白金汉大学开始依托英国货币政策的相关政策进行创造性改革活动，希望能够使其培养的人才为经济发展服务。1988 年，白金汉大学在企业捐赠、基金会和学费方面的总额创下了新高。

1990 年，梅杰成为撒切尔夫人之后的英国首相，继续遵循实施财政紧缩政策，在经济结构和海外贸易、市场化运营上进行积极调整并取得了显著成效。1992 年 7 月 29 日，英国《每日邮报》对此进行评论道："梅杰时期的教育改革续写了撒切尔夫人关于英国教育的发展规划，其发展势头一发不可收拾，这是一件多么值得庆贺的事情呀。"[④]1993 年，英国国内生产总值增长 2.3%，1994 年达到 3.8%，"英国的失业人口也从 1993 年的 290 万（失业率为 10.4%）下降到 1995 年的 213 万（失业率为 7.8%），财政预算赤字从 1993 年的 481.52 亿英镑，占国内生产总值的 8.8%，下降到 1995 年的 234 亿英镑，占国内生产总值的 3.3% 左右。"[⑤]1997 年，英国工党在阔别了 18 年的执政中赢得了大选，布莱尔开始成为英国首相，这是一位跨越新旧世纪具有卓越领导能力的首相。在上位初期，布莱尔政府努力打造"新工党"形象，在政策上宣称在自由主义市场和国家干预主义之间找

① 钱承旦，等.英国通史 [M].南京：江苏人民出版社，2015：110.

② 钱承旦，等.英国通史 [M].南京：江苏人民出版社，2015：156.

③ 于维渑.当代英国经济：医治英国病的调整与改革 [M].北京：中国社会科学出版社，1990：42.

④ 斯蒂芬·鲍尔.教育改革：批判和后结构主义的视角 [M].侯定凯，译.上海：华东师范大学，2002：135.

⑤ 钱承旦，等.英国通史 [M].南京：江苏人民出版社，2015：167.

到"第三条道路"。素有布莱尔导师之称的英国社会学家、经济学家安东尼·吉登斯（Anthony Giddens）成为布莱尔政府重要的智库人员，主张在政府和工商业之间成立伙伴关系，打破政府与市场之间人为的壁垒屏障，积极调整产业结构，发挥市场调节，注重市场规律，减少国家干预手段，构建以自由、平等、人人参与的社会所有制，并提出在投资、就业、税收与公共开支方面保持平衡，确保通货膨胀水平保持较低水平。1997—2008 年期间，英国国内生产总值持续增长，从 1997 年的 8300 亿英镑增长到 2008 年的 1.43 亿英镑，年平均增长率为 5.1%。[①]2007 年英国迎来了再次大选，工党领袖布朗接替布莱尔成为英国首相，在布莱尔执政期间，布朗原是布莱尔政府的财政大臣，对布莱尔政府的经济与社会等多方面领域的决策有着深刻的理解认识。当布朗政府筹划着在其执政期间该如何实现经济的再突破时，却在 2008 年爆发了全球经济危机。这一危机迅速影响了英国各个领域。2008 年 10 月，布朗政府为应对金融的稳定，利用 28 家银行和协会组织发布 1000 亿英镑的债券用于改善金融危机，并为激发银行的活力，实施了 2500 亿英镑的担保计划等措施，但这些措施都无法扭转全球经济危机对英国造成的消极影响。2009 年英国经济较 2008 年同期国内生产总值下降 4.9%，工业生产总值下降 11.2%、制造业下降 12.9%、电器业下降 23.6%、建筑业下降 16.8%。[②]经济危机对布朗政府的打击较大，布朗政府迫于无奈，在 2010 年春季的首相大选中落选，留给下一任卡梅伦政府的依旧是承担着如何从经济危机的窘境中走出来的重任。

从 20 世纪 90 年代至 21 世纪初，白金汉大学在办学规模、人才培养的规格等方面都进行了很大的调整。诚如白金汉大学基莱在访谈中所言，白金汉大学在英国经济的复苏中展现了蓬勃的发展生机，人才的培养和各方面的管理等都基于市场和实用的办学理念上逐渐完善，这所完全独立性的私立大学迎来了新的发展机遇。虽然 2008 年，大学遇到了经济危机，但对于这样一所非营利性的私立大学而言，其影响并不大，因为白金汉有能力具有较多的资金来源来应对这种情况（JT20210608）。

---

① 钱承旦，等.英国通史 [M].南京：江苏人民出版社，2015：175.
② 钱承旦，等.英国通史 [M].南京：江苏人民出版社，2015：180-184.

二、新公共管理理论的影响

新公共管理理论（New Public Management Theory）是传统公共行政理论的优化与升级。新公共管理理论并不是简单加上了一个"新"字，而是在"意识形态"上的转变。传统公共管理理论带有过多政府权力意识，对市场经济运行、机构管理、人员考评等方面都有很强的牵制作用，不利于激发其内在的积极性。传统公共管理理论源自伍德罗·威尔逊（Woodrow Wilson）曾经提出的政治与行政二元分离的理论。该理论认为政治代表着国家的权威。其决策应该从国家自身的角度来制定而非其他视角能决定，行政仅是被动执行国家的决策，是行为的承受者，不能当成权威的执行者，两者要严格地区别开来。行政应该保持高度的独立性，在追求绩效目标的过程中不受政治的干扰。在不同的决策问题上，所执行的官员要保持权力核心力量，保持高度的政治性，以体现官僚制度在解决实际问题当中的意义。然而，这套政府管理原则以严密的管理体制为基础，深入实施政治权威，摒除个人在实施管理规则中的主要角色和创造性，虽然可以很好解决英国居高不下的通货膨胀，以最小的投入收到最优化效果，但现实是英国政府权力不断扩大，其办事机构臃肿，懒惰无力、毫无活力的人员沉浸在墨守成规的陋习中，使原本经济低迷的英国雪上加霜。人们在抱怨政府不作为的同时，其权力也让人们深感厌倦。

新公共管理理论的运行则恰恰相反，20世纪80年代，肇始于欧美国家的新公共管理理论成为政府深化改革的一种重要理论，这种理论成为支撑着英国政府变革和应对国家风险的基础。新公共管理理论以管理学、经济学理论为基础，提倡市场竞争的方法以满足政府和社会发展需要，能够很好地把握住不同管理方面的内涵，较好处理政府与社会等多方面的关系，让不同的部门各司其职，共同推进其管理工作有条不紊地进行。它强调政府在公共服务意识上要放开手脚，不能对经济、社会、文化等方面进行过多干预，要利用好市场规律，做好服务性准备。这种竞争性的管理方法和应用机制很好地将经济发展与服务人员的职责之间划分好界限，在泾渭分明的权限内构成更加灵活、充满活力的管理机制。从20世纪80年代之后，无论是英国经济运行中的"去工业化"结构、社会服务人员的聘用，还是公共产业格局的构建、私有化政策的制定等方面都能看到新公共管理理论在英国各领域改革当中的影响。此外，新公共管理主义之所以产生如此深远影响，其根本就在于它摒除了不合理的权威规则，促使人们遵守的是一种不言而明的政府绩效标准，承担一定的任务和责任，以完成个人或组织的绩效为目标。这样一来，新管理主义就形成了以效率为优先，以增速和发展为基础的目标管理制度，从而避免资源的浪费和人力的内耗。

20 世纪 80 年代后的白金汉大学，以新公共管理的理论开始对大学的各项管理进行变革，融合了绩效管理主义的理论，将大学的发展有关的政策制定与行政管理的效率有机联系起来，促进各机构、组织与管理机构相互融合，共同促进其管理的高效能化。1986 年，白金汉大学理事会召开会议，重点讨论了将大学的行政部门与学术部门进行改革，对大学人员的考核与管理主要从教学与研究、社会服务等方面展开，形成了绩效主义的管理模式，极大激发大学自身的活力。20 世纪 90 年代白金汉大学与工商市场之间的关系，形成了一种相互合作、共谋发展的关系。大学不是以高权力为鹄的权威管理机构，而是坚持对公司企业、社会组织等不同机构负责任的机构，改变之前以权威机构而对其他组织忽视或牵制的服务心理。白金汉大学把自身看作为一种服务的机构，而非为了追求自身利益和行使权利的机构。这就是白金汉大学构建内在的价值体系所在。白金汉大学在社会公共服务上，以社会所需、经济变革的内在规律为准绳，不断提升其公共服务的水平，提高自身抵御公共风险的能力。

三、高等教育一元化政策的实施

英国从 20 世纪 60 年代实施了高等教育"双重制"。"所谓双重制高等教育机构，是把大学与非大学两类的高等教育机构作为英国高等教育中各自独立、平行的关系。"[①] 随着英国高等教育体制的变迁，英国高等教育的双重体制不适合英国高等教育市场化及其高等教育自身结构的发展。多科技术学院首先在学院人数上发展较快，从 1971 年 33.6 万人增加到 1987 年的 36.3 万人，同比大学人数增长 31.8 万人，多科技术学院人数超过大学总人数，许多多科技术学院的人数与大学人数相当。1983 年在所有大学中，获得本科学历的学生比例是 69%，而多学科技术院校的毕业生则是 23%。随着多科技术学院不断深化教学质量的改革，学位授予人数在 1989

---

① 易红郡. 战后英国高等教育政策研究 [M]. 长沙：湖南师范大学出版社，2016：121.

年增加到 31%，而英国大学学位授予人数降低到 59%。①

英国高等教育的双重制从形式上来看，高等教育的多重发展展现出高等教育的民主化和接受高等教育机会的均等化，但二者大学的发展形式和发展内涵上出现了巨大差异。英国政府人为地将大学划分为大学和非大学的管理体制，在很大基础上造成了高等教育的资源分配不均。英国大学双重制虽将大学与多科技术学院之间视为同一高等教育机构，但实际上，多科技术学院在高等教育的地位上是不及大学的地位，处在大学的低层次上。美国教育学家伯顿·克拉克认为："高等教育不同的地位和发展层次，在很大程度上是由国家对高等教育政策的导向决定，不同类型的大学发展更是与之相互密切相关。"② 英国教育学者迈克尔·夏托克也认为，英国高等教育的双重制面临的问题是多元的，除了当时政府在对大学和多科技术学院资助上失之偏颇之外，还与大学多元制之间管理上的不同有关，它却忽视了英国其他类型的非学位制的高等教育上的发展前途，尤其多所技术学校和大学之间的师资力量和科研水准上存在着巨大的差异，不利于高等教育核心能力的提升，影响了英国高等教育在国际上的竞争力。③

在 20 世纪 80 年代后，多科技术学院对英国高等教育的发展做出了积极的回应，"多科技术学院通过积极地参与地方经济服务，以市场化的办学思路，促进了其人才培养上具有较强的竞争力。"④ 多科技术学院对英国经济和社会的发展已经使得英国当局开始考虑建立新的高等教育体制，多科技术学院对国家经济和社会发展做出的贡献，吸引了政府对多科技术学院发展成就的肯定，但政府在大学二元制认识上依旧较为保守，在大学经费的资助上，依旧实施经济紧缩时期出现的两种高等教育经费分配形式，无法实现资源合理配置。⑤ 有学者对英国高等教育二元制的政策批评道："高等教育二元制是在凯恩斯主义下 60 年代英国高等教育发展产生的，但现阶段二元制没有很好地体现出货币主义的理念，加之任何政策的发展都是

① 易红郡.战后英国高等教育政策研究 [M].长沙：湖南师范大学出版社，2016：131.

② 伯顿·克拉克.高等教育新论：多学科的研究 [M].王承绪，徐辉，译.杭州：浙江教育出版社，2001：133.

③ 迈克尔·夏托克.高等教育的结构和管理 [M].王义端，译.上海：华东师范大学出版社，1987：214.

④ 易红郡.战后英国高等教育政策研究 [M].长沙：湖南师范大学出版社，2016：131.

⑤ 梁淑红.利益的博弈：战后高等教育政策的制定过程研究 [M].北京：光明日报出版社，2012：151.

随着社会的发展而不断变革，只有在新的环境之下，才能推进高等教育政策的变革。"①多科技术学院没有真正纳入英国政府当局支持中，而是将多科技术学院纳入英国大学的发展体系中，这样一方面名义上是二元制的教育体制，但实际上并没有将其作为高等教育发展中的一个重要部分看待，另一方面多科技术学院的发展等级与大学之间有差别，几乎很少有哪个政党执政期间将多科技术学院作为高等教育改革的兴趣所在。

"在二元制建立之后的二十多年里，没有政党对多科技术学院的发展提出有针对性的意见"，②直到 1987 年英国政府颁布《高等教育：迎接新的挑战》白皮书，开始考虑将多科技术学院与大学之间的关系规整为统一体，调整地方当局对多科技术学院的控制。1991 年英国政府颁布《高等教育：一个新的框架》对多科技术学院的功能进行了重新的释义，"多科技术学院不是继续教育学院，而是与大学具有同等地位的大学。"③1992 年，英国政府颁布《继续与高等教育法》中规定对所有高等教育进行统一拨款要求，将大学拨款委员会变更为大学基金委员会，解散全国学位授予委员会，将多科技术学院升格为相应的大学。多科技术学院也从此获得了与大学相同等的法律地位。

至此，英国高等教育结束了非大学部分的时代，34 所多科技术学院及其部分院校改成大学，使得英国高等教育的体制发生转变，这在英国高等教育史上是一场静悄悄的革命。④英国高等教育从"二元制"到"一元制"的变化，表明统一而多样的英国高等教育正在以快速的步伐步入高等教育大众化。"高等教育政策也从强调高等教育的规模结构、行政管理转向到提高高等教育的质量、效率和效益上来"，⑤此后政府开始在高等教育的质量上进行深化改革。1992 年，新上任的教育大臣吉利安·谢珀尔德（Jillian Shepherd）对高等教育"二元制"的政策展开了反思，他说："自 20 世纪 60 年代，英国高等教育的扩张已经扩大了英国高等教育的规模，调整了英国

---

① John Pratt.*The Polytechnic Experiment1965-1992*[M].Buckingham：Society for Research Into Higher Education Open University Press，1997：19.

② 梁淑红.利益的博弈：战后高等教育政策的制定过程研究 [M].北京：光明日报出版社，2012：151.

③ Peter Ribbins，Brian Sheratt.*Radical Education Policy and Conservation Secretaries of State*[M].London：Cassell，1997：221.

④ Christopher Ball，Healther Eggin.*Higher Education in the 1990s*[M].Milton Keynes：SRHE and Open University Press，1989：129.

⑤ 梁淑红.利益的博弈：战后高等教育政策的制定过程研究 [M].北京：光明日报出版社，2012：155.

高等教育的结构,但高等教育的质量并非仅是依靠获得一所学校的学位证就能说明高等教育扩充就是好的,我们需要对高等教育进行多方面的探索,英国大学的一元化,更需要强调教学与研究、人才培养和社会服务的职能,探究对经济发展是否有贡献。"①

20世纪80年代后,白金汉大学认识到高等教育的扩张与高等教育质量之间有着密切的联系,大学发展的规模、结构与大学教育质量、效益之间也并非存在充分的关系,但一所大学若不能保证所培养人才对社会的贡献,那么大学就形同虚设。"高等教育给予大众的不应该是一纸文凭,不只是单纯的高等教育的入学比例等数据,而是体现为实实在在的技能、就业率和经济效益。"②白金汉大学作为一所非营利性私立大学,其高等教育发展的模式与90年代多科技术学院的发展较为相似,都注重大学本身在服务、技能与专业化上面进行深入探索,注重大学开放、多元和灵活的变革体制。白金汉大学校长基莱在访谈中认为,白金汉大学的发展借鉴了英国一元体制下形成的结构模式,将技术大学作为白金汉大学的改革标准,才使得白金汉在20世纪八九十年代经济发展的大背景下快速发展,尤其原先白金汉大学在与公立大学的发展规模、学术实践、文化依赖、人才培养、课程结构等方面存在着显著标志的区别,在社会认同、国家认可、学生信赖等方面存在问题,但随着一元体制的实施,白金汉大学树立了强大信心,开始在其内涵上进行市场化改革,有力地促进了大学的发展(JT20210608)。

四、英国私立白金汉大学获得皇家特许状

获得皇家特许状是英国每一所大学想要实施大学内部管理、决定学生招生、大学人事的任免权、拥有学位授予权等必须遵守的规则。白金汉大学学院迈向大学地位的重要一步是申请英国皇家特许状,因为拥有皇家特许状就具有授予学位的法律权力,这对学院的发展和毕业生的职业前景十分重要。从1974—1979年,英国工党执政时期,对白金汉大学的发展问题并不受重视,而英国保守党也在一定程度上对其采取冷淡的态度。直至1977年,英国国会教育理事会的副会长基思·汉普森宣称,在他重返政府

---

① Peter Ribbins Brian Sheratt.*Radical Education Policy and Conservation Secretaries of State*[M].London：Cassell，1997：118.

② 梁淑红.利益的博弈：战后高等教育政策的制定过程研究 [M].北京：光明日报出版社，2012：155.

后，他将竭尽全力为白金汉大学毕业的学生颁发证书。英国保守党也对此做出承诺。1980 年，在白金汉大学学院尝试申请特许状时，时任教育部部长马克·克莱尔就曾提出，白金汉大学学院所培养的学生在以后公务员和军队应聘的资格认定上与公立大学所培养的本科生具有同等学历的建议。1981 年 8 月，白金汉大学学院正式向保守党政府提交申请，但遭受英国大学教师协会、全国学位授予委员会和校长委员会的强烈反对。同年 10 月9 日《泰晤士报》高等教育增刊刊发了一篇有关白金汉大学的社论文章，指出白金汉大学想申请皇家大学委任状实际是错误的，当前所有公立大学都在遭受政府大幅度削减经费，这种在英国政府的帮助情况下，一个独立于政府的管理机构会在外界不监督的情况下，会发展得越来越大。①

与此同时，反对白金汉大学授予学位的工党情绪异常激动，并大放厥词，声称白金汉大学一旦被皇家所承认，就立刻审查其地位性质。英国高等教育发言人菲利普·惠特哈德（Philip Whithard）曾在一次大学会议上提出，英国任何有关审查的质量和发展的问题在白金汉大学都存在，白金汉大学无法彰显出获得"许可证"（license）的地位，哪怕与英国多科技术学院相比都逊色。"原先白金汉大学学院'许可证'一词没有受到相同的异议。实际上，其根本是大学第一学位的统称，在学院获得皇家特许状之前，白金汉大学的毕业生必须被定性为'licentate'。该含义仅仅是开始。但审查者认为仍然有必要保证之前的许可证，因此这对许可证持有者来说同样有用。这也就意味着要分析要求获得第一学位的目的，但通过审查私人就业的地方（无论是在制衣业还是在商业中），很快显示出该问题几乎不存在"。②英国《泰晤士报》对此展开评论，白金汉大学在获得皇家特许状的道路上充满了许多的政治偏见，政党之间的纷争让一个看似不合理的决定显现出了公平的管理理念。③

白金汉大学历经多重艰难险阻，依旧不放弃申请皇家特许状，终于在1983 年 2 月 11 日白金汉宫的法庭上，女王陛下在议会宣读了一份英国皇

---

①　Rosalind M.O.Pritchard.Principles and Pragmatism in Private Higher Education: Examples From Britain and Germany[J].*Higher Education*，1992, 24（03）: 247−273.

②　Max Beloff.Starting a Private College：A British Experiment in Higher Education[J].*The American Scholar*，1979，48（03）：395−403.

③　Rosalind M.O.Pritchard.Principles and Pragmatism in Private Higher Education: Examples From Britain and Germany[J].*Higher Education*，1992，24（03）: 247−273.

家枢密院上议院委员会的报告，"陛下很高兴，根据您1981年7月31日的命令，将白金汉大学学院的请愿书转交给本委员会，请求授予以'白金汉大学'的名义和风格组建和建立一所大学：委员会的各位领主，遵照陛下的上述命令，已考虑到上述请愿书，并在今天谦虚地同意报告，根据他们对陛下的意见，陛下可以根据所附的草案授予宪章。考虑到上述报告和随附的宪章草案，女王陛下很高兴在枢密院的建议下批准该报告，并命令英国女王陛下的主要国务卿威廉·怀特劳（William Whitelaw）阁下务必准备一份授权书，供英国女王陛下签署一份符合本协议所附草案的宪章。"① 女王伊丽莎白二世接到此报告指出："鉴于白金汉大学学院向我们提交了一份谦卑的请愿书，请求我们应该在白金汉郡内建立一所大学，以通过教学和研究促进学习和知识的发展，并使学生能够获得大学的优势教育并为此授予宪章。"② 这是英国第一个独立授予学位的非营利性私立大学。同时，也意味着白金汉大学可以自己颁发相关的学位证书，有权拥有自己的财产，决定学生课程、学习内容以及开展什么样的研究，任命哪些管理人员等一系列内部管理事宜。与传统英国大学相比而言，虽然其他大学都会被授予皇家特许状，其最大区别在于大学有没有独立决策的权力。由于公立大学的办学性质、人才培养、学校评估等方面都必须与英国政府繁杂的规定相一致，才能从其机构中获得相应的资金支持，因而在大学未来的定位与发展上，受到英国政府组织的影响，其基本的管理秩序受到外部环境的干涉。英国白金汉大学的特许状是大学独立自主实行权力的最好证明，这不仅说明大学可在办学经费上独立，而且也说明大学获得了英国政府的承认和法律的肯定。

实际上，白金汉大学获得特许状是在时任英国首相撒切尔夫人主政时期被授予的，其办学理念符合英国首相所坚持的国家治理理念。白金汉大学校长基莱在访谈中所言，白金汉大学与撒切尔政府执政理念保持一致，被授予皇家特许状，它避免了政党之间的斗争，符合了市场化改革的趋势，才使白金汉在正式成立的7年后获得皇家特许状，否则等多久能获得特许状还是一个未知数（JT20210608）。1983年，白金汉大学获得皇家特许状

① The University of Buckingham.Governance Handbook[EB/OL].（2021-07-16）[2022-03-01].https：//www.buckingham.ac.uk/wp-content/uploads/2021/07/Charter-and-Statutes.pdf.

② The University of Buckingham.Governance Handbook[EB/OL].（2021-07-16）[2022-03-01].https：//www.buckingham.ac.uk/wp-content/uploads/2021/07/Charter-and-Statutes.pdf.

后，由于大量的精力、人力、财力投入寻求皇家特许状的过程中，导致此后近一年里入不敷出，亏欠130万英镑。1985年，白金汉大学转亏为盈，在学制、课程与学位授予等方面受到了外界广泛关注，学生发展到482名，并具有可授予硕士学位权。1986年9月，白金汉大学受到同行公立大学的承认，产生邀请其加入英国大学校长委员会的想法，同年12月，大学校长理事会正式邀请其加入，成为私立高等教育机构唯一的代表。[①] 对此，白金汉大学教师恩卡·菲利普斯（Enka Phillips）回忆道，白金汉大学是英国一所授予皇家特许状的私立大学，虽然之前白金汉大学在初创之时形成了白金汉大学学院管理体制，意味着白金汉大学可以行使自己的独立权力，对大学实施内部管理、招收学生和招聘教师，但是白金汉大学却不能具有独立授予学位的权力。皇家特许状让白金汉大学在未来面对英国政府的改革中有着自己独立的授予权，这与白金汉大学发展受到外界的承认有很大关系，也与英国大学校长委员会对白金汉大学的认可密切相关（PE20210626）。白金汉大学能够积极加入校长委员会，说明白金汉大学办学特色鲜明，其发展能够对其他大学的改革提供参考。20世纪90年代后，白金汉大学依靠独立授予学位，依附宪章精神对大学进行市场化改革，有效地促进了白金汉大学的发展。

第二节　市场化教育理念的建构

　　高等教育市场化从新自由主义和新公共管理主义演变而来。新自由主义源自美国经济学家米尔顿·弗里德曼（Milton Friedmann）和弗德里奇·哈耶克（Friedrich Hayek）的自由主义思想，其注重政府的自由管理，反对政府在市场管理中过度干涉，以市场化的管理逻辑倡导在自由平等的环境中展开竞争。由于市场化的管理理念符合人类在生产、消费、流通等方面的规律，能较好刺激经济社会的发展活力，保持政府管理"看得见的

---

① Rosalind M.O.Pritchard.Principles and Pragmatism in Private Higher Education: Examples From Britain and Germany[J].*Higher Education*, 1992, 24（03）: 247−273.

手"和市场化"看不见的手"两者的平衡，最大限度地解决政府在分配资源上的不均衡问题，因此这一管理理念被撒切尔政府采用。撒切尔政府认为，英国高等教育的公共开支占用了英国政府开支的一部分，新政府管理思想要求减少公共开支，以私有化的改革理念对待政府管理改革，因此，英国要改变原先政府资助高等教育的情况，需通过市场化的竞争手段提高大学的办学效益。白金汉大学也以市场化的办学理念开始进行积极变革，在办学模式、学科教学、引才聚才、人才培养等方面将市场绩效主义作为其深化改革的圭臬。诚如白金汉大学市场调研部管理人员安德森·霍尔（Anderson Hall）在访谈中认为，20世纪80年代以后白金汉大学的改革与市场化的办学模式形成了紧密关系，助推了白金汉人才培养规格的进一步提升（HA20210617）。

一、撒切尔夫人与市场化办学理念构建

20世纪80年代初，以撒切尔夫人为首的保守党，力排众议，以新公共管理主义和新自由主义理论对英国高等教育市场化进行改革。她认为，利用市场化的逻辑对现有英国高等教育体制进行改革，只有改变英国教育体制低效率的方法，才能更好地消除现存教育体制的不合理、不合法的问题。大学教育的高效率、人才培养的高质量要通过私有化的改制才能更好完成，而非仅仅通过政府利用权力对大学的发展进行敦促与监督。传统政府的官僚体系像一个腐朽的体制一样，没有活力，市场化效率低下让高等教育在此后的发展中走向了"死胡同"，因此必须对高等教育进行市场化改革，才能为其发展带来新的活力。撒切尔政府的第一任国务大臣是麦克·卡莱尔，他反对撒切尔夫人对公共教育削减开支，抵制私有化的高等教育改革，由于与撒切尔夫人所主张的改革主张不相符，被撤销职务。1981年，接替这一职务的是右翼思想的支持人基斯·约瑟夫，他被称为保守党思想智库的中央决策制定者，他与撒切尔夫人对高等教育的主张不谋而合，坚持以高等教育私有化的逻辑鼓励大学之间展开合理化竞争，反对政府对高等教育过多干涉，提倡削减公共开支。约瑟夫在位的几年里，通过实际行动表达了他对撒切尔夫人执政时期高等教育改革的支持。他认为，市场这只看不见的手，即便在一定时期是盲目的、非自发的计划应用，但在有些时候优胜于政府处心积虑、精心计划的制度安排，市场化可以较好地弥补政府计划的缺陷。市场上的机制构建得好不好，不是靠政府单方面主导，而是依靠市场自身的功能发挥，以激发各项管理机制在没有政府强制、干涉的情况之下得以协调。[1] 约瑟夫对高等教育市场化矢志不渝，致力于高等教育私有化和市场化的发展，推动了英国高等教育的转型和发展，并颁发《20 世纪 90 年代英国高等教育的发展报告》，为有利于高等教育市场化变革提供支撑，但他的激进改革引起了英国其他派别的反对，认为英国私有化改革会让英国高等教育发展失去核心竞争力，使英国所培养的人才理论上没有施展才华的机会。约瑟夫的私有化改革虽然与撒切尔夫人的改革路线相符，但职业改革的业绩并没有体现出来。他在此后的回忆录中说道："我在英国高等教育市场化的改革当中虽然没有更好达到预期的效果，但是我所做的铺垫为此后高等教育私有化的改革带来了新的曙光。"[2] 的确，继约瑟夫之后，英国教育大臣肯尼斯·谢尔（Kenneth Shell）、约翰·曼科格瑞治（John Mankogridge）等基本上沿着撒切尔夫人所规划的高等教育市场化的路线前进，推动教育的改革。白金汉大学校长基莱对撒切尔夫人在 20 世纪 80 年代所进行的教育改革政策高度赞扬，并认为撒切尔政府的政策改变了英国的高等教育。英国大学事务部部长大卫·威利茨（David Willetts）也肯定撒切尔夫人市场化变革对英国高教的贡献。威利茨表示，撒切尔的"卓越成就"将"英国高等教育带进了世界级的领域"。[3]

自 1983 年起，白金汉大学强调依靠高等教育大众化的举措，以市场化发展的形式，促使人们享受高等教育公共服务的成果。白金汉大学市场化办学，不仅要以市场化的理念促进高等教育自身的改革，而且还注重大学人才培养的质量，提高白金汉大学的办学效益。1986 年，白金汉大学召开理事会会议，并就大学办学与市场之间的关系展开讨论，提出在深化自身角色与大学应对社会改革之道上坚持与撒切尔政府保持一致，继续扩大大学的办学资金和经费投入，以吸纳市场基金为大学发展服务，强化市场和效率管理，在其发展规模、课程设置、人才培养、教师选聘等方面进行改革。

---

[1] 梁淑红. 利益的博弈：战后英国高等教育政策制定的过程研究 [M]. 北京：光明日报出版社，2012：150.
[2] 梁淑红. 利益的博弈：战后英国高等教育政策制定的过程研究 [M]. 北京：光明日报出版社，2012：150.
[3] The University of Buckingham. University of Buckingham Financial Statements 2013[EB/OL].（2018-12-31）[2022-02-17]. https：//www.buckingham.ac.uk/wp-content/uploads/2019/10/University-of-Buckingham-accounts-31-Dec-2018-signed-ALL-.pdf.

白金汉大学市场化办学充分体现撒切尔政府改革逻辑，它以开放化的大学变革，与英国政治与经济等方面领域的变革一脉相承，使其绩效、高效的发展诉求成为这一时期教育改革的主旋律。

1990年，撒切尔夫人告别执政达11年之久的政坛，成为19世纪以来英国历任首相中任职时间最长的领导人。撒切尔夫人将市场化理论作为政府改革的主要意识形态，改变了教育管理方面的陈年陋习。时任白金汉大学校长巴雷特对撒切尔夫人的教育市场化政策十分认同。1991年，白金汉大学召开理事会，会议决定邀请撒切尔夫人出任白金汉大学名誉校长，以提高白金汉大学在市场化变革的力度，助推白金汉大学发展，但撒切尔夫人委婉拒绝了。白金汉大学历经一年的努力，在1992年2月，撒切尔夫人答应出任白金汉名誉校长。1993年，撒切尔夫人出席了白金汉大学毕业典礼，并发表了重要演讲，对白金汉大学所取得的办学成就给予十分肯定，认为大学未来的发展应该紧跟市场，"培养经济发展所需的知识和技能……这样才能确保无论我们有多少职业发展目标，都能不断关注那些塑造了现代世界的更广泛的文明，而保护和发展这些文明的精华是我们的使命。"[1] 在撒切尔夫人的建议下，白金汉大学的市场化改革进程较快，大学发展较为迅速。1998年，撒切尔夫人由于身体健康的原因，主动辞去了白金汉大学的名誉校长职务。即便如此，白金汉大学每年都会向这位曾经助推白金汉大学发展的"领导人"进行咨询。2003年，白金汉大学对撒切尔夫人的市场化理念进行总结，发布白金汉大学新时期市场化办学的计划，提出白金汉大学在21世纪要将市场化与学生服务、工商企业、市场转化等方面进行深入融合，提高学生就业能力和师资水准，促进产业与科技的创新以及地方的服务水平。2013年撒切尔夫人去世，基莱校长在《白金汉大学2013年财务报告》中深切缅怀了这位曾经帮助白金汉大学成立和发展的政治人物，说到："今天我们遭受最严重的损失是玛格丽特·撒切尔的去世，她当然是一位巨人……她不仅在思想上，而且在经济上支持大学，成千上万的校友和他们的父母不会忘记1976年她在我们开幕式上的演讲，她的思想与活动让人记住了她的优雅和魅力。"[2] 为纪念撒切尔夫人

---

[1] 英国白金汉国际教育学院.自由独立、肩负使命——"铁娘子"撒切尔夫人的理想大学 [EB/OL].（2021-06-16）[2022-03-01].https://zhuanlan.zhihu.com/p/386965870.

[2] The University of Buckingham.University of Buckingham Financial Statements 2013[EB/OL].（2013-12-31）[2022-02-17].https://www.buckingham.ac.uk/wp-content/uploads/2011/10/accounts-2013.pdf.

为白金汉大学发展所做的贡献，2015年白金汉大学成立玛格丽特·撒切尔中心，设立一个图书馆和博物馆专门介绍英国唯一一位女首相的生活和理想。白金汉大学校长塞尔登说："我们非常高兴能以这种方式向撒切尔夫人致敬。她是一位卓越的首相，新中心可能对认识她的人和不认识她的人都具有巨大的吸引力。"[1]

二、强调大学为地方经济服务

自撒切尔政府1979年执政以来，有关高等教育服务地方的文件最终于1985年形成绿皮书——《20世纪90年代英国高等教育的发展报告》，这是一份主要强调大学在如何改善国民经济方面的贡献的文件，它明确提出高等教育要注重对市场经济的作用，多加强与工商企业之间的联系，促进地方经济的快速发展。该文件还要求继续深化市场经济的改革，放宽高等教育入学资格的要求，提出具备上大学能力的人才要从高等教育当中受益，提高他们接受高等教育的机会。这也在一定程度上修改了《罗宾斯报告》中对高等教育"谁有资格谁修学"转变为"谁能受益谁升学"的规定，它将高等教育的大众化提高到了政策的要求，预示着英国高等教育在强化高等教育大众化阶段，注重大学与市场之间的联系，提倡实用性办学，有力促使英国高等教育在新公共管理主义理论指导下，进入"后罗宾斯时代"。

1969年，白金汉大学创始人弗恩斯在规划私立大学时曾提出："必须开发一个新的学术自由的概念而不一定是最好的或唯一的学术自由的概念，但是有一个要求大学独立的想法……大学在它的位置上，必须发展大学教学作为一种职业技能的概念，并承诺学院政策的落实，而这些政策反过来又由学院与周围的社会关系决定。简而言之，在英国贵族义务观和精英义务观的基础上，有必要在大学发展一种商业义务观念。"[2]1973—1982年，白金汉大学初创的十年并没有更多深入地方政府服务体系当中，全心

① The University of Buckingham.Press Release：Margaret Thatcher Centre to be Sited at University of Buckingham[EB/OL].（2015-11-03）[2022-03-12]. https：//www.buckingham.ac.uk/contact-us/information-for-the-media/press-releases/press-release-margaret-thatcher-centre-to-be-sited-at-university-of-buckingham/.
② Joyce Pemberton.*The University College at Buckingham：A First Account of Its Conception*，*Foundation and Early Years*[M].Buckingham：Buckingham Press，1979：8.

地为市场化服务，而是为大学的独立办学而奔波，希望能够获得英国政府的外部承认。1983 年，在白金汉大学获得皇家特许状后，校长皮科克将大学服务于地方经济定义为："大学提到的实用性和提议的私人机构的潜在前景和收益是什么，我认为是服务于地方。"[①] 但这一观点遭到其他理事会成员的质疑。同年白金汉大学理事会召开第四次会议，在谈论白金汉大学在获得英国皇家特许状时提出，白金汉大学市场化的办学取向是英国市场化改革所给予的最好机遇，学校要积极抓住这一时代机遇，加快发展。此后，白金汉大学在讨论大学服务对象意见的过程中出现歧义，是选择面向地方企业还是选择欧洲或英国企业，已成为白金汉大学接下来该怎样发展的难题。经过一年的实践，1984 年白金汉大学实施相关的白金汉大学服务市场调查，以服务白金汉郡蓬勃发展的经济市场需求。为了保证大学的稳健发展，加强与地方之间的联系，学校提出要将大学与白金汉郡地方的资本企业的发展相结合，实施与地方市场联姻的发展举措。从 1986 年开始，学校将每年的捐款、学生学费、基金会捐款等金额有机地积累起来，并成立了白金汉地方政府服务办公室以服务于地方市场。

　　白金汉大学地方性捐款最早来自白金汉大学学院在首创时非常艰难的时期，1971 年白金汉大学由于缺乏足够的资金支持，与白金汉郡议会在设计高昂的大学房产经费上出现了分歧，1972 年白金汉一个公司进行积极干预并帮助他们收购了这处房产，并将白金汉大学视为该镇未来发展的一个关键因素。[②] 此后，坦洛勋爵通过伊斯特拉信托捐赠 100 万法郎，有效地解决了白金汉大学占用土地租金的问题。从 1983—1990 年，私人企业捐款增长到学校经费的 23%，这为此后学校进一步扩展校园建设提供了重要的支撑。白金汉大学在吸收社会企业的捐赠的同时，也在将其吸纳的资金积极回馈地方社会。白金汉大学地方捐赠会主席艾莉·豪特尔（Ellie Hottel）在坚持以市场化的办学机制引导下，将其资金吸纳于地方性经济建设当中，推动地方经济的发展。[③] 从 1988 年应用于地方性服务中的 150 万英镑基金额，增长到 2007 年的 600 万英镑，刺激地方经济的增长，获得

① Roger Geiger.The Private Alternative in Higher Education[J].*European Journal of Education* 1985, 20（04）: 385-398.

② Joyce Pemberton.*The University College at Buckingham: A First Account of Its Conception, Foundation and Early Years*[M].Buckingham: Buckingham Press, 1979: 8.

③ Roger Geiger.The Private Alternative in Higher Education[J].*European Journal of Education*, 1985, 20（04）: 385-398.

了当地政府的强烈反应和社会的一片赞扬。2007年3月，《白金汉通讯》刊发的《白金汉大学在以市场化的办学理念服务于地方经济》一文中指出，白金汉大学以实际行动彰显了大学应该具有的社会服务的担当，为白金汉大学增强其地方经济活动的影响力以及建设一流大学提供坚强的后盾。

　　1987年英国政府颁发了与英国高等教育市场化关系密切的重要文件《高等教育——迎接新的挑战》。这份白皮书主要强调英国高等教育要加强地方性服务，强调在科学研究、人才培养上与地方经济需求展开深入的合作，高等教育的发展应该为地方经济服务，强调与工商业的联系，做到随着工商业的变化而发展。白金汉大学为加强对地方经济的支持，与地方政府在人才培养、企业锻炼等方面展开深入合作。到1985年，白金汉大学已建立了明显的市场化办学机制。时任白金汉大学校长迈克尔·巴雷特（Michael Barrett）博士说："白金汉大学是最新成立的大学，它在学术管理上和在学生身上一样重要，因为他们必须比公共机构更有效地运作，并且必须更加密切地关注市场。"[1]1989年，校长巴雷特又在白金汉大学理事会上强调，白金汉大学要从象牙塔走出来，与地方产业相互合作，才能更好地摆脱白金汉大学保守性的一面，也能有效地纠正英国政治对白金汉大学发展的偏见——白金汉大学办学的独立性并不是与外界毫无瓜葛，而是应该与时代市场相统一。1990年，白金汉郡的一个化妆品公司，由于管理不善出现了严重的企业亏损，白金汉大学商业学院教师通过与该企业获得联系，在市场调研、人员培训、技术攻坚等多方面与其展开相关合作，并在商学院成立协助服务小组以便更好地强化二者的关系。经过2年的奋斗，该企业获得新发展。在企业获得成功的同时，白金汉大学获得100万英镑的捐赠，作为培养企业人才的支持资金。1998年，白金汉大学为了更好地服务于地方经济的建设，提出鼓励企业和社会人员到白金汉大学去学习，并提供相应的资费减免。从1999—2003年，白金汉大学累计接纳地方企业人员继续学习1308人，白金汉大学学生在地方企业进行调研和学习人数2120人，这些服务于地方的人才有13%成为白金汉郡的各产业发展与兴盛的中坚力量。

　　白金汉大学将不同专业扩大于服务地方教育、人文、法律、经济等市场中，不同的专业也都会与地方展开合作，其作用不仅促进了当地经济的发

---

① 　Roger Geiger.The Private Alternative in Higher Education[J].*European Journal of Education*，1985，20（04）：385-398.

展,而且与当地私人或企业建立深度的合作关系,鼓励教职工和学生走出象牙塔,深入实践一线,在参与地方公共服务中提高其社会服务水平。与此同时,白金汉大学服务于地方经济更好地推动了大学发展。白金汉大学在办学理念上注重市场化的发展理念,使当地的企业、工商部门能够将其协作共同发展的成果应用到市场当中,转化成实际效益,并将其部分收益赠予白金汉大学,以利于白金汉大学的发展。2000—2007年,白金汉大学得到地方企业的捐赠高达800万英镑,地方企业与白金汉大学之间形成了互利共赢链,共同推动着彼此的发展。

第三节　实用性课程体系的导入

一、实用性课程的增设

白金汉大学为了更好地服务于英国市场化需求,满足地方经济发展,除了在教师教学、科研环境、小组教学等问题上着力下工夫之外,还将原先单一化、封闭化的课程转变成具有实用性、创新性的课程,以希望大学在2年学制下能够在人才培养上培养出视野开阔、具有创造性的人才。虽然1983年白金汉大学在课程的类型化上展开了深入思考,但由于学校为获得英国皇家特许状上投入了大量的人力、财力,导致白金汉大学的课程在之后的两年内没有更多的变化。直到1985年,白金汉大学召开理事会,详细审议了白金汉大学在未来十年的改革问题,巴雷特提议,白金汉大学应该重点强调如何将当前市场化的改革趋向与实用性的课程结合起来,进一步开拓白金汉大学的市场。进入90年代后,白金汉大学形成了人文学类、社会学类和自然学科类等不同的课程,这些课程都是在白金汉大学自身发展与市场化需求为基础的课程。1998年,白金汉大学开设了教育、管理、工科等为基础的市场化课程。2006年,大学开设生物学、情报等教育与技能的课程。这些课程都与不同专业课程之间形成网络状,都是以综合的课程之下形成的学科,为保证学生在2年制的大学当中学到充分的知识提供重要支撑。不同的课程在市场化办学过程中,注重实用性,以便使学生能够较快适应市场化的需求。

（一）实用基础型课程的增设

白金汉大学从 1976 年开始，在最热门的法律专业进行招生，在学科课程上强调通识人才培养理念，注重其专业化学习。白金汉大学首任校长贝洛夫曾对白金汉大学的课程进行长远规划，他认为白金汉大学的课程是人文课程当中最具有时代特色的课程。[①] 白金汉大学人文基础课程形成了包括法律、政治、管理历史等具有通识教育特色的课程，但这些课程是作为基础课程而展开的专业化课程，所培养的学生没有走出"象牙塔"，没有强烈的现实情怀。

实际上，学生在入学时通常是通过一定的专业基础测试才开始进行专业划分。1987 年，白金汉大学出现了部分学生在选择专业时往往根据市场热门行业进行选择的现象，这导致部分专业学生较多。为此，白金汉大学针对基础人文学科专业的学生进行引导，让学生避免盲目选择。在人文社会科学院所招收的第一届学生中，个人导师对其进行专业学习指导时，会针对其基础、兴趣等问题提供个性化的课程服务，将其划分为综合课程中的不同专业方向，但这些方向并非局限在学生所学专业中，而是作为一个具有专业化特色的课程进行深入扩展。这与英国其他公立大学的课程并无太大差异，唯一不同的是，白金汉大学的人文课程并非一成不变，而是根据市场化专业的需求和白金汉大学人才培养的方案不断进行调整。人文社会基础课程并非与其名字一样，仅注重人文科学课程的教学就行，而是将市场化的课程理念融入人文基础课程，形成了法学、政治学、经济学等具有较强社会发展需求的课程体系。此外，白金汉大学所形成的自然课程与其他大学差别不大，在生物实验上仅依据大学的跨学科计划，以强化学生基础知识的学习。

白金汉大学创设以实用为基础的课程并非一帆风顺，因为白金汉大学由于海外学生较多，1986 年白金汉大学生海外人员占 40%，发展到 1999年占 66%，2010 年高达 70%。随着留学生数量的增加，白金汉大学在培养以市场为导向的人文类专业人才方面受到了一定的制约。因为许多学生面临语言问题，需要克服非母语教学的障碍。2010 年，白金汉大学为了解决这一问题，提出要对预科生进行为期一年的语言学习和专业培训，使其精

---

① Joyce Pemberton.*The University College at Buckingham*: *A First Account of Its Conception*, *Foundation and Early Years*[M].Buckingham: Buckingham Press，1979: 8.

通目标国家的语言,这样才能为实用性技能的学习与培养提供坚实基础。

（二）实用市场化课程增设

相比而言,白金汉大学在市场化的课程上相比人文基础课程上有着浓厚的跨学科课程意蕴。后一类学科主要是围绕着人文基础的博雅教育课程而开设的课程,具有通识性学科基础,而前一类课程带有英国新型市场化的课程特色,如英国市场调查,企业文化课程等。大学在相应的专业领域里面,更大量设置了营销、创新创业、市场管理等不同的专业。这些专业是为了让较多的学生适应英国时代发展、信息进步而设置的具有学科特色的课程。从专业课程设置来看,白金汉大学市场化课程主要集中在管理、地域市场规划和未来市场影响等方面。相比之下,英国其他公立大学并没有将较多的市场有关的课程纳入学生的学习当中,部分高校依旧在课程的设置上不愿改变,最为明显的是博雅课程依然是学生学习的主要课程,较少从市场化的角度来推进课程的变革。白金汉大学的实用市场化课程是将学生的学习与就业融入市场创新创业当中,提高学生对工商企业环境的适应能力。从具体课程内容上而言,白金汉大学的课程基本上是以市场的发展情境而设置的,但其内容方面面对的最大困难是如何使其与人文社会科学的课程相互联系起来,如何将其教学内容嵌入课程当中。为此,白金汉大学成立了18人的课程委员会,其成员有来自市场企业人员9名,聘请牛津、剑桥大学的教授4名,其余来自白金汉大学不同专业的学术精英,他们围绕着市场化课程的教育理念,学科分类,教育内容、策略、方法及其评价展开了深入讨论。1988年,白金汉大学形成了种类多样的课程类别,构建以市场为主的课程体系。但值得注意的是由于在筹备建立市场化的课程上,注重市场化的经验,却将人文通识教育忽视,因此1992年,白金汉大学又借鉴了牛津大学的发展经验,将艺术、教育、心理等学科作为市场转化、企业管理等人才培养的选修内容。

在白金汉大学市场化课程当中,融入了2006年设置的会计与金融专业,这是市场化课程最为重要也是培养人才最前沿的专业课程。在白金汉大学商学院,金融专业是从市场化的发展逻辑出发构成其专业发展的基础,并有效利用管理学、经济学的研究方法以推进人才的培养。学院通过为学生提供英国市场的最新动态以及全球金融的发展趋向,重视课程的设计,以激发学生的创业思维。毕业生安德烈·罗伯茨(Andrea Roberts)说:

"在白金汉大学学习商业企业课程后，我学到了许多……正如我在课程中学到的那样，在自己动手之前获得一些经验总是好的。从白金汉大学毕业后不久，我申请了一家小型创业公司的职位，该公司是黑莓配件的主要经销商之一。在这家公司工作了一年，让我能够应用我在白金汉大学学到的技能……如果不是白金汉，我不会有与这样一家公司合作所必需的公开演讲、演讲和坚韧。虽然我的头衔是企业销售主管，但我仍然是一名企业家，并通过创建公司的第一个在线零售网站开创了公司的在线业务。"①

白金汉精益企业部门团队是由来自英国和波兰等8个国家成立的企业团队，其成员由具有市场化经验的专业人士组成，这些来自不同的背景、学科的成员，拥有着共同的教育理念和价值观："一是白金汉大学商学院课程广泛地定义精益思维和持续改进——将它们视为一种哲学，而不是一套工具和方法；二是这一理念涵盖所有关键业务流程，将业务战略和目标联系起来；三是白金汉大学持续改进不仅仅是为了降低市场成本，而是主要关注通过释放或创造增长和实现收益的能力以提高利益相关者的价值；四是白金汉大学认为精益思维和市场的定义很广泛，但还将继续接受市场挑战，并努力不断推动思维向前发展；五是白金汉相信和市场实践与学术理论联系起来至关重要，因此白金汉不断将世界一流的思想家和实践者与学术界人士聚集在一起，挑战思维并开发新理论。"②白金汉大学管理和会计专业的毕业生，毕业后就可以得到一份不错的工作，并且每年能拿到六万到八万英镑的高薪。同时白金汉大学颁发的管理会计证书，则让白金汉大学的毕业生能够在全球各地拥有出色的领导能力，并且能够迅速找到一份金融领域的工作。

"这对于任何想要探索和环游世界并赚取丰厚收入的积极进取和坚定的毕业生来说都是一项伟大的职业！"③第一届会计与财务管理毕业生欧拉·伊格（Ola Igun）也表示："第一次在白金汉学习税务后，我对这个领域产生了兴趣，我发现它非常具有挑战性，而且从不乏味。随着不断变化的税收立法，总有一些新的东西需要学习。自从加入白金汉大学不同专业学

---

① The University of Buckingham.Business Enterprise Graduates[EB/OL]. [2022-02-28].https：//www.buckingham.ac.uk/business/bsc/business enterprise/ graduates#roberts.

② The University of Buckingham.Buckingham Lean Enterprise Unit[EB/OL]. [2021-11-16].https：//www.buckingham.ac.uk/business/bleu.

③ The University of Buckingham.Course Info[EB/OL].[2021-07-28].https：// www.buckingham.ac.uk/business/bsc/accounting and financial management-3.

习以来,我在许多不同的税务问题上获得了实践经验,并且在此过程中我还与许多客户和税务专业人士合作过。我获得了各种各样的机会,如税务培训。我已经在一年内成功完成了我的税务技术员协会(ATT)考试,目前我正在学习特许税务顾问(CTA)考试,这些考试都是由该公司资助的。在这些考试中取得成功不仅使我能够获得专业资格,而且还使我具备成为称职的税务顾问所需的技能。"[①] 西尼·凯德夫(Sydney Kedev)也说道:"在白金汉大学攻读会计和财务管理学位,让我有能力了解从英国和全球角度创建和呈现财务信息的规则和原则。通过讲师的专业能力和可用的个人辅导,我能够在对不同学科有很好的理解的情况下离开大学……使我能够在任何商业环境中的广泛领域开展业务,能够提高我在就业市场的技能。"[②]

（三）实用市场化基础教育与专业课程的融合

白金汉大学从多种课程上进行修正,明确了不同课程之间的专业方向,增设了教育、体育和艺术专业的课程,在不同学生的课程上实施了较为灵活的学制管理,2～3年的学制可以使学生在不同的基础教育和专业化课程之间能够深化所学的知识,提升专业技能,但由于人才的培养没有较多的经验,为此白金汉大学需积极向市场进行调研。

2006年,白金汉大学发放问卷调研并对全球教育问题进行深入研究,形成了白金汉大学人才培养备忘录,指出白金汉大学要坚持学科基础与市场化所需进行教学。从白金汉大学传统的人才培养来看,最初的人才培养多基于"象牙塔"式的培养模式,注重通识的知识和技能,但随着市场化的发展,白金汉大学以市场化所需的人才为抓手,对其人才所需的课程进行深入变革,形成了人才所需的基础知识与人才技能相互融合的课程。白金汉大学人才培养备忘录上提出了教育人才课程的设置问题、学生学习、教师实践、教学评价等相关议题,要大力推进白金汉大学专门课程计划的制定,要在教育信息化不断发展的情况下,通过2～3年制的本科与硕士人才培养,强化人才基础知识和专业技能。

---

① The University of Buckingham.Course Info[EB/OL].[2021-07-28].https：//www.buckingham.ac.uk/business/bsc/accounting and financial management-3.
② The University of Buckingham.Course Info[EB/OL].[2021-07-28].https：//www.buckingham.ac.uk/business/bsc/accounting and financial management-3.

白金汉大学在体育方面的课程设置也与英国市场文化之间产生密切关系。大学从市场的视角构建出新型的人才培养体制，提出了建设体育文化课程的设想。白金汉大学的这一理想与牛津大学所提出的建设综合课程有关。牛津大学综合课程将不同课程之间融合作为跨学科课程设置的重要纽带。1986 年，白金汉大学在对牛津大学进行考察后，提出要建设相关的课程，以强化人才的基本技能。2003 年，白金汉大学将人文基础学科与体育学科相关的课程进行统整，形成了体育人才与文化课程，所培养的人文社会人才不仅具有基础知识而且具有体育专业能力与技能。作为英国私立高等教育初创的课程体系，白金汉大学在体育文化课程上，聘请具有社会经验的体院人员，在专业理论上将企业文化资本理论应用到体育专业人才的培养中，通过为期一年的市场文化熏陶之后，提高了学生教育实践、市场文化模拟等专业技能。2009 年，白金汉大学所培养的体育人才在社会上享有好评，有 12 人获得了体育文化竞赛的奖项，有力地增强了市场竞争力。

白金汉大学在艺术人才的培养上也强化基础与技能的课程体系的建设。1988 年，白金汉大学提出要将艺术熏陶整个校园的建议。白金汉大学校长巴雷特博士指出，白金汉大学要在不同课程上嵌入艺术的气息。不仅在教师教学、校园文化、个性服务等方面嵌入人文的因素，而且在专门课程的构建上提出了新的要求。1990 年，白金汉大学提出要建设艺术学院的构想，1993 年白金汉大学设置了新的艺术学的专业，按照市场化的机制进行设置，将其与人文基础学科相互联系起来。不同于英国其他专业课程的是，白金汉大学艺术专业的课程嵌入了市场化的因素。其专业人员埃兰·贝莱特（Alan Bellette）指出，白金汉大学艺术专业要形成与其他学校不同的特色，将其艺术走向市场，用市场化的因素来重构新艺术专业的发展（BA20210628）。2006 年，白金汉大学招收到 20 名艺术专业学生，专业分为市场美学、企业艺术、设计艺术等，其培养目标就是能够在英格兰的艺术评估中获得市场的认可。

白金汉大学学位课程不仅比其他大学短，而且基础更广泛：学生需在其专业领域以外学习课程，此外，还必须攻读两学期外语课程。大学还与国外私立大学实施合作课程方案，如西德的科布伦茨（Koblenz）公司管理学院的管理课程、加利福尼亚的克莱尔蒙特（Claremont）学院市场营销课程和宾夕法尼亚州大学(Pennsylvania State)的生物医学课程。[①] 这些合作大学课程没有涵盖更广泛的学习领域，而是集中不同学院实用性的课程，理学院主要集中于生物学和相关科学，也会与相关的人文学科与海外大学合作(在某些情况下)开展一些有趣的跨学科课程学习。[②]

　　白金汉大学在 20 世纪 80 年代后期将不同专业的课程进行有效整合，经过 20 年的实践摸索，形成了以市场化为主导的课程体系，有效地将原先"象牙塔"中的课程转到市场文化当中来，改变了课程的单一性、封闭性。白金汉大学市场化课程看似是较小领域课程之间的联系，实际上是一个较大群体之间的关联体。2 ～ 3 年的基本学制使学生在不同课程、学科类别之间接触到许多知识，提高专业技能水平，提升人才应对未来社会竞争的能力。

二、跨学科课程选择制及其变化

　　1979 年，时任白金汉大学图书馆馆长的彭伯顿提出，如何让白金汉大学在学位认可度的含金量问题得到解决，可通过使用专业机构的考察这一方式得到解决。[③] 随着 1983 年白金汉大学获得皇家特许状，这一问题也得以迎刃而解，但随之而来的是关于白金汉大学的课程管理问题。该如何深化白金汉大学课程的改革成了摆在白金汉大学面前的一道难题。虽然 1983 年被授予皇家特许状，可自主颁发法律、会计和财务管理、经济学等相关学位证书，白金汉大学法律和会计专业的毕业生与其他大学的毕业生一样也可享有相关专业机构考试的豁免权，[④] 但相关专业课程的学习还远远不够，需要选修其他专业的课程。1986 年，白金汉大学通过教育审议会及其改革，制定了新时期的本科教学计划。教师根据新制定的白金汉大学教学学年计划开始展开相应的课程教学，基于白金汉大学市场化的发展理

① 　G.K.Shaw and M.Blaug.The University of Buckingham After Ten Years－A Tentative Evaluation[J].*Higher Education Quarterly*，1988，42（01）：72-89.

② 　Roger Geiger.The Private Alternative in Higher Education[J].*European Journal of Education*，1985，20（04）：385-398.

③ 　Rosalind M.O.Pritchard.Principles and Pragmatism in Private Higher Education：Examples From Britain and Germany[J].*Higher Education*，1992，24（03）：247-273.

④ 　G.K.Shaw and M.Blaug.The University of Buckingham After Ten Years－A Tentative Evaluation[J].*Higher Education Quarterly*，1988，42（01）：72-89.

念制定新的课程规划。为了强调各部门之间的相互联通协作,白金汉大学在总结前期的发展经验基础上,提出了将通识教育和专业教育相互嵌入于市场化发展当中的建议。具而言之,在课程设置中,会以市场化的通识课程作为基础,在学生实践、师生协作当中将市场调研、企业公关等方面相互统合,使本科教育更具有市场化特色。1988 年,白金汉大学将人文、社会、自然、市场、计算机等不同的领域相互整合,不断强化学生学习特色。

实际上,白金汉大学在 1976 年大学招收第一批学生时,就提出构建不同于原有课程体系的想法,"为那些主修非科学学科的学生开设一门生命科学的辅导课程,所有受过教育的人如果想在日益依赖自然科学的社会和经济中做出贡献,都应该对自然科学的原理及其应用有所了解。"[1] 自然科学课程的提出与设置,使得白金汉在此后的课程变革当中,以学生的共同课程来开设跨学科课程。在这种情况下,白金汉大学的课程将会包含多种不同的学科。不同专业的老师在不同的课程主题下共同承担教学任务,也有许多教师在不同的专业之间轮流辅导学生。针对 1987 年白金汉大学课程的规划,白金汉大学的教师在跨学科课程上,专门以市场课程为主,同时兼顾学科基础课程。1989 年,白金汉大学制定大学跨学科课程选修的说明,详细规定了白金汉大学的课程分解、选修方法及其学业考评,并针对当前市场化发展的大趋势制定了白金汉大学的跨学科课程的规则及其注意事项。

就法律专业而言,法律协会和法律教育委员会接受了该课程的相关规划。法学和其他学位的学术标准以英国大学的惯常方式得到验证,即通过来自其他大学经验丰富的工作人员的审查。1989 年,白金汉大学法学院的审查考官名单有来自牛津、约克、加的夫、雷丁、东盎格鲁、基尔和南安普顿的员工,他们被邀请审查白金汉大学的跨法学专业课程,以确认大学学位的问题所在,这引起了白金汉大学工作人员的自我质疑,并向校长提交了相应申诉报告。校长在其报告中说:"那些声称闯入者的标准肯定会怀疑,没有意识到他们介入我们的领域是一些担任审查考官以及最杰出的学者所提出的意见具有的建设性。"[2] 此后,白金汉大学委员会决定大学授予

[1]　Joyce Pemberton.*The University College at Buckingham*：*A First Account of Its Conception*，*Foundation and Early Years*[M].Buckingham：Buckingham Press，1979：116.

[2]　Rosalind M.O.Pritchard.Principles and Pragmatism in Private Higher Education: Examples From Britain and Germany[J].*Higher Education*，1992，24（03）：247-273.

学位的课程需要一定的跨学科要求,大学跨学科课程的基础核心是坚持通识课程为主,融合了市场化的课程,如企业文化、工商管理、市场营销、商业转化等多种课程。大学会针对学生人数和学生的基础等学情的变化来确定其课程的开设、教师的授课方式、授课时间、考评标准等问题。按照其管理规定,白金汉大学要求教师在跨学科课程选修上做好课程的设计,确定学生在学习专业知识和选修课程之间的平衡,其跨学科选修的学分与学生在专业课程的学习上具有同等的效力,这就改变此前选修与专业必修之间相脱节的问题。

白金汉大学在跨学科选修上规定,跨学科课程是助推市场化的专业学习为目的而设置的学习内容较为广泛的课程,其特点是为学生开设不同专业的跨学科选修课程,让学生在日益激烈的竞争就业环境中,培养其专业技能,能够较快适应市场化的环境,提高自身应变能力,以此才能更好全面发展。但在实践中,作为想要 2 年之内拿到白金汉大学本科学位证书的学生来说,其在选择跨学科课程上就会出现强烈的功利性,多会选择那些在跨学科选修上能够较快拿到选修学分的课程。为此,从 2006 年起白金汉大学在跨课程的设置与考核上逐渐开始消除不同课程之间难易的区别。不同的跨学科课程开始分门别类地进行个性化规划,将不同的选修课程进行规整与综合,这样既能提高课程适应市场化的变化,而且也便于学校和教师在课程上的管理与评价。1988 年白金汉大学要求法律专业的学生学习市场管理和生命科学课程,这两门选修课并非属于法律专业,但学校做出规定学生需达到一定的选修课程分数,才能授予学位。2003 年白金汉大学在课程上做出变革,非专业化的课程可以在与专业相关的课程上进行选修,如法律专业,可以选修与法律相关的课程或自己感兴趣的课程。生物与科学的相关课程可以实行旁听制度,学生可自由选择,避免人为的对学生课程学习方面的干涉。这样一来,学生人数从 2001 年的 614 人增加到 2010 年的 1097 人。[①] 学生在市场化课程学习人数的增加,在一定程度上更需要教师在课程与市场化教学目标与管理上投入大量的精力,以激发学生的学习潜能。

但是,也不能忽视白金汉大学制定的学科课程与实施中的课程存在出入,不同专业的学生在不同的选修科目学习上具有一定的难度。2008 年,

---

① The University of Buckingham.Annual Report and Financial Statements[EB/OL].（2010-12-31）[2022-02-17].https：//www.buckingham.ac.uk/wp-content/uploads/2011/10/accounts-2010.pdf.

白金汉大学进行教学质量评估，发现教师和学生在课程设置反馈上没有达到理想的预期效果。虽然在2006年白金汉课程选修的规划上预计学生在跨课程上能培养其创造性，但实际的结果是不仅学生在短期的课程学习上不能培养其适应市场化的能力，而且辅导的教师也对白金汉跨学科选修的课程产生消极情绪。尽管有些教师在跨学科的课程上倾尽全力以确保学生能够对所选择的课程满意，但教师长时间在这样的课程任务下，倍感压力。2009年，白金汉大学在跨学科课程上进行深化改革，借鉴了牛津大学综合课程，并成立了综合课程问题讨论会，将与市场化发展不密切的课程进行修正，使其与学生的学习、教师的教学相互密切关联，形成了综合课程、核心课程与专业选修课程三种课程。学生可以根据不同专业的要求和市场化的需求以及自身的学习兴趣进行深入学习，不同专业的教师也可以在课程选修上，设定能够辅导的课程，以便能有时间针对性地对学生进行个别指导。

第四节 学生职业技能的培养和师资队伍建设

一、巴雷特校长"实用型"人才培养目标的提出

白金汉大学在市场化的教育目标与英国传统人才培养上存在很大的不同。白金汉大学在首创之时，提出其人才培养如果没有依靠市场或者市场不够大，人才培养项目就无法启动。[1]公立大学所培养的是精英化的绅士，是生活在象牙塔里的精英，他们可以不顾社会与市场的发展而获得生存的资本。白金汉大学通过独立办学，建成一所市场化的实用性的大学，在人才培养上注重教育的大众化与民主化，提出大学的发展目标就是让毕业生"能够在负责任的工作中做有用工作，并确保至少有一半的学生的智

---

① Joyce Pemberton.*The University College at Buckingham*：*A First Account of Its Conception，Foundation and Early Years*[M].Buckingham：Buckingham Press，1979：206.

力水平与现有大学的一等或二等荣誉毕业生相当"。[①]1984 年,白金汉大学召开理事会讨论当前有关人才培养的标准问题,提出以市场化的目标来培养人才,但人才的培养如何在白金汉 2 年的学制基础上进行有效定位,这是摆在白金汉大学面前的一个十分重要的问题。1989 年,白金汉大学校长巴雷特博士提出,要按照学科的规律与市场化发展的需求,培养某一领域的实用型人才。实用型人才是一种教育理念在人才培养上的定位,通过对人才进行专业化的培养,解决英国大学在市场化人才培养方面难以解决的问题。随着英国现代科技的进一步发展,市场进一步呈现私有化的发展趋势,英国政府开始全方面以市场自由竞争的逻辑进行深化改革。高等教育市场化如期而至。白金汉大学以此着手以市场实用人才来培养掌握新知识、新技能的人才。

1988 年,白金汉大学在面对外界市场化大刀阔斧的改革的情况下,在对其 1986—1987 年年度总结报告中反思,要对先前培养的学生进行密切关注,针对其市场就业问题和专业发展的问题有针对性地提供指导,对当前各专业发展的问题也要进行深入调研,提高学生的实际动手操作能力。如白金汉大学校长巴雷特所言,从 1973 年白金汉大学开始成立到现在都是在不断探索有关人才培养方面的目标定位,英国市场化的改革给白金汉大学的发展提供了新的向导,推动了白金汉大学人才培养市场化改革的步伐,白金汉大学要在这方面走下去而且步伐要坚定。[②] 从这一方面来讲,白金汉大学在人才培养定位上肩负起英国社会人才培养的责任,为满足当前英国市场化改革的需要,其在人才培养方面定位为:[③]

(1)白金汉大学在坚持传统通识教育的同时,创新人才培养方案,将市场化相关的学科课程以及未来市场发展需要的前沿课程作为人才培养的基础,促使人才引领社会发展。

(2)白金汉大学在人才培养上注重学生的创新型思维能力,提高学生对企业文化的适应能力。

---

① Joyce Pemberton.*The University College at Buckingham*: *A First Account of Its Conception*, *Foundation and Early Years*[M].Buckingham: Buckingham Press, 1979: 209.

② David Lethbridge.University Degrees for Sale-The Buckingham Experience[J]. *Journal of Management Development*, 1989, 8(03): 38-49.

③ The University of Buckingham.Financial Statements[EB/OL]. (2006-12-31) [2022-02-17].https://www.buckingham.ac.uk/wp-content/uploads/2011/10/accounts-2006.pdf.

（3）培养学生的科技学习、生产研发、实验操作等能力，具备新知识、新工艺、新技能等创新的能力。

（4）强化学生的积极沟通能力以及市场管理的能力。

（5）增强学生市场化竞争的意识，培养学生具有宏大的视野和远见的人文格局，成为企业精英和领导者。

在 1989 年 11 月份的白金汉大学毕业生典礼上，校长巴雷特发表了毕业演讲，重申了白金汉大学所培养的人才地位，认为白金汉大学在通识教育的专业上进行创造性的专业学习，它不是盲目的，而是依靠市场化发展的需要而展开的。白金汉大学所进行的教育是市场化的教育、创新的教育，是具有前沿性的国际化教育。市场化人才培养就是以市场化为主导而培养的人才，以应用技能型人才为基础培养学生具有较强的企业文化适应能力。1991 年，白金汉大学推出了新的市场人才培养方案，提出要将创新创业与跨学科人才相结合来培养市场化的人才，提高人才培养的规格标准。白金汉大学市场化的跨学科课程的提出，主要是基于社会对人才专业素养的挑战，所培养人才是多元型交叉有机融合的人才。

由此可见，白金汉大学在面对市场化背景下提出的人才培养的要求，这是基于提高学生的市场化竞争力而准备的战略性要求。实用型市场化人才的定位在随着市场化的变化而变化，是基于对市场化的未来发展战略而做出前瞻性的规划，它已经完全超出了单一学科所提出的要求，提高了人才对市场复杂性的认知，其所培养的人才不仅能够适应英国市场的变化，而且具有新视野、新技术、新产业的能力，能够引领其专业领域乃至其他领域的发展。巴雷特校长坚持在市场化培养理念中使每一个进入白金汉大学的学生都能够成为社会的栋梁之材，培养成能在社会市场中展现出人生价值、实现人生理想的应用技术型人才。曾任白金汉大学创新与就业部主任的德雷塔·布莱（Dretta Bly）在有关白金汉大学实用性人才培养功效上指出，大学培养的人才在社会上享有很高的名誉，许多企业或产业集团和公司都积极接受白金汉大学的毕业生（BA20210702）。校长巴雷特在白金汉大学实施市场化课程标准中曾指出，撒切尔夫人曾对白金汉大学市场化的办学给予了较高的肯定，认为白金汉大学市场化人才培养定位契合了英国社会发展的需要，作为一所私立大学真正地做到了独立、迅速、高效地发展。①

白金汉大学以"市场与实用"的人才培养之理念,勾勒了白金汉大学未来的人才培养蓝图。在大学即将步入 21 世纪之际,随着英国人才竞争力不断增加,巴雷特校长进一步提出在人才的培养上不仅要能够掌握市场化发展的未来动向,而且要能够掌握不同专业的基本知识和技能。首先,白金汉大学在传统的法律、政治、历史三个专业进行改革,其所培养的学生在 20 世纪 80 年代要求掌握基本专业知识,而后在 20 世纪 90 年代白金汉大学要求学生要在不同学科上进行选修,强调学生具有市场化发展的多元技能,使其在未来纷繁复杂的市场化发展当中提高其竞争力。其次,白金汉大学在学制上深化改革,为人才深化培养提供了新的契机。从原先对白金汉大学学制问题争论不休到实行灵活学制,使白金汉大学更加有利于将学生培养成应用型人才。再次,随着全球化的大发展,英国的海外留学生不断增加,该大学的大多数本科生来自海外,尤其是马来西亚和尼日利亚居多。1989 年,注册本科生全年约 60% 来自海外。计划到 1995 年扩大到约 1000 人,研究生占 10%。② 如何培养这些留学生适应市场化发展的需要,还需要学校不断总结世界市场化的发展规律,立足于 21 世纪的人才培养需求,打破传统大学在市场化办学理念缺失的藩篱。国际市场化人才培养是白金汉大学未来人才培养模式改革的追求目标。

与之相对比的是,在市场化人才培养理念的问题上,英国公立大学的保守性使得其人才在市场上的创造性受到严重的钳制,市场化的职业与大学所培养的人才脱钩,大学所学的专业与市场所要求的职业不相符,持续的大学生失业率使学生对大学所学的知识产生怀疑……而巴雷特校长依托市场化的改革理念,破除了英国大学封闭、单一、保守的人才培养模式的桎梏,在法律、政治、经济、金融、生物等专业上不断调整人才培养的规格,使其课程、教育模式、人才实践等方面与市场化的培养相契合,让人才不仅拥有深厚的专业知识和跨学科知识与技能,而且能够迅速适应市场化发展的需求。

---

① The University of Buckingham.Financial Statements[EB/OL].（2006-12-31）[2022-02-17].https：//www.buckingham.ac.uk/wp-content/uploads/2011/10/accounts-2006.pdf.

② Rosalind M.O.Pritchard.Principles and Pragmatism in Private Higher Education: Examples From Britain and Germany[J].*Higher Education*,1992,24（03）:247-273.

二、学生专业技能培养与市场化实践

1969 年，伯明翰大学经济学教授弗恩斯在《创建一所独立大学》中强调，"在一所独立的大学里，现有的技能将得到更好磨炼，新的技能将得到发展，这样学生就有了在国际技术社会中生存的基本武器，在这些技能的技术上，人文和科学可以一起教授。基于假设最基本的目标仅仅是经验和常识所暗示的：一个会说法语的人比一个不懂法语的人更有可能理解帕斯特（Pascal）或萨特（Sartre）或第五共和国的政治；一个能设计基本计算机程序并认识到相关性的人，比一个不能设计基本计算机程序并认识到相关性的人，更有可能学习一些市场经济或理解一个工程的问题；一个能读一本书并能准确地写英语的人比一个不能读的人更有可能欣赏约翰·多恩（John Donne）或艾丽丝·默多克（Alice Murdock）。"[①] 这就是说学生的学习不仅是单方面技能的学习，其他方面的技能也必须研修。从 1976 年白金汉大学着手培养第一批本科生以来，学生的专业技能的培养基本上已按照牛津、剑桥大学的培养模式而开展，虽然在学科专业设置上注入了新的培养特色，但学校的产业技能培养并没有充分彰显出来，所提供的专业学习囿于通识课程的局限性以提供学生毕业要求的知识。学生虽然经过 2 年的学习获得了毕业证书，但由于没有市场化的知识和技能而逐渐被企业边缘化。20 世纪 80 年代初，白金汉大学将近 40% 的学生是海外学生，大学想要使海外学生获得市场化的专业技能，必须接受相应的专业知识培训。而海外学生由于语言的障碍问题，学校要求海外学生必须参加英语语言考试，优秀的学生可参加入学考试，加上其本身学习专业领域知识需 2～3 年的实践。这样算起来，和英国其他大学一样，那些被广泛定义为已经离开全职教育至少五年的人，依靠他们的相关工作经验，可以被接受以代替正式的入学资格。但由于学校人才管理的疏忽，很难获得关于本科生入学资格的精确数据，就把他们在入学时所达到的标准，认为其已经获得了本科学位的条件。相关的毕业生并没有获得离校后的 A 级，这是因为白金汉大学在发展的过程中没有较多深化学生的专业技能培训，忽视了市场化实践。白金汉大学于 1986 年启动了人才专业化的深入改革，以培

---

① Joyce Pemberton.*The University College at Buckingham*：*A First Account of Its Conception*，*Foundation and Early Years*[M].Buckingham：Buckingham Press，1979：209.

养专业技术，并逐步建立起以市场为导向的人才培养实践机制，其中要求学生可以在市场化竞争的背景下提高核心专业技能。起初白金汉大学学生不知道什么是核心专业技能，学生对教师教授市场化的课程有些反感，但当学生通过企业文化、市场模拟和市场调研等形式去了解市场后才发现还需要不断加强核心技能的训练。20世纪80年代后期，白金汉大学吸引了许多优秀的学生，"这些学生往往非常聪明，而且有很高的积极性，他们把密集的两年期白金汉课程看作是克服职业障碍的一种手段。"① 白金汉大学开始实行专业化的规划，并兼容于市场化企业、产业人员进行基础专业的学习。学校根据不同的学生背景与专业情况，针对大学人才的培养，提出了大学生人才培养的市场化建议，与商业化、企业化的人才需求相结合，培养学生的专业兴趣爱好。市场化的技能并不是单纯地培养学生一种专业能力，而是在综合市场化发展的其他影响因素上与所学专业相互统整，来培养新的专业技能。当然，为了体现学校灵活的办学机制，努力提升学生的专业水平，白金汉大学根据市场的需求，面向市场选聘校外教师，并成立了学生与企业管理中心，这个新型企业管理中心将联合部分企业进行联合培养学生。

1989年，白金汉大学为了充分培养学生的专业技能，与英国20家公司企业建立合作关系。大学还积极发动校友活动，使学生能够在校友所创立的公司进行实习，如果实习成绩较好，将会有可能留下来就业。1984年，白金汉大学毕业生克里斯·斯密斯（Chris Smith）所开设的欧洲研究专业的公司，就是看到了当时欧洲市场在创新环境上的技术缺陷，在国家碳排量上存在高排量、高消耗的问题，才考虑是否能够通过新的技术来实现企业的可持续发展。斯密斯发挥本专业的创新优势，在市场技能与创新上进行多重探索，经过8年的努力，终于在1992年开创了他的低碳处理公司。该公司主要承担低碳排放的解决方案，并将其技术进行市场化改良，形成了运输和发电企业，实现了企业技术的创新。② 白金汉大学还将所看到的市场的不同企业进行相互整合，有效地将大学不同的专业领域与市场未来

① G.K.Shaw and M.Blaug.The University of Buckingham After Ten Years-A Tentative Evaluation[J].*Higher Education Quarterly*，1988，42（01）：72-89.

② The University of Buckingham.Innovation and the Environment： Protecting the Environment Through Technology and Sustainable Enterprise[EB/OL]. [2021-05-28].https：//www.buckingham.ac.uk/event/innovation-and-the-environment-protecting-the-environment-through-technology-and-sustainable-enterprise/.

的发展趋向相结合,使学生的专业技能学习涵盖多种专业知识,如商业学院学习法律、经济、管理、规划等不同的专业知识,就是为了更好地保障大学生在专业技能上拥有市场化专业较强的学科知识。2003 年,白金汉大学实施了大学市场服务计划,旨在改进学生应对市场化的能力,使学生在学习市场化技能中不断强化自身的实践。法律专业、文学专业的学生也与市场化产生了联系,使学生能够在学习专业技能与实践之间形成市场性思维。

白金汉大学是以 2 年制的学制而著称的大学,人才培养的质量如何不逊色于那些通过英国 3 ~ 4 年制的本科学习后的人才是摆在白金汉大学面前的一道难题。白金汉大学的本科生与公立大学本科生相比,其专业技能在深度上较为逊色。1988 年后,白金汉大学校长巴雷特提到培养学生专业技能的重点要更加明显,要求"在学术管理上和在学生身上一样重要,因为他们必须比公共机构更有效地运作,并且必须更加密切地关注市场"。[①]学生在市场化的技能培训上要求具有市场化经验的教师进行指导,以个性化的人才服务进行有效跟踪,不断提高人才的培养质量。这使学生在市场化的专业技能培训上更加丰富,提高其应变市场化改革的能力。

此外,为了深化学生对市场化技能与实践的认识,白金汉大学在不同类别的专业中如文学、军事学、经济学、工商管理、教育学等学科中都将人才的技能与实践作为考核学生毕业的要求,除了一些高度理论性的专业人才,如政治学、历史学等不作市场化实践的硬性要求外,其他白金汉大学的学生都可以自由选择想要学习的市场化专业。学生在这样的市场化的专业活动中通常会形成以本专业为基础知识的技能,从而扩展学生其他专业的学习内容。为了提高学生的学习效率,学校在不同专业领域的考评上也做出了不同的要求,往往以专业实践考察为主。这样能发挥学生的创造性,有利于学生在专业技能与市场化实践中明确专业的实施方法与程序,找准自己的未来发展方向。

白金汉大学通过积极地灵活制订人才的企业方案,使大部分的人才能够很快地适应市场化的需要。1999 年,白金汉大学人才的市场化培养水平相较于英国其他大学的市场化培养水平要高,学生在市场化的专业技能

---

① David Lethbridge.University Degrees for Sale-The Buckingham Experience[J]. *Journal of Management Development*, 1989, 8（03）: 38-49.

上不仅得到了企业的好评,还得到印度尼西亚等国家留学人才的青睐。在新世纪初,580多名白金汉大学的留学生在专业课程和技能上得到了国家的认可。[①]2006年,白金汉大学在不同专业人才的培养上,提出了要加强不同专业的市场化培养方案,让学生集中进行市场化实践,但由于学生过度密集的市场化专业实践会加大工作量,为解决这一问题,白金汉大学在不同专业的市场化技能培训上进行整合,剔除与市场化人才培养关联不紧密的课程,如人文社会科学类专业与工科之间不相交叉的专业课程,转向于工商管理之类的相关专业中。这类人才技能的培养能较好地规避市场化技能培养所需时间不够的问题,使学生在专业学习上能够精深而又不失宽度。尤其在21世纪知识不断蜕变的时代,学生能够以市场化所需的技能与知识来预测未来职业发展的方向,促进其专业知识和人格的全面发展,这也是白金汉大学作为一所独立大学所应坚守的初衷。

三、小组辅导学习设计的形成与完善

1976年在白金汉大学学院开始招收第一批学生时,校长贝洛夫主持全校师生讲座,主要目的就是要为学生提供一个在其他公立学校没有的学习形式——小组辅导。其基本设计理念就是让学生在学习、文化、社交、娱乐等方面能够体验到在白金汉大学学习的快乐,提出了每个学生都会被分配一位私人导师,并就学术、生活、交际、人生规划等方面提供详细的建议。[②]白金汉大学非常注重个人创造力的培养。为了确保学生持续不断的创造性,学生在白金汉大学可以享受更多的自由,努力成为一个思想独立的人。在大学里的所有学生和从事科研工作的人都可以参加关于重要问题的讨论。小组设计会议每星期一次,被白金汉大学描述为"增强知识意识的机构"。小组辅导制通常要求不采取会议记录的形式,也没有议程,因为学生认为按照小组步骤会不利于真正沟通。同学可以在团体中对自己的学习行为进行说明,并对相关问题进行深入探讨。白金汉大学里的任

① The University of Buckingham.Financial Statements[EB/OL].（2006-12-31）[2022-02-17].https://www.buckingham.ac.uk/wp-content/uploads/2011/10/accounts-2006.pdf.

② Joyce Pemberton.*The University College at Buckingham：A First Account of Its Conception, Foundation and Early Years*[M].Buckingham：Buckingham Press, 1979：94.

何人或任何机构都可以按照学术界争论一些学术或热点问题进行判断。[①]

1984 年，白金汉大学在小组辅导学习上进行了详细的规划，针对 1976 年之后出现的学生学习的内容较多的是本专业知识，很少对跨专业的知识进行辅导，所配备的专任教师并没有较强的教学、管理能力，而且教师人员的交叉混乱使得小组辅导学习在实际效果中并没有展现出人才培养上的优势，为此大学提出要对小组辅导制度进行深入改革。但由于白金汉大学刚获得皇家特许证，在学位授予的许多问题上尚需进一步完善，一些课程的设置、管理与评价等问题都需要改革，对白金汉大学学生的小组辅导学习问题的探讨就暂时停止了。1986 年，白金汉大学开始了新的小组辅导设计改革，提出在人才培养上要将不同专业按照 12 人为一组的形式进行辅导，此类小组辅导不仅仅是学生研讨、专业学习、教学实践等学习活动的基本构成，而且也是学生的生活、交际与未来规划的基本单位。每一个小组都有专门的教师，老师除了在行政领域履行职责外，还需实施新的教育理念，为学生发展为实业家和企业家提供新机会。[②] 导师们都有硕士及以上学位，精通专业领域的知识，对市场化的就业方向和技能需求较为熟悉，可以专门向学生传递有价值的学习和就业信息，接受学生的专业、生活等多方面的咨询，并将学生的学业、生活、交际等情况向校务委员会汇报，以利于学校形成学生性格、爱好、习惯等方面的分析报告。实际上，从 1973 年白金汉大学开创以来，并没有对学生的个性进行有针对性的分析，往往是粗枝大叶地对学生进行口头说教，仅局限于课堂教学中专业内容，并没有真正地对学生的实际问题深入了解。新的白金汉大学小组辅导设计形成了多重的辅导设计形态：教师不仅要对学生的学业负责，而且还要对学生的心理和专业实践的问题进行多方面的指导。1988 年，白金汉大学又增加了学生心理疏导的培训课程，增加不同文化的学生的交流机会，构建了文化多元兴趣交流小组。这是白金汉大学首次创建的不同文化交流小组，宗旨就是要带动白金汉大学学生在不同的文化中进行深入了解，形成互帮互助、互敬互爱的学习氛围。白金汉大学小组辅导学习设计有效增强了教师与学生相互交流，促进学生成长。如果学生对小组辅导有好的建议

---

① Rosalind M.O.Pritchard.Principles and Pragmatism in Private Higher Education: Examples From Britain and Germany[J].*Higher Education*, 1992, 24(3): 247-273.

② Rosalind M.O.Pritchard.Principles and Pragmatism in Private Higher Education: Examples From Britain and Germany[J].*Higher Education*, 1992, 24(3): 247-273.

或者不适应的情况,委员会还会针对小组的具体问题进行整改,并对小组教学进行时效监督,以达到全体小组成员满意的效果。

白金汉大学于 2006 年制定了一项关于小组辅导学习的未来计划,并且在专长和技能的学习中,对小组辅导的学习做出了规定。大学在以学生为代表的反馈意见中,提出小组辅导要以学生的需求为基础进行设计,要让学生在小组辅导中进行自主管理,教师仅起到引导者、辅助者的作用。不同专业在不同小组辅导设计上要选出小组长,辅导教师可从本专业和未来专业发展的问题上提出更好的建议。不同的小组长还要在学生会的相关配合下,参与小组之间的交流学习。小组长经过学习后,将不同专业的前沿知识和市场化发展的趋势反馈到小组成员当中,以提高成员对不同专业小组设计的认知水平,完善小组辅导学习上的设计。

白金汉大学在创立后的 20 年当中,学生对学校教师、教学、管理等满意度一直名列前茅。2007 年 9 月 14 日,英国《泰晤士报》高等教育增刊为此发表评论称,英国私立白金汉大学满意度可以与牛津大学相媲美,"现在牛津大学找到了一个新的竞争对手,但牛津大学真的能与我们的教学方式相媲美吗?"[①]2014 年 6 月 18 日,英国《泰晤士报》高度赞扬了白金汉大学的小组辅导教学,并预测白金汉大学满意度会达到英国第一。[②]果不其然,在 2016 年的英国大学满意度调查中,白金汉大学满意度在全英第一,获得美好的声誉。诚如白金汉大学心理学院老师菲利普·法恩(Philip Fine)博士在访谈中所言,白金汉大学的小组辅导学习设计使白金汉 2 年制的学制管理更具有吸引力,学生在学习中所面对的问题能够与教师积极交流,教师的答疑解惑能够较好地促进学生的学习,激发学生的创造潜能(FP20210608)。人文学院苏罗·大卫教授(Saul David)也说道,白金汉大学的教师辅导有很好的经验,教师使用多样的教学方法,使学生能够开拓思维,更加深入了解知识,教师陪伴他们一起成长,与其一起探索未知(DS20210612)。随着白金汉大学学生不断增多,大学特别注重对每月的开放日的规划,学生在开放日可以就不同问题进行沟通交流,小组教师可以自主安排拟交流内容,学生们积极参与其中,收获颇多。中国留学生李

---

① The University of Buckingham.Financial Statements[EB/OL].（2007−12−31）[2022−02−17].https：//www.buckingham.ac.uk/wp-content/uploads/2011/10/accounts−2007.pdf.

② The University of Buckingham.University of Buckingham Financial Statements 2013[EB/OL].（2014−12−31）[2022−02−17].https：//www.buckingham.ac.uk/wp-content/uploads/2016/02/accounts−2014.pdf.

子康在访谈中谈到，不同教师与学生的紧密交流使得学生能够对不同专业知识进行深入了解，尤其是面对就业的问题时，学生可以去那些具有市场专业领域的小组进行交流，了解当前不同专业就业与规划的市场前景，为学生增强本专业的技能和多元化的知识提供了较好的平台，这是其他学校少有的（LZK20210603）。

四、师资聘请与实操性培训

1969 年，白金汉大学创始人弗恩斯认为，大学为了减少办学的成本，可以使教学和研究分开，可以"通过安排活动，使教学努力不会与研究和学习工作混淆来实现。在现有的大学里，学术人员都没有充分发挥，因为他们的活动时间混乱。教学消耗了能量和知识资源，混合研究和教学的开展削弱了这两种活动"。[1] 虽然教学和研究之间的联系被认为是必要的和可取的，但白金汉大学认为，教学与学习的组合需要重新安排。[2] 白金汉大学发表了 1988—1989 年度报告，其中提到，高校面临着非常大的教学压力，并略带轻视地说道："对于教育来说，优秀的学习是重要的工作……把重点放在科研业绩和相关排名上是不妥的……需要回应国家管理的资金问题。"[3] 白金汉大学学术人员的主要职责是教学，而不是做研究。这种对教学强调的是在依赖费用的机构下获得生存的必要条件，完全符合白金汉大学章程。

1986 年，白金汉大学做出更加长远的规划，决定分别在布里斯班（Brisbane）和新加坡（Singapore）开设面向太平洋地区和远东地区的办事处，由其独立公司组成，并且很可能随后成为新的国际管理中心。因此，尽管白金汉大学缺乏正式的考试机构可能会阻止国家对此事宜的认证，但这并不算是主要障碍，因为该认证仍然可以在澳大利亚和东南亚使用。此

---

① Joyce Pemberton.*The University College at Buckingham：A First Account of Its Conception，Foundation and Early Years*[M].Buckingham：Buckingham Press，1979：205.

② Rosalind M.O.Pritchard.Principles and Pragmatism in Private Higher Education: Examples From Britain and Germany[J].*Higher Education*，1992，24（03）：247-273.

③ Rosalind M.O.Pritchard.Principles and Pragmatism in Private Higher Education: Examples From Britain and Germany[J].*Higher Education*，1992，24（03）：247-273.

项讨论在 1987 年 6 月提交给校长的年度报告中,其负责人大卫·威尔斯（David Wells）博士的态度依旧很坚决,认为海外管理市场发展应该被视为一项市场投资,可以有意识地为其设计反馈真实的回报,应该尽可能快地继续建立世界上第一所跨国商学院,以致到 1988 年的目标是 500 名员工,到 1990 年的目标是 2500 名或更多,这样可能使白金汉大学成为世界上最大的商学院之一。[①] 由此,白金汉大学决定在 1988 年底之前选拔 100 名员工,以推动学校的发展。也正如在其报告中所指出的那样:"它是管理发展中的复兴力量,而不是一种有趣的选择。这不是一件容易的事,在真正的市场化的行动学习意义上,白金汉大学缺乏的是有经验的教师。"[②]

1988 年,英国政府对公立大学人员削减,有 48 人加入白金汉大学的教师队伍当中,其中包括一些伦敦大学、曼彻斯特大学等全职加入的老师。此外,白金汉大学还聘请了一些从牛津大学、剑桥大学等来兼职的优秀教师,以保证这些教师能够较好提高其人才的培养质量。为了提高教师工作的积极性,教师可以将一个学期作为一种"学习休假"。这听起来可能很慷慨,但事实上,教师必须教满 4 个学期中的 3 个学期,因此没有通常意义上的长假。大学不会给予没有获得休假期限的权利。为了公平地对待工作人员,白金汉大学实施轮流休假的制度,但它导致了教师工作缺乏连续性,一定程度影响了委员会业务的运作。1988—1994 年,这期间的师生比例计划为 1∶12,但考虑到当时教师需要休假,实际教师休假人数达到 1∶16,师生比不断下降,影响了学生的学业质量。大学为了更好地促进人才培养市场化的发展,必须考虑聘请相关领域的教师。[③] 白金汉大学的常任工作人员没有终身任期,这使他们的情况不同于公立大学的教授,基本上是以聘任合同的形式来聘任。试用期满后,他们将签订 3 年的合同,或者是高级任命,如果是 5 年的合同,则根据白金汉大学委员会是否满意才可以续签。他们中的大多数需经历多年磨砺才获得资格和经验,成为合格的工作人员,可以在工作与教学中拥有更大的独立性和自主权。这些人员一旦被任命,他们的工资福利待遇相比之前要好;白金汉大学试图确保他

① David Lethbridge.University Degrees for Sale-The Buckingham Experience[J]. *Journal of Management Development*,1989,8（03）：38-49.

② David Lethbridge.University Degrees for Sale-The Buckingham Experience[J]. *Journal of Management Development*,1989,8（03）：38-49.

③ Rosalind M.O.Pritchard.Principles and Pragmatism in Private Higher Education: Examples From Britain and Germany[J].*Higher Education*,1992,24（03）：247-273.

们的工资和福利待遇尽可能好，以此吸引和招募到适合该机构教学的高级学者。①

1993 年，为了提高其教师队伍的质量，白金汉大学教育与就业管理中心对全校专职教师技能进行问卷调研，针对教师的教学和服务问题进行深入考察，认为白金汉大学教师在对学生的市场化技能培训上没有真正地做到随着市场化改革的需要而变革，在市场化服务上具有一定的滞后性。通过对教师的反馈来看，白金汉大学所招生的学生基础不一，学生在课堂上的兴趣没有完全被激发，其学习的主动性与教师的教学方法和教师的专业素养有着很大关系。学校教师的专业技能不能较好地在课堂上体现出来，使学生对小组辅导学习设计产生了疑问。从教师的市场化技能而言，是否能够制定出一套适应市场化的技能标准仍是一个难题。

白金汉大学管理人员认识到："促使高等教育活动需更好地结合工商业的需要，主要靠各级院校工作人员同工商业人士间的密切合作。这种交流要经常在校企合作中进行。大学同工商业的联系可以使教育更适应社会需要，促进科研与技术的转移，同时还有助于学校获得设备和资金资助。这种联系还有助于培养人们对企业的认同态度，而这种态度对学校及其学生极其重要。"②白金汉大学教育与企业管理中心主任艾伦·斯密斯（Ellen Smith）教授曾在国家课程委员会、博蒙特国家职业资格审查和皇家学会教师供应委员会等国家委员会任职。他的研究主要集中在教师培训、招聘、教育性别差异、独立学校教学、技术和职业教育、国际比较教育等领域。他在研究中指出，白金汉大学教师的市场化教学技能要想应对外界市场化的变革，必须有针对性地对教师进行"实操"培训。③然而，白金汉大学小组辅导学习的设计使许多教师没有更多的实践时间去进行深化市场发展规律的研究。许多教师都在忙着怎样对学生进行服务，对学生的学习、生活、交际、心理等方面要进行细致辅导，以利于学生能够在紧张的 2 年制的学习生涯中获得对学校的归属感，至于有关市场化的发展问题及其未来的改

---

①　Rosalind M.O.Pritchard.Principles and Pragmatism in Private Higher Education: Examples From Britain and Germany[J].*Higher Education*, 1992, 24（03）: 247-273.

②　吕达，周满生.当代外国教育名著：英国卷（第一册）[M].北京：人民教育出版社，2004：88.

③　The University of Buckingham.Prof Alan Smithers Director of the CEER[EB/OL].[2022-02-23].https：//www.buckingham.ac.uk/directory/professor-alan-smithers/.

革趋向，教师并没有更多的实操性学习。[1]针对这一问题，2008 年白金汉大学教育与就业研究中心发布了教师专业技能的标准，对教师市场化的技能提出了要求，要求教师每学期要积极参与社会服务工作，以了解市场化改革的趋向，以及未来不同专业的就业趋向。[2]

实际上，自 20 世纪 80 年代白金汉大学开始实施教师每年都有一定的月假后，许多教师开始利用休月假的机会进行市场化的技能学习，教师通过到企业、工商业、创业研究中心、市场交易、物流等不同实践形式，提高对市场专业知识与技能的认识，以便更好地培养学生专业技能。"大学认识到教学是主要的活动，在一段时间学习、研究，在另一段时间内学校挑选教师去进行市场化活动，将会对学校的发展和学生的技能培养方面形成一个巨大的推力。"[3]此外，白金汉大学教育与就业研究中心开始积极地承担新的教师实操培训计划，投入了 200 万英镑用于教师的培训。[4]由白金汉大学不同专业的优秀教师负责制订教师的实操方案。该方案是否有效合理都要经过市场化的工作人员的考核与鉴定，以利于教师在未来人才培养中较快把握住市场的发展方向。白金汉大学的实操培训涉及不同专业领域的教师，教师要接受许多来自市场、企业、商业、管理等多方面的信息，同样要涉及教师专业培训的问题。白金汉大学市场化的技能培训在最初时是按照不同的专业进行深入培训，尤其在每个学期的开学之时，都会提前对不同专业的老师进行详细培训，并没有过多地涉及学生所学习的课程。但通过 2 个学期的学生反馈内容来看，白金汉大学在市场化的培训方面还是不够，需要深化不同学科的市场化培训。[5]2010 年，白金汉大学在教师市

[1] The University of Buckingham.Financial Statements[EB/OL]．（2006－12－31）[2022－02－17].https：//www.buckingham.ac.uk/wp-content/uploads/2011/10/accounts-2006.pdf.

[2] The University of Buckingham.Financial Statements[EB/OL]．（2006－12－31）[2022－02－17].https：//www.buckingham.ac.uk/wp-content/uploads/2011/10/accounts-2006.pdf.

[3] Joyce Pemberton.*The University College at Buckingham：A First Account of Its Conception，Foundation and Early Years*[M].Buckingham：Buckingham Press，1979：205.

[4] The University of Buckingham.Financial Statements[EB/OL]．（2006－12－31）[2022－02－17].https：//www.buckingham.ac.uk/wp-content/uploads/2011/10/accounts-2006.pdf.

[5] The University of Buckingham.Financial Statements[EB/OL]．（2006－12－31）[2022－02－17].https：//www.buckingham.ac.uk/wp-content/uploads/2011/10/accounts-2006.pdf.

场化实操培训中形成了教师跨专业的学习培训模式，开始形成带领学生进入企业、工厂的专业培训制度，提倡教师实施从课本走到实践中，再到实践中回归课本的"双向"人才技能培训方案。[①]作为一种新的市场化的教师教育活动，白金汉大学教师与企业、工商业等多部门产生了较深远的联系，共同承担对学生的教育教学责任，在一定程度上有利于教师专业技能的提升，这对白金汉大学师资队伍的建设具有十分重要的意义。

第五节　大学市场化管理制度与改进

白金汉大学的第一任校长贝洛夫曾经写道："对于伊顿和温彻斯特、圣保罗、曼彻斯特文法学校和北伦敦大学来说，成为高等教育体系当中的一部分是重要的，而一所独立大学将成为高等教育体系，如没有与市场化的发展管理体制相匹配，这将是不可能的。"[②]1986年，该大学被邀请加入英国校长委员会，从而获得了尊重。白金汉大学在1988年年度发展报告说，我们在英国发展最快的商学院中保持着声誉，现在在提供公司内行动学习MBA计划方面被公认为全球排名第一。[③]白金汉大学将以强大的市场驱动力，不屈从于既定的秩序，要打破古老机构的传统和陷阱，必须宣称自己是真正的创新者。大学为了市场需求，其活动则以立足市场化的管理需求作为其出发点。[④]大学内个人的、团体的行为越来越需要服从市场的变化。市场向管理者提出如何分配资金和设备的建议，现行的体制如何进行维护，各种局部利益如何进行兼顾……由此，白金汉大学的发展道路与市场秩序有着更紧密联系，也很难想象大学会在市场管理中以何种戏剧性

① 　The University of Buckingham.Annual Report and Financial Statements[EB/OL].（2010-12-31）[2022-02-19].https://www.buckingham.ac.uk/wp-content/uploads/2011/10/accounts-2010.pdf.

② 　Max Beloff.Starting a Private College：A British Experiment in Higher Education[J].*The American Scholar*，1979，48（03）：395-403.

③ 　David Lethbridge.University Degrees for Sale-The Buckingham Experience[J]. *Journal of Management Development*，1989，8（03）：38-49.

④ 　David Lethbridge.University Degrees for Sale-The Buckingham Experience[J]. *Journal of Management Development*，1989，8（03）：38-49.

的方式改变事物的顺序。①

一、多元化的筹资渠道

1978 年，白金汉大学校长贝洛夫曾指出，如果白金汉大学有足够的钱，那么将为大学的发展提供源源不断的动力，"人们认为，一个依靠私人捐赠、礼物、学生学费和服务收入的新机构将不会更好地利用设备、学生和教师的教学时间。它还需要大学对毕业生和市场的变化做出反应。"② 在1976 年白金汉大学成立时，虽然遭到英国政党反对，但撒切尔夫人依旧参加了在白金汉举行的开幕典礼，并对发起一所私立大学的倡议表示赞赏。根据她的建议，提倡大学积极寻求各种赞助，以获得大学所需要的资金。而基金会主任悉尼·凯恩是一个令人生畏的演说家，他以勋爵的身份坐在国会上议院，他能够为白金汉的发展提供资金支持。③ 白金汉大学不依靠政府的拨款，不接受政府的资助，其大学的办学经费都是来自学生的学费、基金会的捐赠、企业的捐款等多元渠道。"我们认为，如果所有大学的资金都来自政府或私人的一个主要来源，那么学术、学习和研究的独立性就不可能蓬勃展现，大学资金来源的多样化途径是关注个人、市场。"④

1986 年，白金汉大学不断深化市场化改革，提出将依靠市场来推行有关大学的筹资活动。白金汉大学从地方当局获得强制性赠款，学生每年学费超过 5000 英镑。大约三分之一的学生承担着一定的学业负担。⑤ 1989 年，在白金汉大学的发展年度报告中提出将学生的学费依靠市场来定，学习费用大约为 10580 英镑，生活费用为 7000 英镑左右。⑥ 这相比英国公立阿

① David Lethbridge.University Degrees for Sale-The Buckingham Experience[J]. *Journal of Management Development*，1989，8（03）：38-49.

② Joyce Pemberton.*The University College at Buckingham*：*A First Account of Its Conception*，*Foundation and Early Years*[M].Buckingham：Buckingham Press，1979：19.

③ Roger Geiger.The Private Alternative in Higher Education[J].*European Journal of Education*，1985，20（04）：385-398.

④ Joyce Pemberton.*The University College at Buckingham*：*A First Account of Its Conception*，*Foundation and Early Years*[M].Buckingham：Buckingham Press，1979：188.

⑤ G.K.Shaw and M.Blaug.The University of Buckingham After Ten Years-A Tentative Evaluation[J].*Higher Education Quarterly*，1988，42（01）：72-89.

⑥ David Lethbridge.University Degrees for Sale-The Buckingham Experience[J]. *Journal of Management Development*，1989，8（03）：38-49.

尔斯特大学所要求的学费而言较为昂贵，其不同学科专业的学费不等。随着白金汉大学海外学生的增多，其学费有所上涨，主要因为英国市场化的改革环境，使白金汉大学必须提高办学的效率，2 年的学制使学生可以提前一年进入市场，这相比其他 3 年制公立大学的学生可以节约学费和时间成本。为了提高学生的市场化就业水平，其在人才培养上的投入相比其他大学的费用要高，但与公立大学不同的是，白金汉大学所提供的助学金、贷款或奖学金等支持学生完成学业的政策相比其他大学要完善。1989 年，白金汉大学的助学金占总学费的 5.5%，其中其他资金约 1.6% 来自白金汉大学的捐赠。依据市场化办学的政策完善，白金汉大学的学费改变了原先大学运营的支出，使得其大学的资金状况有所改变，这相比 1988 年大学发展报告中提出的运营盈余高出了 89 万英镑。1976—1982 年，白金汉大学发展在学生的学费上是入不敷出的，大学的发展基本上都是依靠社会的捐款和基金的捐赠。[1]1983 年，白金汉大学经费余额大约还有 100 万英镑，依靠这些费用，1989 年白金汉大学开始创建新的大学学术研究中心，并从巴克莱银行贷款 100 万英镑，以发展大学的学术研究中心。早在 1982 年，为了支持白金汉大学的发展，校长皮科克开始考虑依靠外界资源来支持白金汉大学的发展，但考虑到白金汉大学是一所独立大学，其办学宗旨是要保持独立个性，不会接受政府的资助，可又苦于无计可施，英国保守党开始将白金汉大学的学生纳入地方教育当局的资助体系当中。1989 年，白金汉大学收到了一笔拨款，这笔拨款大约占了学费收入的 1/4。[2]正是因为白金汉大学在身处困境时接受了政府的慷慨捐款，促进了白金汉大学此后大学规模的扩张和格局的调整，有力地确保了国内外学生人数的平衡，激起了海外留学生对白金汉大学的兴趣，尤其是尼日利亚和马来西亚留学人员占总数的 20%。[3]

然而，白金汉大学接受地方教育当局的拨款遭受外界的批评，认为白金汉大学此举背离了大学办学的初衷，不利于白金汉大学的发展。1989 年 12 月，白金汉大学对此进行深刻反思，决定此后不再接受政府的资助，并提出随着英国开放大学人数的不断增加，其位置与白金汉大学较近，在

[1] Roger Geiger.The Private Alternative in Higher Education[J].*European Journal of Education*，1985，20（04）：385-398.
[2] David Lethbridge.University Degrees for Sale-The Buckingham Experience[J].*Journal of Management Development*，1989，8（03）：38-49.
[3] David Lethbridge.University Degrees for Sale-The Buckingham Experience[J].*Journal of Management Development*，1989，8（03）：38-49.

课程设置、远程学习、学费资助等方面较白金汉大学受欢迎。多数学生通过公民缴纳的税收来资助非全日制课程的学习，这对私立大学产生巨大竞争力。[①] 但白金汉大学由于在这方面没有做到积极应对，依旧依靠学生的高额学费以及学校所提供的 2 年制学制进行发展，其结果是许多负担不起学费的学生与之失之交臂，致使学校的发展进入了艰难期。白金汉大学原计划到 2001 年使学生人数达到 1000 人。即便它已经拥有必要的资金，但是，校长表示要实现这一目标，该大学还需要投资 1000 万英镑。从 1988 年到 2000 年发展目标上来看，实现该计划是困难的，因为企业界并非都有很大的善意。[②]

1992 年，白金汉大学开始着力探索多元财政支持渠道，试图以支持白金汉大学在市场化发展中形成的技术水平，在其他地方获得发展。白金汉大学作为私立大学，灵活地以市场所要求培养的人才为基准，提供市场服务课程和多样化的培训，强化技术性服务，以寻求市场对白金汉大学在人才培养上的支持。1995 年，大学获得发展资金 630 万英镑，这在一定程度上减轻了白金汉大学办学的压力，大学将其中 80 多万英镑用于继续深化教学和市场化服务工作，其他的用在其教学研究、公共服务、企业咨询以及公共基础建设投入上。白金汉大学的图书馆、行政管理和与企业共建的实体工厂都花费了大量的资金。"这所大学显然已经找到了一个新的市场。尽管它是溶剂，其状态范围非常有限，但它还是为系统提供了一种有趣的替代方法。"[③]1996 年，白金汉大学以市场化的服务与 38 家企业进行合作，其互利共赢的发展理念，使得大学在未来的发展过程中得到社会的青睐和学生的好评。白金汉大学的学生来自不同的国家，学校与英国企业之间的合作，使很大一部分学生开始考虑就读于白金汉大学，同时也吸引着国外的学生。学生人数从 2004 年的 619 人增加到 2010 年的 1097 人，其中海外人数从 2001 年的 460 人增加到 2010 年的 584 人，呈现出不断增长的态势（参见图 4-1）。

① Roger Geiger.The Private Alternative in Higher Education[J].*European Journal of Education*，1985，20（04）：385-398.
② The University of Buckingham.Financial Statements[EB/OL].（2009-12-31）[2022-02-17].https：//www.buckingham.ac.uk/wp-content/uploads/2011/10/accounts-2009.pdf.
③ Roger Geiger.The Private Alternative in Higher Education[J].*European Journal of Education*，1985，20（04）：385-398.

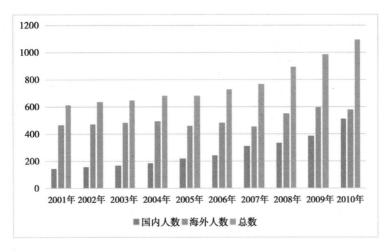

图 4-1　2001—2010 年白金汉大学人数变化

（资料来源：（1）The University of Buckingham.Financial Statements[EB/OL].
（2006-12-31）[2022-02-17].https：//www.buckingham.ac.uk/wp-content/
uploads/2011/10/accounts-2006.pdf.（2）The University of Buckingham.Annual
Report and Financial Statements[EB/OL].（2010-12-31）[2022-02-17].https：//
www.buckingham.ac.uk/wp-content/uploads/2011/10/accounts-2010.pdf.）

　　白金汉大学市场化办学，使得它在市场化融资渠道上较多元化。不同的资本市场与大学的课程之间建立多重联系，以提高大学筹资渠道的安全性能。无论是大学的学费渠道还是大学与市场企业之间互利共赢的渠道，抑或大学发展基金会的捐赠渠道，其基本资金来源都是通过竞争方式进行的，这也为大学在未来提高其办学水准和建设一流大学打下基础。[①]2004年，白金汉大学进一步提出要建立以市场为依托的资本办学框架，通过吸引市场企业的资本进入白金汉大学的人才培养中，提高大学在未来服务社会的水平，促使大学收入增加（参见表4-1）。这吸引了一部分有学术能力的学生进入白金汉大学，他们在毕业后迅速适应市场化的发展环境，在一定程度上扩大了白金汉大学的社会资源。2007 年，白金汉大学在大学筹资达到1083.6 万英镑，形成了以市场化为主的融资渠道，其大学市场化收入高于20 世纪90 年代初的两倍，私营企业部门开始与白金汉大学进行双

---

① G.K.Shaw and M.Blaug.The University of Buckingham After Ten Years-A
Tentative Evaluation[J].*Higher Education Quarterly*，1988，42（01）：72-89.

向合作,占据了 50% 的资金收入。[①]2008 年,英国金融危机爆发,因持续的通货膨胀,白金汉大学的发展资金受市场化看不见的手的影响,受到了冲击,但大学的资金来源依旧充足。

表 4-1　2004—2010 年白金汉大学收入情况(单位:千英镑)

	2004	2005	2006	2007	2008	2009	2010
学　费	6598	6812	7072	7324	8027	8845	10406
住宅及餐饮收入	1418	1420	1492	1644	1756	1792	2141
研究补助金及合约	1010	964	961	698	580	724	895
其他营业收入	261	691	739	979	1020	955	871
筹款活动收入	121	284	201	77	176	228	255
银行存款利息	68	84	73	114	138	36	20
总收入	9476	10264	10538	10836	11697	12580	14588

(资料来源:(1)The University of Buckingham.Financial Statements[EB/OL].(2006-12-31)[2022-02-17].https://www.buckingham.ac.uk/wp-content/uploads/2011/10/accounts-2006.pdf.(2)The University of Buckingham.Annual Report and Financial Statements[EB/OL].(2010-12-31)[2022-02-17].https://www.buckingham.ac.uk/wp-content/uploads/2011/10/accounts-2010.pdf.)

　　白金汉大学多元资金链条的形成,促使其不断发展。多元资金的支撑使得白金汉大学在一段时间内着手探索新的发展路径。即便面临新的外界危机,白金汉大学依旧能够在面对新的发展困境时,找到问题的根本所在,从而有利于这些困难的解决。从本质上来看,"对于那些与公共部门进行实质竞争的私人机构,高等教育的成本似乎无可避免地增加了。而且,这些较高的费用只能在有限的范围内转嫁给学生。提供更多或不同选择的私人机构,尽管也受通货膨胀成本增加的影响,并且有必要跟上系统化升级的步伐,但总体而言,它们能够以较低的运营成本承受着新的市场化融资的可能。"[②]但白金汉大学市场化管理机制的形成,坚持不以营利为目的,使其在未来的发展中无须过多地担心大学资金受限而影响其未来的发展命运,因为白金汉大学已经在多元化筹资渠道上探索出一条自己的道

---

①　The University of Buckingham.Financial Statements[EB/OL].(2007-12-31)[2022-02-17].https://www.buckingham.ac.uk/wp-content/uploads/2011/10/accounts-2007.pdf.

②　Roger Geiger.The Private Alternative in Higher Education[J].*European Journal of Education*,1985,20(04):385-398.

路,可以兼顾大学的收入与支出之间的平衡(参见图4-2)。

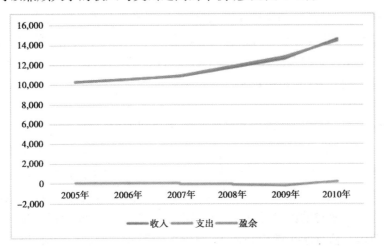

图4-2　2005—2010年白金汉大学收入、支出、盈余情况(单位：千英镑)

（资料来源：The University of Buckingham.University of Buckingham Financial Statements 2013[EB/OL].（2014−12−31）[2022−02−17].https：//www.buckingham. ac.uk/wp−content/uploads/2016/02/accounts−2014.pdf.）

二、精益企业中心的成立

白金汉大学精益企业中心成立于1999年,学校当初考虑是利用该中心来强化白金汉大学的产业中心教育和学生技能培训之间的联系。但经过十多年的发展,白金汉大学精益企业中心已成为其私立高等教育发展的一张"名片"。创新产业是白金汉大学生开展创新、市场实践的纽带,其人才培养横跨多种不同的学科。从法律、政治、文学到设计与绘画、市场营销公共关系等多重领域,该中心都可提供有效指导。2001年,白金汉大学对此中心提供技术支持,超过600名学生在白金汉大学学习。学生还可以申请攻读创新创意专业的本科学位和硕士学位。该中心作为连接学校与市场企业之间的平台,学生可以根据精益中心所提出的需求,以自由职业者的身份选择自己感兴趣的专业知识和技能,也可以依附精益企业所提供的实践岗位自己创业,为以后步入职场积累工作经验。精益企业中心也可以从学生学业与技能的表现情况向企业推荐所需要的雇员。白金汉大学精益企业中心在人才管理上主要围绕着以培养学生具有市场化技能和管理企业的能力为核心而开展的管理，其创新管理模式备受英国其他高校的重视和关注，许多高校如曼彻斯特大学、南安普顿大学等开始关注白金汉大学的创新管理课程，并与白金汉大学联合培养学生的市场创新能力。这些大学的学生曾到白金汉大学精益中心进行深入学习，与不同大学老师进行创意课程的开发，并积极地参与学校教师的企业实操培训，以利于市场化技能的培养。

实际上，在英国学习创意的学生很难找到工作，如果市场上没有这类创新的企业，学生也还没有自身竞争优势的话，学生毕业后找工作将会遇到困难。[1] 白金汉大学精益企业中心通常会对学生所选择的专业进行个性化辅导，问学生，你的兴趣是什么？对未来有什么设想？你现在能做什么？你未来面对的困难是什么？你和你在学校所做的成绩有哪些？[2] 精益企业中心依据学生的内在需求，对学生的职业发展进行调研，以有利于学生在毕业后能够找到满意的工作。为了更大激发学生创业的欲望，精益企业中心在 2004—2008 年开展创业培训有 200 余次，让学生身临其境地感受创业所带来的乐趣，从而明晰自己未来从事创业的步骤及其发现自己感兴趣的创业方向，但白金汉大学许多学生并没有创业经历，更别谈获得鲜活的创业经验和清晰的未来职业规划。为破解这一难题，白金汉大学精益企业中心打造了创意管理中心，通过与学生合作，帮助学生建立技能的组合，做一些实际项目。[3] 该中心通过开设创新创意培训来帮助那些未来要做自由职业或要开公司的学生。在访谈中，白金汉大学教师安德里亚·安德鲁斯（Andrea Andrews）讲道，十分高兴的是精益企业中心培养的学生创意能力很强，为大学带来了很高的创意产业的社会声誉。现在该中心已经被公认为是颇具创意的学生创新创业教育机构之一，也因此获得较高的市场满意度（AA20210626）。

白金汉大学精益企业中心通过联系企业为学生寻找相关产业工作，任何学生只要感兴趣都可以加入该中心。中心开设相应的市场化专业的课程，聘请相应的企业人员专门为学生讲解创业的知识，以培养学生创业的

① 王定华，汪明义. 英国高等教育：中国大学校长之观察与研究 [M]. 北京：光明日报出版社，2017：196.

② The University of Buckingham.BSc Operational Excellence[EB/OL].[2022-01-28].https://www.buckingham.ac.uk/business/bleu/bsc-operational-excellence.

③ The University of Buckingham.Buckingham Lean Enterprise Unit[EB/OL].[2021-11-16].https://www.buckingham.ac.uk/business/bleu.

技能。中心开设的课程作为学校课程的一部分，白金汉大学不同专业的选修课程可以作为其专业学习的一部分。中心还为公司提供各种服务，主要是企业管理、网络设计、社交媒体、创意设计等。如果学生有特殊的技能，精益企业中心还可以为其提供和寻求新的创业机会，如市场营销、企业管理等。中心与企业相互对接，为双方提供一个共同成长和互利共赢的平台。

白金汉大学精益企业中心在给学生进行相应创业技能培训之前，一般情况下会将相应的文化传媒、企业规划、市场管理等相关事宜介绍给学生，让学生明晰相关企业的性质和功能。等学生对相关企业或者感兴趣的公司情况了解后，该中心会为学生与企业之间的密切联系牵线搭桥，为学生提供更加详细的服务。当然，白金汉大学精益企业中心在学生和客户见面之前都要经过仔细审核，审核通过后才能安排学生与企业进行详细交流，这样就能帮助学生尽快进入职场，积累经验，为下一步的创业打下基础。白金汉大学精益企业中心的客户还包括地方企业、英国国民医疗保障系统、英国 BBC 广播公司等。此外，该中心还和英国著名的慈善组织及其他社会企业建立伙伴关系。大学通常都会让不同技能的学生合作创业，这不仅培养学生的团队合作能力，还可以让不同学科背景的学生产生创意碰撞的火花。在国际合作方面，该中心已经与其他大学进行了较为深入的交流合作，并签署了合作的意向，从而有利于白金汉大学在未来的发展中享有国内和国际的良好声誉，促使其成为在市场化办学方面较有影响力的大学。①

三、特色产业项目的创设及制度完善

为了应对英国市场化改革，白金汉大学注重开展产业化合作活动。1989 年，白金汉大学的校长巴雷特提议成立与市场产业相关的人才培养项目，直到 1993 年，白金汉大学理事会才决定成立相关的产业合作项目。其最初的目的就是联合企业将相关的应用成果引入大学的发展理念当中，同时有效地将大学不同的下属学院更好集中起来，推动白金汉大学服务于本地区的经济发展。白金汉大学历经 20 年的发展，直到 2005 年，白金汉

---

① The University of Buckingham.Buckingham Lean Enterprise Unit[EB/OL].
[2021-11-16].https：//www.buckingham.ac.uk/business/bleu.

大学已经有 1026 万英镑的支持资金，[①] 通过商业项目来集合所有的相关竞争的行业和商业领袖，希望把白金汉大学服务产业打造成能够推动地区商业发展的核心项目。有些行业是英国最大的经济集团，在全英都有较好的雇主和用人单位。2006 年，白金汉大学召开理事会，大学将分布在企业、工程、商业等不同领域的 23 名人员集中起来，探讨白金汉大学在产业转型所面临的经济挑战、困难及其解决方法，希望他们能够在白金汉大学与企业合作中贡献智慧，推动大学服务于社会的水平。其中与白金汉大学合作长达 6 年的英国英吉华集团人才管理中心霍尔·佩斯（Hall Pace）指出，与白金汉大学合作能够较快地为企业找准所需要的人才，不仅满足了学校的要求，而且也能有利于大学在产业合作上的进一步深化。[②] 2008 年，全球金融危机使白金汉大学的办学受到影响，但大学始终坚持将市场化的发展理念融入办学当中，获得产业发展的新成就。2009 年，白金汉大学教育与企业管理部门集合了 100 多人展开有关大学与商业有关的论坛，讨论白金汉大学在人才培养中存在的问题。其中白金汉大学校长基莱发表重要讲话，提出白金汉大学始终如一与工商企业之间加强合作，实现创造就业、地区经济发展、人才培养三者合一的培养目标。[③] 2012 年，白金汉大学还开展了面向其他方面的投资论坛，希望通过相关的合作项目吸引更多的投资，为地方经济做贡献，能够创造出丰富的就业机会，完善企业管理、商业营销、市场监管、工程助理等专业设置。此外，白金汉大学还依靠白金汉当地政府的支持，邀请政府人员参加相关企业的讨论，以扩大白金汉大学在英国的影响力。[④] 这一切都是来源于白金汉大学在市场性发展的管理经验。白金汉大学发布了四个企业合作相关项目，并配合大学未来发展机会框架，促进大学和企业共同发展。

---

① The University of Buckingham.Financial Statements[EB/OL].（2006-12-31）[2022-02-17].https：//www.buckingham.ac.uk/wp-content/uploads/2011/10/accounts-2006.pdf.
② The University of Buckingham.Financial Statements[EB/OL].（2007-12-31）[2022-02-17].https：//www.buckingham.ac.uk/wp-content/uploads/2011/10/accounts-2007.pdf.
③ The University of Buckingham.Financial Statements[EB/OL].（2009-12-31）[2022-02-17].https：//www.buckingham.ac.uk/wp-content/uploads/2011/10/accounts-2009.pdf.
④ The University of Buckingham.Annual Report and Financial Statements[EB/OL].（2010-12-31）[2022-02-17].https：//www.buckingham.ac.uk/wp-content/uploads/2011/10/accounts-2010.pdf.

（一）人才未来发展项目

该项目主要是针对白金汉大学在考虑人才的服务对象上更能适应于企业与人才双方意愿的项目。白金汉大学首先考虑的是,企业的工作环境是否能够给白金汉大学所培养的人才提供舒适的生活,成为推荐学生就业与公司之间达成相互合作的基础。什么样的企业能够更好地与白金汉大学求职者之间形成更加稳定的关系? 为此,白金汉大学从 2008 年着手对新合作的 11 家企业进行问卷调查,为学生的职业需求进行深化合作,打造理想的工作平台。[1]2010 年,白金汉大学在其问卷调查的基础上提出了有关人才道德管理协议,认为企业所需的不仅仅是一个能够创造利润的经纪人,而且也应该是一个能够为学生的职业道德和素养进行改造的理想工作地。[2]白金汉大学通过加强与合作企业之间形成未来职业发展项目,不仅帮助企业改正了自身的不足,提高企业的竞争力,而且也为大学在人才培养上提供智力支持。

（二）技能与就业行动项目

进入新世纪,白金汉大学意识到当前全球化的发展正在对大学的管理提出严峻的挑战,其中最大的挑战是企业要求员工具有较高的技能素养。但由于大学对市场的反应并不能及时地展现出大学服务于社会发展的变化,使得白金汉大学在新世纪之前的改革较为缓慢。由于大学所培养的 2 年制的人才相较于其他 3 ~ 4 年制大学所培养的人才,在职业技能、专业素养、实践能力等方面展现优势不够明显,无法满足企业的发展需求。为此,2003 年起,白金汉大学开始着力于技能与就业行动项目的实施,在专业设置、人才培养、实践技能、企业合作等方面进行深化改革,以满足企业

① The University of Buckingham.Financial Statements[EB/OL].（2008-12-31）[2022-02-17].https：//www.buckingham.ac.uk/wp-content/uploads/2011/10/accounts-2008.pdf.

② The University of Buckingham.Financial Statements[EB/OL].（2009-12-31）[2022-02-17].https：//www.buckingham.ac.uk/wp-content/uploads/2011/10/accounts-2009.pdf.

对学生提出的要求。① 在就业行动项目中，白金汉大学就如何对学生实施终身教育、如何对学生的职业进行再次培训、如何根据企业和学生之间的各自需求进行定制化的教育等方面进行了改革，其中提出将白金汉大学与企业的技能与就业行动项目融入全球化的背景之下，利用高新科技引领的思维逻辑，强化人才的国际素养。② 2010 年，白金汉大学还提出在教学和跨学科课程中，利用新的模块组合和新的企业合作管理项目，提供大学精密化的管理，让大学与企业之间在文化、技术、技能等方面形成全方位、深层次、多领域的合作。③

（三）社会责任行动项目

该项目的主要目的是强化白金汉大学的社会服务职能，明确自身的职责定位。白金汉大学校长基莱在访谈中曾言，白金汉大学要与地方企业明晰自身的价值观。白金汉大学是一所非营利性的私立大学，企业是一种营利性的组织，虽然类型不同，但服务于社会的价值观是相同的，企业所要求的工商思维也是大学在发展过程中所需的一种技能（JT20210608）。另外，企业能更好地将社会服务的精神与白金汉大学追求的市场与实用的精神更好地契合在一起，将会成为大学与企业之间无形的资产。尤其是白金汉大学在 20 世纪 80 年代以来，注重与企业之间共同构筑的社会责任意识，所形成的资金筹建、基金规划等项目有力地促进地方的建设，有利于解决地方的人口失业、地区不稳定等问题。④

---

① The University of Buckingham.Financial Statements[EB/OL].（2006−12−31）[2022−02−17].https：//www.buckingham.ac.uk/wp−content/uploads/2011/10/accounts−2006.pdf.

② The University of Buckingham.Annual Report and Financial Statements[EB/OL].（2010−12−31）[2022−02−17].https：//www.buckingham.ac.uk/wp−content/uploads/2011/10/accounts−2010.pdf.

③ The University of Buckingham.Annual Report and Financial Statements[EB/OL].（2010−12−31）[2022−02−17].https：//www.buckingham.ac.uk/wp−content/uploads/2011/10/accounts−2010.pdf.

④ The University of Buckingham.Financial Statements[EB/OL].（2006−12−31）[2022−02−17].https：//www.buckingham.ac.uk/wp−content/uploads/2011/10/accounts−2006.pdf.

（四）知识共享行动计划项目

进入 21 世纪之后，白金汉大学认为其各项治理要围绕多项知识的创造来进行，知识能够赋予大学以创造的活力。白金汉大学人力资源部主任安列尔·德克（Aniel Decker）教授在访谈中指出，白金汉大学将知识作为大学创新活力的源泉，大学掌握了知识，将会吸引一大批企业积极与学校进行合作（DA20210619）。1996 年，白金汉大学与企业合作仅 6 家，2010 年，白金汉大学围绕知识共享，吸引了 30 家企业与之合作，将大学知识能够尽快转化为企业资本，促进其在市场的应用范围。[①] 为了更快促进大学企业知识的发展，白金汉大学不断强化与其他大学研讨和企业市场沟通能力，以提高大学知识的传播和应用，促进大学和企业之间合作共赢。

四、大学学习支持管理制度

自白金汉在 1983 年获得英国皇家特许状，白金汉大学在招生程序上坚持明确、公平、公正的原则。大学的网站是向外公开的，并提供相应的招生标准和如何申请学校的学位。白金汉大学在学生的入学资格上基本上都是由相应的招生办公室教师负责，在大学的相关政策的支持下，根据学生的情况及其兴趣爱好分配相应的专业导师。在学生的外部支持上，还会获得相应市场企业的资助，并安排相应的校外导师进行帮扶。事实上，白金汉大学自 1976 年成立后，就逐步将个人导师制度与相应的研讨会制度相结合，嵌入人才培养体系当中，与个人关注和学生需求之间形成双向联通的关系，尤其是白金汉大学建立的导师制度、教师与学生的沟通制度、学校相关人员问题反馈制度以及学生服务制度等机制的构建有效地促进学校、导师、学生之间三者同频共振，促进大学内涵式发展。白金汉大学在人才的管理上，给予学生充分学习机会，在大学的教育专业标准上，"新的学术人员（包括全职、兼职和按小时计薪的工作人员）将被全面介绍到大学，

---

① The University of Buckingham.Financial Statements[EB/OL].（2007-12-31）[2022-02-17].https://www.buckingham.ac.uk/wp-content/uploads/2011/10/accounts-2007.pdf.

并指派一名导师指导他们完成就业的一部分。"①白金汉大学教师都会在一年中的三个学期担任个人导师,剩余的一个学期会自由开展相关的研究活动。白金汉大学学生会在教学或者课外与导师进行见面,尽管大多数导师都会对学生的学习情况进行深入指导,但有时学生的学习任务,尤其是跨学科学习任务依旧较为繁重。为了更好地促进学生专业技能的培养,白金汉大学在 2006 年实施了相应的市场审查程序,对学生的学习相关的问题进行关注。②2008 年,大学还成立大学学习与教学委员会,要求学生可以在相关代表的提名下,对学校学习和教学委员会提出建议,履行自身的职责。白金汉大学主管学生事务的主任都会通过每周的研讨会与学生代表、部门负责人及其学生会主席进行详谈,详细了解学生的思想、行为、学习、生活等方面的情况,并就相关问题通过方案调查表的形式提交给学术机构,经相应学术机构证实后,对相关问题进行整改,整改措施将进一步作为学校进行各项评估的重要考核标准。

白金汉大学强调大学未来的发展要将学生的研究能力纳入市场化课程当中,以促使研究生研究能力的提升。2006 年,白金汉大学研究生手册明确提出研究生学业的选择、入学以及相应的专业学习与培训。每位研究生将会安排一位学术导师,导师将会对学生的情况进行详细跟踪,密切关注学生的学业情况。③大学另外还安排一位非学术性的导师为学生提供非学术性的支持。2008 年,白金汉大学还为研究生提供相应的市场交流机制,包括学生的研究和相应的技能培训学习。④当然,研究生还可以向大学提供相应的市场反馈机制,包括研究生的专业技能,都是由白金汉大学的研究委员会参加审议的。值得关注的是白金汉大学 2003 成立残疾事务委员会,为相关残疾的学生提供相应的申请资格,招收相应专业的残疾

① The University of Buckingham.Institutional Review: University of Buckingham, August, 2012[EB/OL].[2021−07−16].https: //www.qaa.ac.uk/docs/qaa/reports/university−of−buckingham−ireni−12.

② The University of Buckingham.Financial Statements[EB/OL].(2006−12−31)[2022−02−17].https: //www.buckingham.ac.uk/wp−content/uploads/2011/10/accounts−2006.pdf.

③ The University of Buckingham.Financial Statements[EB/OL].(2006−12−31)[2022−02−17].https: //www.buckingham.ac.uk/wp−content/uploads/2011/10/accounts−2006.pdf.

④ The University of Buckingham.Financial Statements[EB/OL].(2008−12−31)[2022−02−17].https: //www.buckingham.ac.uk/wp−content/uploads/2011/10/accounts−2008.pdf.

学生,着力在招生、方案设计、学生资助、学习资源和相关评估等学业管理方面给予支持,以促使其完成学业。此后,白金汉大学能够有效融合学生的各种管理数据、管理人员以及信息技术部门成员的建议,以强化对残疾学生学业的监督,为下一阶段残疾学生服务做准备。

此外,白金汉大学对国际学生提供特殊的支持。白金汉大学在成立之初,英国国内学生较多,而白金汉大学在 1986 年开始推行市场化改革后,也加大了对外国学生的招收。大学在"大学网站上为国际申请人提供一个综合板块,由工作人员和现有学生提供长期上岗培训方案,通过个人导师为所有国际工作人员和现有学生提供密切的个人支持,以及提供合作的市场培训方案,必要时也会提供特殊的支持"。[1]2009 年,白金汉大学有来自 54 个国家留学人员,白金汉大学多元文化环境,使得大学在管理上较强调对不同地区的节日进行规划,根据其风俗习惯进行管理,这样每一个海外留学生不再孤单,而是觉得在多元文化的大家庭里能感受温暖。[2]

在学生学习资源支持上,白金汉大学图书馆作为激发学生学习兴趣的服务机构而存在,尽管在 1988 年学校图书馆面临重建的困境,但图书馆在经过 10 年的发展中获得了社会的认可。2003 年,白金汉大学开始利用虚拟环境系统对相关学习资源进行整合,让学生参与到虚拟电子学习当中,以利于大学将新科学技术应用到教学当中,提高学生的学习质量。

[1]　The University of Buckingham.Institutional Review: University of Buckingham，August，2012[EB/OL].[2021−07−16].https：//www.qaa.ac.uk/docs/qaa/reports/university−of−buckingham−ireni−12.

[2]　The University of Buckingham.Financial Statements[EB/OL].（2009−12−31）[2022−02−17].https：//www.buckingham.ac.uk/wp−content/uploads/2011/10/accounts−2009.pdf.

第五章　卓越与一流: 英国私立白金汉大学的改革 (2011 年至今)

　　随着英国高等教育全球化、多样化的发展以及终身教育理念的实施,学习者可以在不同层次、类型的教育空间中选择适合自己的教育。2008年,英国在高等教育质量保障与《高等教育资格框架》(FHEQ)的基础上,实施新的高等教育资格框架,并明确要在不同层次、不同类型的教育间建立质量保障、衔接沟通的机制。2011 年之后,白金汉大学相应建立了一系列符合 FHEQ 的有关资格说明,《白金汉大学的学术学分框架》,形成新的大学质量保障基准文件、程序标准。这些新的大学人才培养方案,都是基于外部环境的变化而不断变化。2017 年,白金汉大学学习与教学委员会将白金汉大学所形成的《高等教育资格框架》仔细进行了审查,此后将这一资格提交各学校研究委员会再进行审查,最后由白金汉大学参议院进行严格审查。这样历经三轮审查,并得到上级部门的批准后才能获得批准,以保证白金汉大学的学术标准。白金汉大学正是基于一流与卓越的办学理念,将提高学生的学习经验根植于学校的发展质量上,"注意到大学外部成员之间的作用,利用学术咨询委员会提出方案的建议,利用执行委员会作为不同学校和部门之间交流良好做法的工具,在大学学习和教学委员会上作为常设项目进行加强"[1],极大提高学校的满意度和知名度。

---

[1]　The University of Buckingham.Institutional Review: University of Buckingham, August, 2012[EB/OL].[2021−07−16].https: //www.qaa.ac.uk/docs/qaa/reports/university−of−buckingham−ireni−12.

第一节　私立白金汉大学深化改革的背景

一、数据化大时代的影响

信息技术和互联网对英国大学的发展产生了十分重要的影响。2012年，英国大学组织专家团队对美国斯坦福大学、哈佛大学和麻省理工学院等私立大学进行访学，让专家们十分感兴趣的是这几所大学先后推出了在线课程的平台，并将这一研究成果迅速在国内传播。[①]英国高等教育开始尝试突破原先的面授课程，以在线传授的课程打破了其高等教育只注重面授课程的单一性，从而引发大学对新时期大数据的反思与应用。2012年，英国高等教育大学联合会推出了一个高等教育大数据运用的项目，为的就是在"人工智能+"的数据时代，促使高等教育资源的分配更加均衡，让大众获得接受高等教育的机会。英国大学在大数据学习中开始突破先前传统高等教育所带来的巨大冲击，积极地利用人工智能与教育融合的方式对课堂教学、学生辅导、班级管理等方面进行深化变革。牛津大学、剑桥大学、伦敦大学、曼彻斯特大学、南安普顿大学等10多所大学率先在大数据教育上进行改革，以服务学生更好地学习。这些大学积极运用美国所提供的在线学习平台，通过教师教课、全球专家授课以及师生之间的交流授课的形式与学生的学习和生活形成紧密联系。学生积极利用网络资源共享全球在线课程发展平台的教学成果，这一方面降低了学生学习成本，另一方面开拓了学生的学习视野和思维空间。[②]

网络课程的开发需承接大数据的应用与学习。2013年，英国大学通过大数据的深度开发，有机地促使大学办学模式的变革。英国大学和科技部大臣戴维·威利茨（David Willetts）认为，英国大学从大数据时代不断地

---

① 易红郡.战后英国高等教育政策研究[M].长沙：湖南师范大学出版社，2016：252.
② 易红郡.战后英国高等教育政策研究[M].长沙：湖南师范大学出版社，2016：253.

探索新的发展模式，这是对传统高等教育模式的深度变革，其变革将会促进英国一流大学的建设，提高全球高等教育之间的竞争力。他在2013年2月英国《卫报》(*The Guardian*)的高等教育峰会上再次强调了这一观点，认为英国高等教育的大数据改革将会为世界高等教育的发展提供经验，必将对英国留学生的增长为大学成就卓越和一流的高校奠定十分稳健的基础。传统大学发展模式如果不能应对大数据时代对英国大学发展的挑战，将会失去大学原先的地位。[1]2013年，英国大学开始探索新的大学发展模式，提出《新三年计划》(*New Three-year Plan*)，尝试在网络开发和计算模具上深入探究大学发展的未来趋势，将网络课程作为抢占未来高等教育市场资源的高地，要求教师进行大数据技能的培训，增强学生的职业技能，以助推一流大学建设。可以说，高等教育大数据时代能够很好发挥出英国高等教育自身的卓越性，也能够促使英国高等教育从传统的封闭、保守状态转向综合与开放的发展态势。

面对英国大学在大数据市场开发中总能够在科技领域、人文培养、技术技能上做到与之协同共进，白金汉大学校长基莱在访谈中回忆道，白金汉大学也能够积极融入其中，将会使大学拥有一张可以向世界展示特色的名片(JT20210608)。随着越来越多英国大学开始参与大学的发展网络课程的开发当中，白金汉大学也加入网络开发工程当中，开发出新的软件产品，如超级微型兼容硬盘、微型计算机、"PC"主微电脑、阿米加Ⅱ微电脑、苹果麦金塔微机等。2015年，白金汉大学着力加入对大数据的开发应用中，将两年的学制管理融入其中，使学生能够在较短的时间内学习并完成相应的课程。2018年，白金汉大学参议院在评价白金汉大学近期发展状况时，指出白金汉大学的大数据课程与教师的面授课程相互衔接，为学生小组学习提供了便利。白金汉大学深化网络课程平台的建设，着手于未来学习的探究，希望能够在远程学习开发、提升大学教学质量方面，为英国大学做出表率，为全世界提供新的智能学习方案。

二、高等教育学费的提升

自1997年布莱尔政府上台以来，英国高等教育的成本费用不断增加，

---

[1]　易红郡.战后英国高等教育政策研究[M].长沙：湖南师范大学出版社，2016：253.

从1998—2006年英国高等教育的费用从1100英镑上升到3000英镑。2003年,布莱尔政府颁布了《高等教育学费改革草案》,决定从2006年起开始将英国大学的学费提高3倍。这项草案的实行对英国民众产生了十分深远的影响,引起了英国工党内部议员的联合抵制,认为提高英国高等教育学费无异于降低了高等教育的公共属性,不利于高等教育的竞争。英国学生和家长对此产生更大的意见,英国学生联合委员会以示威游行的方式,反抗布莱尔政府增加大学学费的决定。保守党对此还对增加学费问题进行市场调查,结果显示将近有78%的英国人反对这一政策。工党领袖利文斯通指出:"接受高等教育应该是一种人权,这项人权有利于社会的发展,只有高等教育充分发展了,人类的文明才会源源不断地呈现,而学费的大幅度增加只会让许多家庭贫困的人失去学习文明的机会。"[1] 还有政党从英国贫富差距两方面对这项法案提出批评,认为法案会加剧英国高等教育资源分配的不均,牛津和剑桥大学在资源分配上会更胜一筹,其他类型的大学资源会更少,使英国高等教育整体贫富差距进一步扩大,从而加剧了学生入学机会的不公平。[2] 高等教育法中虽相应提高了学费,但也提供较大比例的贷款资助的项目,从而扩大学生接受高等教育的权利。英国政府提出"先上车后买票"的学费垫付制度,即学生无需要在就学期间将欠付大学的学费全部还上,而是可选择大学毕业找到工作后,按每年收入的9%偿还费用。英国学者巴拉拉对英国政府的这一举措展开了研究,他认为按照每位毕业生收入进行偿还大学所欠费用,政府主要从两方面来考虑,一是保障每位大学生在毕业后能够及时就业,承担大学所欠的费用,二是让大学生不能因为大学学费不断提升而放弃接受高等教育的机会,这一定程度上可刺激高等教育的发展,缓解大学的财政压力。[3] 2011年3月起,英国商业、创新和技能部开始宣布对公立大学提高学费的要求,并计划在2012年正式实施,大学将学费提高到每年6000英镑,而对一些特定大学的专业,大学学费将会上升到9000英镑。据英国广播公司调查发现,英国将近2/3的大学将学费提高到最高额度,而英国贫困家庭接受公立大学的意愿降低到20%,使得其优秀学生开始放弃进入大学的愿望,从而选择职

① 秦行音.英国工党教育政策的回顾以及新工党的教育政策[J].全球教育展望,2005,34（08）:47-52.

② 易红郡.战后英国高等教育政策研究[M].长沙:湖南师范大学出版社,2016:217.

③ 尼古拉斯·巴拉拉,蔡秋英,吕建强.英格兰高等教育财政:由经济学理论和改革得到的启示[J].国际高等教育研究,2010（02）:2-8.

业院校。英国高等教育政策中心的一份研究报告称,大学学费的增加将为英国每年增加 13 亿英镑的收入,缓解了大学的财政危机,为大学未来发展提供十分重要的经济支撑。

大学学费的增加,同时也意味着对家庭贫困的学生想要接受高等教育而言更加困难,可能使 3.6 万多名英国学生无法接受大学教育。伦敦政治经济学院还为此对学费的不同阈值情况进行调查研究,发现学费在不同的阈值会影响英国学生入学人数动机,学费超过 3315 英镑,男生入学人数减少 7.5%,学费超过 4610 英镑,女生人数减少 5%。① 针对这种情况,英国政府开始尝试实施与之相制衡的方略。2011 年英国发布《高等教育:把学生置于体系中心》中规定,政府对学生先行垫付的学费,学生毕业后应该按照毕业年薪的额度来偿还每年垫付的比例,超过 2.1 万英镑需偿还 9%,大于 4.1 万英镑要偿还 3%。此外,白皮书还针对大学生贫困家庭实施其助学金、奖学金和贷款的政策,以满足学生接受高等教育的需求,但是尽管如此,英国政府在高等教育领域财政资金依旧十分紧缺。2016 年英国高等教育的经费人均将近高达 9000 英镑。工党认为,这是英国高等教育发展的黑箱。对此英国国务大臣德纳姆认为,越来越多的大学计划收取高额学费,然而政府却不得不弥补巨大的资金缺口,这样的学费改革真的费神而无必要。②

英国高等教育学费的不断增长,不仅影响了学生升学的意愿,而且也加重了学生接受教育的负担,使得高等教育的资源配置上不均匀,学生接受高等教育的机会受限,降低了英国贫困家庭接受英国公立大学的意愿,侧面提升了学生对英国私立大学的兴趣,因为私立大学的发展不受政府要求提高学费的控制。根据调查显示,英国白金汉大学的每学年奖学金、助学金抵消掉学费后要比一般公立大学少 2000 多英镑。③ 白金汉大学办学经验丰富,在发展规模上不断扩大,质量上得到保证,因此在面对公立大学日益增加的学费上,白金汉大学 2 年的学制开始逐渐显现出其办学的吸引力。

---

① 易红郡.战后英国高等教育政策研究 [M].长沙:湖南师范大学出版社,2016:224.
② 易红郡.战后英国高等教育政策研究 [M].长沙:湖南师范大学出版社,2016:121.
③ The University of Buckingham.Annual Report and Financial Statements[EB/OL].（2011-12-31）[2022-02-17].https://www.buckingham.ac.uk/wp-content/uploads/2011/10/accounts-2011.pdf.

三、高等教育质量与标准的实施

1997 年，英国为提高高等教育质量监测的效率，将职能相互交叉的高等教育资助委员会的教学质量评估委员会与大学校长委员会中的高等教育质量委员会重新组合，成立 QAA，其主要职能是"向学生、家长、雇主和其他社会人士提供有关高等教育质量的准确信息；向高等教育基金会和其他资助机构提供高等教育的质量和信息；与其他高等教育部门合作制定高等教育质量框架；就大学学位授予权和大学冠名等向政府提供建议；对大学教育质量进行审查、控制和评价；编制学科教学大纲的起点标准，颁布学科教学指南，制定院校评估和学科评估的程序"。[①] 但是在 2002 年，QAA 对此前所受评估层面中学科评估的区分度不足的问题进行整改，决定实施新的教学质量保证框架，以院校审核的方式进一步发挥大学的自治能力，即院校先自我评估，然后 QAA 再对院校的实际情况进行审查。2005—2006 年，QAA 为了进一步满足社会大众对大学审查相关信息的需求，促进院校进一步提高自身变革的能力，决定对所授学位的标准实施新的院校审查，并将信息全部公开。

2011 年 3 月，QAA 决定在英格兰和北爱尔兰将院校审查制度改成院校评估制度。同年 9 月，为了进一步提高英国高等教育质量，维护英国高等教育卓越的办学传统，QAA 在 2011 年发布了《2011—2014 战略规划》，该规划再次确定了高等教育对英国战略发展的重要性，明确高等教育质量保障在未来的战略目标：一是大学要进一步明确自身的办学定位，确保每一个学生都能获得充分接受教育的机会，进一步满足学生的发展需求；二是在当前全球化与国际化不断充分竞争的背景下，大学在不断应对外界挑战的同时，要夯实人才质量保证，使大学教育质量保证与时代发展要求保持一致；三是大学要大力增强自身的服务意识，注重社会服务，强化专业知识分享，提高 QAA 在大学发展中的声誉；四是增进大众的理解，不断提升高等教育质量保证的标准。[②]QAA 还颁发了《2011—2012 年度高等教育质量保证战略计划》，进一步强调了该年度工作的具体要点、评估指标和

---

① 易红郡 . 战后英国高等教育政策研究 [M]. 长沙：湖南师范大学出版社，2016：301.

② 张圆圆，孙炘 . 英国高等教育质量保证署评估新动态及其启示 [J]. 中国大学教学，2012（11）：94−96.

未来规划以及学生的利益内容。该年度规划相比之前 QAA 在 2003 年实施的《2003—2005 年战略规划》与《2006—2011 年战略规划》而言，2011年所实施的年度战略规划更具有实用性、灵活性，更加强调大学教学质量对人才培养的重要性，并针对性地提出要将学生与社会的理解力作为大学质量保证监测的一个重要内容。2012—2013 年，QAA 实施了新的高等教育质量法则，以维持学术标准，提高院校的学术质量。此后，QAA 针对不同的院校，开展高等教育评估、远程高等教育评估、教育监管评估、联合培养高等教育评估、专业学位评估、境外办学的高等教育评估等评估工作，①有力地发挥了大学在人才培养、科学研究、社会服务等方面的职能。

此外，英国政府为了巩固本国高等教育在全球的领先地位，不断提升其教学质量和人才培养能力，于 2016 年 5 月颁布《知识经济的成功：教学卓越、社会流动与学生选择》白皮书，2017 年发布教学卓越框架（TEF），这是以学生为中心形成的卓越框架，也是英国政府为提高教学质量而提出的将学生对大学的满意度、学生成就、毕业生就业率、薪资水平等多方面作为教学质量的评选标准。其评选结果分别对应金银铜奖，这不仅影响各大学的排名，而且还影响各大学的招生。

白金汉大学于 2012 年 8 月根据 QAA 中的规定，接受了各机构的审核，并组建了一个专门的评审团队，对白金汉大学的人才培养进行了评价，从而形成了一份内部质量发展报告。2015 年，大学采取了一系列学术标准相关的教育举措，对所有学科进行深入的评估，规定学生在大学期间的学习任务和实践要求。2016 年，白金汉大学实施了相应的教学卓越框架，着力对学生进行职业培训，以推行评估审查活动的机制促使所有学生的学习能够达到理想的目标，提高学生就业竞争力。

---

① 张圆圆，孙炘. 英国高等教育质量保证署评估新动态及其启示 [J]. 中国大学教学，2012（11）：94—96.

第二节　创办卓越与一流大学的办学理念

一、从排名提升中确立卓越与一流的大学目标

1992年，英国《泰晤士报》《星期日泰晤士报》大学指南中以学生满意度、师生比、生均经费、学术声誉、毕业率等指标发布了英国最好的大学排名。为了帮助学生对大学的选择做出参考，之后2004年泰晤士高等教育与国际高等教育研究机构合作，在以往的考核标准上进行完善，以使大学确定卓越与一流的发展目标。

白金汉大学在1996年之前一直参加英国大学的年度排名榜，从1997年开始不再参加英国的大学排名，原因在于这所大学是一所英皇特许授予的非营利性私立大学，与其他大学相比，它的资金来源完全不同，不在政府学术研究体系之内，其学术研究因无法得到参考，在学校资源选项上不具备优势，与其他大学没有可比性。但为了促进学生对于学校的了解，该大学决定将于2006年起重新参加英国大学排名。作为英国第一所皇室特许的非营利性私立大学，白金汉大学在阔别英国大学排名榜20年后又一次参加了排名，尤其在2011年后，白金汉大学在大学排名中取得优异成绩，学生满意度连续七年获得第一。有着英国大学排名风向标的《独立报》（*The Independent*）公布了2011年英国大学综合实力排名，白金汉在115所大学中列第21位，在《卫报》排名榜中占据第16位。在2010年9月《星期日泰晤士报》公布的"2011大学指南"统计数据中，白金汉大学毕业生就业率为95.8%，排全英第4位。白金汉大学高毕业率一度超过了其他许多名校，如曼彻斯特大学、伦敦大学、巴斯大学、伯明翰大学。此外，白金汉大学的学科专业排名也取得不菲的成绩，在2010年英国《卫报》的单科专业排名中，白金汉大学的商科为第2位，英文专业第6位，法学第24位。2012年，白金汉大学管理学、情报学第4位，文学第18位，这些优异的学科排名更加坚定了白金汉大学建设卓越一流大学的信心。

全国学生调查是英国每年都会"为英国高等教育机构和继续教育学

院的所有本科生提供，就他们在大学期间喜欢的事物发表意见的一项调查"。①白金汉大学在 2016 年全国学生调查中，大学满意度从 2011 年的 93% 上升到 2016 年的 97%，位列全英第一，而牛津大学、剑桥大学的满意度却相比降低到 90%（参见表 5-1）。"自 2006 年以来，白金汉在学生满意度方面一直名列全国学生调查（NSS）前列或接近前列"②，而且还在海外赢得了较好的声誉，2021 年在大学调查时排在第 10 名，获得学生较高的满意度，使得白金汉大学赢得了更多海内外学生的关注。2021 年英国高等教育统计局和卓越研究机构对英国大学满意度进行评价，白金汉大学在完整大学指南中学生满意度排名第 8 位。英国《泰晤士报》和《星期日泰晤士报》在 2021 年对白金汉大学进行评价，其中有两项成绩较之前表现力较强，一是教学质量全英 20 位，二是学生满意度排名前 20 位，相比 2018 年的教学质量进步了 3 位，学生满意度进步了 6 位。

表 5-1　2011—2016 年白金汉大学与牛津大学、剑桥大学满意度比较

大学满意度	2011	2012	2013	2014	2015	2016
牛津大学满意度	93%	92%	91%	91%	91%	90%
剑桥大学满意度	94%	92%	92%	91%	90%	90%
白金汉大学满意度	93%	92%	93%	92%	95%	97%

（资料来源：英国开放大学教学质量满意度数据解读、比较与分析 [J]. 中国远程教育，2017（06）：55-63+72.）

　　2013 年英国《卫报》发布的 116 所大学学科排名显示，白金汉大学商科排名 28，英语排名 14，经济学排名第 17，心理学排名 20，法律排名 30。而 2019 年，白金汉大学在英国《卫报》大学指南中有 6 个学科进入全英的前 20 名，四个大科进入前 10 名，分别是会计和金融（第 5 名）、商业、管理和编辑（第 6 名）、心理学（第 8 名）、英语和创意写作（第 9 名），白金汉大学的法学与经济学科占 20 名。而引以为傲的白金汉大学的会计金融、心理学、英国文学与写作专业的师生比占到全英第一，商业、管理与营销排名第4，法律专业的师生比占第 7 名。面对这样不俗的成绩表现，白金汉大学招生和招聘总监詹姆斯·西摩（James Seymour）说道："我们很高兴被列入

①　The University of Buckingham.National Rankings[EB/OL].[2021-09-19]. https：//www.buckingham.ac.uk/about/rankings.

②　The University of Buckingham.National Rankings[EB/OL].[2021-09-19]. https：//www.buckingham.ac.uk/about/rankings.

白金汉大学提供的六个科目中，并在其中排名靠前。白金汉大学的优势之一是我们的2年制学位的小班授课和辅导教学风格，鼓励更多的个人互动教学，正如2017年TEF金牌评级所赞扬的那样。我们很遗憾没有被列入《卫报》大学的整体排名，因为我们的规模相对较小，这意味着《卫报》指南中仅包括具有超过8个学科特色的大学。根据指南说明，我们的一些蓬勃发展的部门，包括计算和政治部门，被认为规模太小，因此无法将它们包括在内。"[1] 这是因为白金汉医学院才刚刚建立，在师生比、学生服务、科研等各方面都还不够成熟。2019年，这一届的学生刚刚进入工作岗位，预计学院将在2020—2021年进入英国高校排行榜。

尽管在2020年，全球面临新冠病毒的肆虐，但白金汉大学在排名中的位置却在稳步上升。在最新的2022年《泰晤士报》和《星期日泰晤士报》优秀大学的评比中，白金汉大学从2020年度的108位，上升到2021年的89名，名次上升了20位。[2] 此外，白金汉大学还在《泰晤士报》全英"最佳就业"中获得第六，仅次于牛津和剑桥大学，而其教学质量也取得不错的成绩，排在全英15名。白金汉大学学科排名也在英国大学中获得优异的名次，如紧密市场管理的商业（第35名）、管理（第35名）、营销（第35名）、计算机（第19名）、法律（第27名）。白金汉大学校领导人詹姆斯·图利（James Tulley）对此深感兴奋地说道："能在《泰晤士报》的排名上升到前100名，太让人兴奋了，我高兴看到我们的最佳就业排名名列第六，也高兴学校在教学质量的指标能进入前20名，虽然还有很多工作要做，但今年的排名标志着学校发展的真正成绩。"[3]

实际上，白金汉大学在英国质量保障委员会的审查时，发现白金汉大学超过英国对高等教育质量和标准的期望。从2001年开始，英国高等教育质量委员会一直每隔五年就会对白金汉大学进行审查，而审查的结果都会超过大学质量标准的要求。白金汉大学高质量的发展也对研究生科研

[1]　The University of Buckingham.Buckingham Top of the Class for Staff Student Ratio in Guardian Rankings[EB/OL].[2021-09-19].https：//www.buckingham. ac.uk/news/buckingham-top-of-the-class-for-staff-student-ratio-in-guardian- rankings/.

[2]　英国白金汉国际教育学院.白金汉大学位列全英大学最佳就业第六[EB/OL]. （2021-10-19）[2022-03-01].https：//www.zhihu.com/people/bai-jin-yi- guo-ji-jiao-yu-xue-yuan.

[3]　英国白金汉国际教育学院.白金汉大学位列全英大学最佳就业第六[EB/OL]. （2021-10-19）[2022-03-01].https：//www.zhihu.com/people/bai-jin-yi- guo-ji-jiao-yu-xue-yuan.

质量的改革带来影响。在 2018 年，全球研究生的经验调查中，白金汉大学研究生研究经验名列全球前三，其人才培养、社会服务等方面较英国其他大学表现突出，这与大学实施的 3 年本科—硕士学制人才培养相关，更与大学将卓越与一流大学作为其发展理念密切相关。①

当然，为了避免一些鲜活生动、充满内在精神气质的大学被人为地、机械性地异化为不具有生机和灵活生动的数字符号，白金汉大学并不太在意这些外在的排名。在 2011 年之后，大学的发展迎来了新的机遇。大学紧跟市场化的改革，在市场化与大学之间处理的关系上，积极遵循了白金汉大学独立、自由、个性的办学理念。白金汉大学将自身内涵式发展与全球化相互融合，走出了一条独具特色的大学发展道路。起初白金汉大学作为一所私立大学在大学的排名上并不占有优势，但在 2011 后，无论白金汉大学的学生满意度、师生比还是毕业率等方面都名列前茅，获得英国高等教育界的关注。② 然而，白金汉大学对此并没有沉浸自我欣赏的窠臼中，而是积极肩负大学的使命，认为大学的使命就是要培养人才，解决当前社会发展、人才就业、企业技术等问题，促进国家的发展。白金汉大学校长赛尔顿在访谈中曾认为，白金汉大学在大学排名中强调了大学的使命，为世界文化的交流做出了卓越的贡献。这是白金汉大学发挥大学社会服务和文化交流职能的体现，也是大学内在发展所具有独立个性、学术自由、精神追求的价值与意义所在（SA20210628）。

也正因为如此，白金汉大学历经 40 多年的发展，从最初的脱离政府资助形式的"公司大学"发展成具有一定影响力的私立应用型大学，超越了大学排名内在因素的影响，吸纳其中的有利因素，创办卓越与一流的大学。

二、倡导全球大学之间的交流

20 世纪八九十年代，英国政府面对全球日益激烈的科技竞争与文化交流的挑战，提出要建立专门的组织和机构，对高等教育的发展展开全面

---

① The University of Buckingham.University of Buckingham Financial Statements 2013[EB/OL].（2018-12-31）[2022-02-17].https：//www.buckingham.ac.uk/wp-content/uploads/2019/10/University-of-Buckingham-accounts-31-Dec-2018-signed-ALL-.pdf.

② The University of Buckingham.Annual Report and Financial Statements[EB/OL].（2011-12-31）[2022-02-17].https：//www.buckingham.ac.uk/wp-content/uploads/2011/10/accounts-2011.pdf.

而系统的调查，并强化与发达国家尤其是美国、德国等欧洲国家之间的合作交流。白金汉大学"提出了一系列的高等教育发展设想和建议，其立足点就是为英国高等教育的发展提供各种政策的选择"。[1] 白金汉大学在 1983 年获得英国皇家特许状，着手积极探索与国外联合办学的事宜。但由于自身发展特色和人才培养的质量并没有受到较多国家的关注，因此整个 20 世纪 90 年代，大学并没有与全球其他大学进行深入合作，也没有将全球大学的发展经验与白金汉大学 2 年制的办学模式结合起来，大学发展从整体上来看是中规中矩的。2011 年，白金汉大学大力提升大学的排名，在人才培养、师生比、学生服务等考评当中名列前茅，[2] 确定了一流的大学发展目标。此后，白金汉大学积累此前与印度尼西亚、肯尼亚等国家联合办学的经验，设置海外办学机构，与其他大学在专业人才培养、课程设置、管理机构等方面展开合作。2013 年，白金汉学生人数 1649 人，其中将近 70% 都是海外学生，学生的多元化进一步展现出其与合作伙伴合作办学的重要性。[3]2016 年，白金汉大学认识到与海外合作伙伴建立关系是促使白金汉大学提升其高等教育地位的机会，它能给予大学毕业生相应的知识和技能，使他们在面对全球化的发展中实现人生崇高的职业理想。2016 年 6 月，参议会颁布了《2016 年合作伙伴关系战略和标准》，此次合作伙伴关系战略和标准主要包含战略背景、新伙伴关系的遴选标准以及大学未来发展的战略规划三方面内容。[4] 在其战略上，白金汉大学除了与海外具有实力的办学机构进行合作之外，还会将小型独立机构纳入合作伙伴的范围之内，以协助中小企业发展壮大。通过大学的学术声誉和学术网络，以提供代理人的方式与国内外建立新的伙伴关系。2013 年，白金汉大学与 56 位代理人建立合作伙伴关系，2016 年白金汉大学在此基础上还要增加一些

①　程灵.二战以来美国对英国高等教育的影响：理念迁移与政策借鉴的宏观考察 [M].北京：社会科学文献出版社，2015：150.

②　The University of Buckingham.Annual Report and Financial Statements[EB/OL].（2011-12-31）[2022-02-17].https：//www.buckingham.ac.uk/wp-content/uploads/2011/10/accounts-2011.pdf.

③　The University of Buckingham.University of Buckingham Financial Statements 2013[EB/OL].（2013-12-31）[2022-02-17].https：//www.buckingham.ac.uk/wp-content/uploads/2011/10/accounts-2013.pdf.

④　The University of Buckingham.University of Buckingham Financial Statements 2013[EB/OL].（2016-12-31）[2022-02-17].https：//www.buckingham.ac.uk/wp-content/uploads/2017/10/accounts-2016.pdf.

海内外的代理人。①其具体要求是根据市场的变化向大学提供关于该方案的市场需求证据，以满足学校管理的需要，明确其发展战略的要求。白金汉大学在新伙伴关系的甄选标准上提出，遴选大学应该与白金汉大学要求独立自由的精神相匹配，能够深刻地反映出白金汉大学包括小组教学给予学生的关注，以及在没有不当的文化干扰和法律限制情况下解决相关的问题。②实际上，白金汉大学希望所建立的海外合作伙伴机构能够与其他大学合作一样，在专门知识科研、教学、社会服务等方面能够获得密切合作，各方面都能满足英国高等教育质量保障局守则的期望之外，还要符合当地的法律法规。这不仅"对工作人员和学生来说是一个优势，他们受益于学术专长、研究的交流，在这种情况下，还获得了进一步学习的机会"。③白金汉大学学生可以借助大学在与海内外建立合作伙伴的平台，增强学生与其他文化的交流，有利于培养多元文化的素养。

2016年，白金汉大学与多个国家和地区建立了海外合作关系，市场资源的不断扩充，提高了大学的声誉。其他大学也看到了白金汉大学在未来发展的潜力，纷纷向其投来了"橄榄枝"，有些是营利性机构的大学，他们追求办学利益，这与白金汉大学从慈善角度建立的非营利性大学的办学宗旨不相符，因此被拒绝。白金汉大学希望能够从商业与教育非营利性上开拓大学的未来市场，而有些国家和地区所重视的都是名誉和财务利益，忽视了大学的办学理念。因此，白金汉大学不会与经济实力较强而质量保障不达标的大学建立合作伙伴关系。合作关系的建立基础源于双方能够满足大学的学术期望和业务需求，能够真诚地与合作伙伴寻求共同发展的兴趣，以达到大学之间共享优质教育资源的目的。

此外，为了更好维系双方之间的合作，白金汉大学在建立与其他大学的合作伙伴关系时进行了严格的财务评估，只有在财务上进行严格审查，确保其财务具有可行性和可持续性后，才能与机构签署合作伙伴关系。白

① The University of Buckingham.University of Buckingham Financial Statements 2013[EB/OL].（2016-12-31）[2022-02-17].https：//www.buckingham.ac.uk/wp-content/uploads/2017/10/accounts-2016.pdf.

② The University of Buckingham.University of Buckingham Financial Statements 2013[EB/OL].（2016-12-31）[2022-02-17].https：//www.buckingham.ac.uk/wp-content/uploads/2017/10/accounts-2016.pdf.

③ The University of Buckingham.University of Buckingham Financial Statements 2013[EB/OL].（2015-12-31）[2022-02-17].https：//www.buckingham.ac.uk/wp-content/uploads/2011/10/accounts-2015.pdf.

金汉大学所有合作伙伴关系须在以下方面进行审查，如财务风险、法律、教育、道德规范等方面、两年学位、合作伙伴的声誉风险、资源（用于有效管理和交付协作教育安排的人员配置）、人数（大学通常不会考虑有超过 2000 名学生的合作伙伴）、合作类型、分校及其偶然性（大学必须能够确保任何合作伙伴关系经济上是可行的，但如果一家企业可能失败，它要能够保证完成剩余学生的学习）。[①] 其中白金汉大学首要考虑的是将大学的声誉放在首位，坚持以学生为主，向学生提供的教育标准和质量能满足国际化的发展需求。[②] 2018 年，大学人才培养影响力进一步扩大，大学在全球 80 多个国家和地区建立的学习联络点有 120 个（参见表 5-2）。"多文化的交流塑造了白金汉大学学生对多元文化的理解和包容。学生们生活在白金汉大学就像住在一个迷你的地球村一样，来自五湖四海的留学生在这里接触、相识，发展了深厚的友谊，推动了学生对文化的理解和包容。学生将这种文化育人的素养融入学习当中，扩展了学生的经验，成为他们人生中一笔重要的财富，这是其他大学无法比拟的。"[③]

表 5-2 2018 年白金汉大学学生国籍

国家和地区	比 例
英国（包括海外领土）包括来自百慕大、英国、海峡群岛、英格兰、泽西岛、北爱尔兰和特克斯和凯科斯群岛	66%
阿富汗、澳大利亚、孟加拉国、不丹、缅甸、柬埔寨、中国、香港地区、印度、日本、韩国、马来西亚、尼泊尔、新西兰、巴基斯坦、菲律宾、新加坡、斯里兰卡、泰国、台湾地区和越南	11%
安哥拉、博茨瓦纳、布基纳法索、喀麦隆、吉布提、冈比亚、加纳、几内亚、肯尼亚、马尔代夫、毛里求斯、莫桑比克、尼日利亚、卢旺达、塞舌尔、塞拉利昂、南非、斯威士兰、坦桑尼亚、乌干达、赞比亚和津巴布韦	8%

---

① The University of Buckingham.University of Buckingham Financial Statements 2013[EB/OL].（2016-12-31）[2022-02-26].https：//www.buckingham.ac.uk/wp-content/uploads/2017/10/accounts-2016.pdf.

② The University of Buckingham.University of Buckingham Financial Statements 2013[EB/OL].（2018-12-31）[2022-02-17].https：//www.buckingham.ac.uk/wp-content/uploads/2019/10/University-of-Buckingham-accounts-31-Dec-2018-signed-ALL-.pdf.

③ The University of Buckingham.About Buckingham[EB/OL].https：//www.buckingham.ac.uk/about.

续表

国家和地区	比　例
奥地利、比利时、保加利亚、塞浦路斯、丹麦、芬兰、法国、德国、希腊、匈牙利、爱尔兰、意大利、卢森堡、荷兰、挪威、波兰、葡萄牙、罗马尼亚、西班牙、瑞典和瑞士	8%
阿尔及利亚、埃及、厄立特里亚、伊朗、伊拉克、以色列、约旦、黎巴嫩、利比亚、毛里塔尼亚、阿曼、巴勒斯坦、沙特阿拉伯、索马里、突尼斯、土耳其和也门	4%
巴哈马、巴西、加拿大、哥伦比亚、圭亚那、荷属安的列斯、秘鲁、圣文森特、特立尼达和多巴哥、美国和委内瑞拉	2%
阿尔巴尼亚、亚美尼亚、克罗地亚、哈萨克斯坦、立陶宛、马其顿、俄罗斯、塔吉克斯坦、乌克兰和乌兹别克斯坦	1%

（资料来源：The University of Buckingham.Facts and Figures[EB/OL].[2021-11-12]. https：//www.buckingham.ac.uk/about/facts and figures.）

  白金汉大学与其他国家和地区建立双向合作，除了与不同国家和地区的大学进行人才交流、培训学习之外，还积极与世界中小型上市企业进行深入的合作。作为一所享誉全球的私立大学，在全球化中强调与其他大学的战略合作伙伴关系，是大学面向世界、面向未来的战略选择。"在未来，大学的目标是与符合甄选标准的知名机构建立伙伴关系"。[①]大学在2016—2021年的战略合作伙伴关系将不断增加并满足白金汉大学的未来发展需求。白金汉大学校长赛尔顿在访谈中曾指出，白金汉大学会依托海外的关系网络，使下属的学院，如计算机学院、心理学院、教育学院、人文社会科学学院等不同的学院与海外建立关系，与海内外大学、企业、科研机构进行合作，以促进学院在人才培养、社会服务等职能方面发挥作用，提高白金汉大学办学的竞争力（SA20210628）。

三、赛尔顿校长的一流大学观

  白金汉大学校长安东尼·赛尔顿博士毕业于伦敦政治经济学院，他是英国著名的历史学家、政治学家、心理学家、当代评论员，先后在伦敦经济学院、布莱顿学院、惠灵顿学院工作。其研究大都与英国领导人约翰·梅

---

① The University of Buckingham.University of Buckingham Financial Statements 2013[EB/OL].（2017-12-31）[2022-02-17].https：//www.buckingham.ac.uk/wp-content/uploads/2018/10/2017-Annual-Accounts-FINAL-SIGNED.pdf.

杰、托尼·布莱尔和戈登·布朗以及大卫·卡梅隆的执政相关，所撰写和编辑的专著更是多达 35 本，影响广泛，因此被多所大学授予荣誉经济学博士学位、客座教授等荣誉。赛尔顿校长还与轩尼诗勋爵和莱亚德勋爵共同创立了英国当代历史研究所，这是英国领先的当代英国历史研究中心。[①]此外，他还兼任皇家莎士比亚的董事和政府慈善机构的顾问。多重工作经历使得塞尔顿在治学与管理方面获得十足的经验。2015 年 9 月，赛尔顿接替特伦斯·基莱，成为白金汉大学校长。在大学迎来第 40 个年头时，赛尔顿校长面对两个问题，一是学校在一流大学管理方面不够深化，稍逊于美国、日本等著名私立大学在国外的影响力；二是学校人才质量保障方面相比国内其他大学没有较好的标准体系，展现不出白金汉大学自身发展潜力。赛尔顿校长审时度势，对白金汉大学未来的发展展开深远的规划，使白金汉大学朝着卓越与一流大学的发展目标不断迈进。2018 年《英国泰晤士报高等教育增刊》对全英高校校长影响力进行评选，赛尔顿校长当选为英国第四大最具影响力的校长。[②]诚如白金汉大学财政大臣凯西克（Keswick）夫人所言："我们确实对这一消息感到非常高兴。赛尔顿爵士改造了两所大型独立学校——布莱顿学院和惠灵顿学院，并使它们各自成为强大的机构。他本身也是一位杰出的学者，是当代历史、政治学和积极心理学领域的先驱。我们相信他的领导力、创新力和学术成绩的结合，使白金汉大学成为英国一流的大学之一。"[③]

（一）办学中凸显优势学科，加强学科之间的融合

在白金汉大学发展中，赛尔顿重点强调打造一流学科建设。一流学科的发展才能带动一流大学的建设。2016 年，赛尔顿校长在理事会上说道，大学将法律、政治、管理等人文学科作为学科深化发展的基础，但当前白金

① The University of Buckingham.Press Release： Appointment of Sir Anthony Seldon as Vice-Chancellor[EB/OL].（2015-4-16）[2021-11-16] https：//www. buckingham.ac.uk/contact-us/information-for-the-media/press-releases/seldon.

② The University of Buckingham.University of Buckingham Financial Statements 2013[EB/OL].（2018-12-31）[2022-02-17].https：//www.buckingham.ac.uk/wp-content/uploads/2019/10/University-of-Buckingham-accounts-31-Dec-2018-signed-ALL-.pdf.

③ The University of Buckingham.Press Release： Appointment of Sir Anthony Seldon as Vice-Chancellor[EB/OL].（2015-4-16）[2021-11-16] https：//www. buckingham.ac.uk/contact-us/information-for-the-media/press-releases/seldon.

汉大学还要注重生物科学和医学深化发展,使其成为学科发展中最亮名片的优势学科,白金汉大学必须巩固和优先发展具有十足潜力的学科,才能更好地使其成为一流和卓越的大学。[①] 实际上从 1976 年 2 月白金汉大学学院开始招收第一批学生开始,就将学科定位为培养学生的人文素养的主要通道,以通识教育为基础培养学生的专业技能。经过 40 多年的发展,白金汉大学法律等人文专业在英国公立大学中可谓占据了十分显赫的位置。2017 年,白金汉大学的法律专业全国排名 36 位,领先于部分公立大学法律专业排名。以法律专业为首的其他相关专业,如艺术学、情报学等专业在英国大学学科排名也是遥遥领先,历史、文学、英国、法律等专业在《泰晤士报》排名较其他大学靠前。白金汉大学以法律学院为根基,强调通识与专业学科相融,注重培养人才的社会哲学科学素养,使之在人文社科学院形成协同融合的机制,促进了学科的发展。此外,赛尔顿还积极建设新的学科研究机构,强化新的科学技术在人才培养中的运用,教育与人工智能相互融合,助推了白金汉大学在人工智能领域新的突破,并将其运用到人文社会当中,使白金汉大学的法律学院和人文社会科学学院发展特色逐渐凸显。

2015 年,白金汉大学开始联合英国著名的生物研究中心合建医学院。医学院可谓是白金汉大学在新时期发展的重点,白金汉大学倾注了大量的财力和精力。白金汉大学共投资 890 万英镑,招募教师 38 人,这些教师都具有十足的临床经验而且还兼具生物科学实验研究的经历。2018 年,白金汉大学医院在人类疾病的攻坚克难上有了重大突破。例如,白金汉大学医学院科洛尔实验室中心在抗肥胖和抗糖尿病药物的临床上成功取得新型药物的实验,这项研究被国际公认具有攻克糖尿病、代谢疾病难题的开拓性成就,为服务人类,减轻病人病痛做出卓越贡献。[②] 赛尔顿校长在访谈中指出,白金汉大学基础生物科学将不断应用于人类实际的生活当中,这是白金汉大学办学特色中所要求的,也是白金汉大学在医学与生物方面相互融合发展的优势(SA20210628)。

① The University of Buckingham.University of Buckingham Financial Statements 2013[EB/OL].（2016−12−31）[2022−02−17].https：//www.buckingham.ac.uk/wp−content/uploads/2017/10/accounts−2016.pdf.

② The University of Buckingham.Contract Research：Pre−Clinical Evaluation Service[EB/OL].[2022−02−17].https：//www.buckingham.ac.uk/bitm/evaluation.

（二）强化教学质量，培养行业领袖

作为一所"小而精"的私立大学，赛尔顿校长特别重视本科生教育。自1978年2月，第一批本科毕业生全部就业，在社会上受到好评。白金汉大学将2年制的本科生学制作为一项十分重要的大学管理工作来抓，以培养出业界的精英。2006年白金汉在全英大学生满意度调查中获得第一名的好成绩，所毕业的学生全部顺利就业。为了进一步提高本科生教育质量，2016年白金汉大学召开常务理事会会议，会议上赛尔顿强调，白金汉大学要按照教学卓越计划，强化学生的学习能力，培养学生的创造性。首先在教师任用上坚持高标准，赛尔顿不仅聘用具有技能型的教师，而且还要求教授坚持给本科生上课，其目的就是要培养本科生的质量。赛尔顿为了更好地发挥学生自身的潜力，满足学生内在好奇心，还开放不同的学习资源，从活动课程开发的视角给学生提供施展才华的舞台。

赛尔顿校长不仅要求白金汉大学的学生在学习上较为优秀，还致力于培养学生领袖潜质。白金汉大学是一所多元文化的大学，来自80个不同国家和地区的学生，使得校长在考虑如何提高学生的素养上，要求学生具有国际化的视野。每年学生委员会的招新，赛尔顿校长都会为其提供不同的岗位，如学生分析师、网络修正师、教师助理等多重岗位，以锻炼学生的领导能力。

（三）建立卓越与一流大学的目标

塞尔顿上任后，开始充分认识到白金汉大学相比英国公立大学，发展不够全面，在全球化的浪潮中没有得到充分发展。赛尔顿校长提出要将白金汉大学建成卓越与一流的大学。卓越与一流大学的创建是白金汉大学开始主动融入世界一流大学浪潮的开始，但是白金汉大学要成为全球化大学发展之典范还有很长的路要走，科研与教学、学生的综合素质、课程与管理等方面的创造性还没有深入地展现出来。为此，塞尔顿首先面向国内，开始不断地探索怎样提高自身的办学实力，使其以众多公立大学中脱颖而出。

在白金汉大学建校40周年之际，白金汉大学校长赛尔顿分析了白金汉大学所面对的国内外发展的趋势，以及当前白金汉大学所面对的各种挑战，提出要发挥白金汉自身的特色，迎接挑战，提高其办学的影响力。白金汉大学教务委员会主席兼小组主席肯·西德尔（Ken Siddle）教授曾说："我们确实非常幸运地任命了一位像安东尼·塞尔登爵士这样的人来带领白金汉度过其历史的下一个激动人心的阶段。大学即将迎来第 40 个年头，即将迎来一个非常激动人心的发展新时代，我们不可能不希望有一个更具创新精神和成就的人来推动大学向前发展。在接下来的十年里，白金汉将迎来激动人心的时刻。"① 也正如其所预测的一样，赛尔顿带领白金汉大学正不断努力发挥教学与科研、人才培养、社会服务等多元职能，使其成为英国乃至世界一流大学。

第三节　白金汉大学课程体系的构建

白金汉大学在进入 21 世纪后，开始将大学的建设放在内部课程的治理上。2011 年，白金汉大学依据英国《2011 年教育法》，实施了跨课程的计划项目，该计划将大学的发展规划嵌入课程计划当中，提出为期 5 年的课程改革目标。2012 年，白金汉大学质量保证审查报告显示，白金汉大学的课程完全符合英国高等教育资格框架的要求。白金汉大学在接受大学质量保证的环节上，又对不同学科的课程进行有效的调整。2017 年，白金汉大学形成了有效的跨学科课程结构，并获得了英国高等教育质量保证委员会的表彰。② 这为白金汉大学将多学科的专业基础和培养学生的技术能力纳入新的跨学科人才培养方案奠定了坚实的基础。

---

①　The University of Buckingham.Press Release： Appointment of Sir Anthony Seldon as Vice-Chancellor[EB/OL].（2015-4-16）[2021-11-16] https：//www.buckingham.ac.uk/contact-us/information-for-the-media/press-releases/seldon.
②　The University of Buckingham.University of Buckingham Financial Statements 2013[EB/OL].（2017-12-31）[2022-02-20].https：//www.buckingham.ac.uk/wp-content/uploads/2018/10/2017-Annual-Accounts-FINAL-SIGNED.pdf.

一、跨学科选修课程标准的实施

1986 年，白金汉大学改组，开始尝试实施跨学科选修课程，形成了白金汉大学具有特色的课程管理制度，并逐渐得到了白金汉大学导师、学生以及社会的认可，尤其是大学在 21 世纪后受到了英国乃至全球私立高等教育的重视。但是也不可忽视，白金汉大学在跨学科选修实施上遇到的困难与问题，如白金汉大学实施的多是 2 年制学位培养，学生在跨学科培养中会遇到课程难度高、学习时间长、实践技能难，教师在课程的管理与评价上不能较好地实施相关标准等问题，从而导致白金汉大学相近的学科之间教学难度不一。白金汉大学教师罗尼克·塔里（Ronick Tarry）在访谈中说，白金汉大学所实施的课程方案，总是让有些学生学习起来较为不便，在一定程度上降低了大学对学生的服务意识，所培养的学生技能并不能完全满足社会的挑战（TR20210712）。2012 年，白金汉大学理事会开始实施《白金汉大学课程设计计划》，将类似的课程集中起来，明晰跨课程的内容、管理、标准、实施、评价等，让学生和教师更好地理解跨学科课程的标准。2015 年，白金汉大学在跨学科标准的基础上再次进行深化改革，以大学质量保证的调查为契机，全面审查白金汉大学跨学科类型，明晰白金汉大学课程调适的任务，并积极制定相应的改革方案。总体而言，白金汉大学对相关选修课程的调查中，主要采用五种调查方案：（1）对学生进行课堂观察、收集调查问卷；（2）与学生的导师进行访谈沟通；（3）与企业进行沟通；（4）利用学生的成长档案进行分析；（5）借鉴与引进其他大学的课程经验。[①] 通过强化学生的服务意识，了解大学在跨学科运行过程中的问题，并听取学生导师对课程学习的经验。白金汉大学理事会主席简·塔普赛尔（Jane Tapsell）在访谈中指出，白金汉大学跨学科课程标准的完善不仅与导师辅导制息息相关，也与未来白金汉大学建设一流大学紧密联系。因此，重视大学课程的重组和跨学科课程之间的建设对白金汉大学未来发展具有十分重要的意义（TJ20210628）。

白金汉大学在增强学生跨学科意识、注重教学质量的基础上，制定了白金汉大学课程标准，并及时向外部公布。其相关的标准包括本科和研究

---

① The University of Buckingham.University of Buckingham Financial Statements 2013[EB/OL].（2015-12-31）[2022-02-17].https：//www.buckingham.ac.uk/wp-content/uploads/2011/10/accounts-2015.pdf.

生学业相关的跨标准。跨课程标准是保持和提高大学教学质量的保证，对白金汉大学内涵式发展发挥着举足轻重的价值。白金汉大学跨学科课程标准的实施目标是，培养学生探究性的能力、形成敏感的思维能力；培养学生具有国际交往、多元文化交际能力；培养学生能够感受人文、科技的审美能力；培养学生能够具有终身学习的能力；培养学生能够引领社会发展、不断奉献社会的能力。[①] 这五种"能力"使白金汉大学在 2 年制的人才培养中形成了基础性与创造性、人文性与价值性、自主性与他律性相结合的课程标准，有力地促成了白金汉大学构建通识教育与专业教育相结合的人才培养体系。

2017 年，白金汉大学商业、计算、教育、人文社会科学等一系列本科与研究生跨学科课程接受英国高等教育质量保障委员会的评审，认为这些课程能够有利于培养学生的跨学科意识，培养学生的创新意识。2018 年 12 月，自白金汉大学进行大学质量检测之后，其在行动计划上取得了值得赞扬的成绩，大学将继续保持跨学科方案的运行，准确地把握推动大学发展的基准，促使白金汉大学在未来的发展规划上使各项举措程序正规化。[②] 此外，白金汉大学还将继续深化各项工作，通过大数据对课程进行各项管理，以此为大学的治理体系构建提供更加科学、系统的支撑。

当然，白金汉大学为了更好地激发学生能够较快适应不同领域的挑战，大学在大学生手册中设立一个方案，把方案中的大学学术奖励方案和模块规范作为学术考察的参考点。白金汉大学课程相关的更新和对方案、模块的选择会通过学位课程学习形式记录传达给工作人员和相关学生。2007 年，白金汉大学在方案中提到大学在审查访问期间会将电子表格上的大量方案与高等教育资格框架相结合，包括对使用的相关课程基准情况进行说明。2012 年，白金汉大学学术标准实施，该举措与大学所实施的学位总条例、高等学位总条例和研究学位条例相互一致，共同维护大学跨学科的标准。2015 年，白金汉大学通过与高级、学术和专业支助人员之间的讨论，形成了大学不同专业课程发展的检测进程报告。2016 年，白金汉大学建立了一个维持跨学科课程的体系规格，学校提供相应的质量保障制

① The University of Buckingham.University of Buckingham Financial Statements 2013[EB/OL].（2013-12-31）[2022-02-17].https：//www.buckingham.ac.uk/wp-content/uploads/2011/10/accounts-2013.pdf.

② The University of Buckingham.Review For Specific Course Designation：University of Buckingham，Monition Visit Report，2018[EB/OL].[2021-09-18].https：//www.qaa.ac.uk/docs/qaa/reports/university-of-buckingham-scd-am-18.

度,其中就有针对跨学科的研究手册。此手册对学生了解自身所学习的内容具有明确的指导意义。2017 年的白金汉大学审查报告将其审查方案定义为白金汉大学准确和完整的记录说明。然而在这一审查中也暴露出白金汉大学跨课程问题,大学跨课程方案中也有不完整的部分,"这表明有必要明确文件的中央储存库的运作有关的系统和程序" ①。2019 年白金汉大学在处理和审查相关跨学科文件中,将学生所遇到的困难纳入大学相关的检测与修订系统当中,使其在未来的学习方案中得以完善。

白金汉大学新课程在依据市场化的发展情景当中明确了批准新课程的程序,所设置的跨课程应为内部学术专业参考点。2018 年,白金汉大学在相关学院沟通情况下,强调了跨学科课程的方案案例,将其教学与研究中心所提出的审议奖项报学校研究委员会、参议院批准。② 对于白金汉大学研究生的学术标准和学术奖励同样适用于类似的程序。白金汉大学的跨学科标准和学术奖励计划工作组由一名外部科学家、雇主、相关专业人员组成,协调白金汉大学质量保证办公室任命的外部审查人员的工作。白金汉大学对跨学科的专业学生进行长达两个月的强化课程训练,以满足学生攻读学位的要求。2019 年,白金汉大学参议院对白金汉跨学科专业学生学制进行灵活调整,根据学生的情况在 2 ~ 3 年或者 4 年中进行路线规划。白金汉大学将全力支持学生获得适合自己的学习途径,对于尚未有自己的学业规划或学习路线不适合自己的学生,白金汉大学工作人员或导师将会对其进行指导,以便学生选择适合自己的学习路径。白金汉大学所提供的多重课程路线,尤其是跨学科创新课程的创设,使学生能够积极完成相应专业学位水平要求。可见,白金汉人学在激发学生跨学科学习上为学生提供了广泛的支持,有力地丰富了白金汉大学多样化的课程设置,为学生提供了多样化课程学习的机会,提升了学生就业的竞争力。

① 　The University of Buckingham.Institutional Review University of Buckingham, August, 2012[EB/OL].[2021-07-16].https://www.qaa.ac.uk/docs/qaa/reports/university-of-buckingham-ireni-12.
② 　The University of Buckingham.University of Buckingham Financial Statements 2013[EB/OL].（2018-12-31）[2022-02-17].https://www.buckingham.ac.uk/wp-content/uploads/2019/10/University-of-Buckingham-accounts-31-Dec-2018-signed-ALL-.pdf.

二、专业化与市场化课程体系的完善

　　白金汉大学通过塑造良好的学习环境，对学生的知识、理解和技术学习进行深化改革，这些改革的知识、技术及其实践将会作为学生在其领域中接受学术研究、科研服务和专业实践的前沿课程。学生的实践会依据大学创造性学习和教学方法而开展。2013 年计算机学院教师哈林·塞拉赫瓦（Harin Serakhwa）投资了一个智能实验室，该实验室通过为学生提供最新的设备、专业软件和智能技术，"让学生可以在多家公司进行实习，以扩大与本地企业和计算机行业的合作。"[①]2016 年白金汉大学法学院依托法律项目和事务工作为学生提供实践机会，以支持学生学习实践，包括法律咨询项目、法庭和律师事务所实习以及影子法庭（一项法律实习与培训）律师项目等，可让学生在法律实践环境中身临其境，提高学生的认知能力。[②]白金汉大学法学院还与地方法律事务所签订培养人才协议。2018年 2 月白金汉大学的法学院尝试积极搭建市场实践平台。学生可在公民咨询局（Citizens Advice Bureau）工作，学生若将这一工作经验能够应用到技能学习当中，公民咨询局将会为其提供专业认可证书。实际上，2015 年以来，法学院每年都会举办两次法律补习班，以开放课程的形式吸引那些想从事法律事务或对法律感兴趣的学生，让其有机会与专业人员接触，并在实践生活中培养所需的法律技能。2016 年白金汉大学与地方能源研究中心签订协议，为地方人才培养提供新的方案，方案要求白金汉大学的人才可以与联合国、世界贸易组织、世界知识产权在内的国际组织进行合作，以利于培养学生具有全球化的专业素养。[③]此外，白金汉大学《狄更斯》杂志还为学生提供相关的法律事务编辑的工作，并积极地邀请相关领域专家对其进行指导。学生可以在学院的法律杂志社工作学习，并担任相关的编

①　The University of Buckingham.University of Buckingham Financial Statements 2013[EB/OL].（2013－12－31）[2022－02－17].https：//www.buckingham.ac.uk/wp-content/uploads/2011/10/accounts－2013.pdf.

②　The University of Buckingham.University of Buckingham Financial Statements 2013[EB/OL].（2016－12－31）[2022－02－17].https：//www.buckingham.ac.uk/wp-content/uploads/2017/10/accounts－2016.pdf.

③　The University of Buckingham.University of Buckingham Financial Statements 2013[EB/OL].（2016－12－31）[2022－02－17].https：//www.buckingham.ac.uk/wp-content/uploads/2017/10/accounts－2016.pdf.

辑工作,以提高法律事务应变能力。白金汉大学法学院学生凯恩·米莉雅（Kane Milia）在访谈中说道,学校法学专业化课程与市场化实践课程的结合,使我们法学专业学生能够深入领会专业研究的相关知识,培养其专业技能（MK20210623）。

白金汉大学在文学课程上也着力进行改革,文学在 2012 年英国大学排名中占 48 位。其英语系中的新闻学也同时占有与此类比的排名,2015 年,白金汉大学文学院为其提供新的实用平台,以激发学生学习新闻的兴趣。文学院与英国 BBC 公司和白金汉广播公司建立合作关系,将人才培养带到现场,提高学生对问题与情境的感知能力。为了进一步提升新闻学学生对文学素养研究能力,白金汉大学还将研究不同方向的研究生和本科生一起纳入了伦敦博物馆档案研究实践活动中,以提高学生对人文学科学习的兴趣。

白金汉大学要求所培养的人才要直接参与一定的讲习班和课程,以丰富其专业知识,包括召开会议讲座、研讨会、加强工商实践等,为学生的专业技能的实践提供有益的帮助。① 2013 年 7 月,为了开拓学生的商业视野,白金汉精益会议在米尔顿恩斯举行,有 200 位行业领袖参加,其中包括来自美国的温格多林·加尔斯沃思（Wendolyn Galsworth）博士、大卫·曼（David Mann）博士、帕特里克·格劳普（Patrick Grawp）先生——他们都是精益企业权威人士,以及瑞士辛戈奖获得者克里斯蒂安·霍堡（Christian Hauborg）,他们针对白金汉大学工商管理与实践硕士课程培养展开交流。② 同年,举办了马克·斯皮尔曼（Mark Spearman）博士首创的"工厂物理"（Factory physical）研讨会,这是一门新的管理学课程。白金汉大学还推出管理学硕士学位课程,在约翰·比诺尔（John Bienor）教授等人的领导下,推出了精益企业管理学课程,这是一个专门为业务领域的管理人员设计的两年制兼职方案,参与者的年龄多为 30 ~ 40 岁,所有参与者都有十足的企业相关经验,如有的学生来自皇家铸币厂、波士顿科学公司、哥本哈根大

① The University of Buckingham.University of Buckingham Financial Statements 2013[EB/OL].（2013-12-31）[2022-02-17].https：//www.buckingham.ac.uk/wp-content/uploads/2011/10/accounts-2013.pdf.
② The University of Buckingham.University of Buckingham Financial Statements 2013[EB/OL].（2013-12-31）[2022-02-17].https：//www.buckingham.ac.uk/wp-content/uploads/2011/10/accounts-2013.pdf.

学医院等企业。①此外，在白金汉大学古尔查兰·辛格（Gurcharan Singh）博士的带领下，还推出了白金汉大学的金融服务管理硕士课程，这是一种与新的 MBA 课程相结合的课程，有利于满足学生与企业的时代发展需求。大学还实施了一系列与商业和管理有关的课程，为的是使大学课程更接近市场发展，尤其是大学通过与工商实践之间的联系，加强了学生对商业经营的认知，使其获得直接的工作经验。2014 年，白金汉大学通过与英国不同的商业、企业之间建立联系，与世界企业好恩斯（Hons）和商业企业中心（BBC）建立人才合作培养体系，开始计划为期 4 个月的人才商业思维培训，其间也会吸引不同的商业公司加入，如汇丰银行、巴克莱、保诚等知名集团也为其人才培养添油助力。

当然，为了更好地激发学生学习的积极性，2016 年，白金汉大学还成立风险投资小组，如果学生寻求相关投资资金，风险投资小组会对其进行投资，而且学生可将这样的投资以及他们经营的业务作为获得学位的一个重要组成部分。②白金汉大学的风险投资为每一个学生商业创造提供风险评估，激励每一个学生应有远大的商业理想，为其未来从事商业创新提供支撑。2017 年，白金汉大学在原有校企合作的基础上进行了扩充，丰富的企业项目为学生在专业环境中深化专业领域的业务学习提供支持。校企合作规模的不断扩展吸引了许多企业家对白金汉大学人才的青睐，促使社会上的企业招聘将所需人才转向白金汉大学。2018 年，白金汉大学有毕业生 2569 人，毕业生都顺利在英国各大公司任职，并获得好评。有些学生一毕业就被公司任命为商业顾问，能够为中小企业提供相应的管理和经营咨询。白金汉大学学生查尔·爱丽丝（Charlie Alice）在访谈中提到，白金汉大学所形成的"一对一"交互式人才培养模式，极大地激起了学生对学业实践课程的兴趣，有力地促进了学生对未来从事商业的信心（AC20210619）。

① The University of Buckingham.University of Buckingham Financial Statements 2013[EB/OL].（2013-12-31）[2022-02-17].https：//www.buckingham.ac.uk/wp-content/uploads/2011/10/accounts-2013.pdf.
② The University of Buckingham.University of Buckingham Financial Statements 2013[EB/OL].（2016-12-31）[2022-02-17].https：//www.buckingham.ac.uk/wp-content/uploads/2017/10/accounts-2016.pdf.

三、大学精品课程的打造

白金汉大学的学习与教学委员会统筹整个大学的教学管理，并持续对白金汉大学的课程进行深化调查和分析。白金汉大学教学委员会曾指出，大学在课程的结构上曾出现两个问题：（1）白金汉大学的精品课程体系不够完善；（2）大学的精品课程目标不明确。① 白金汉大学所实施的跨学科课程不能展现出学科精品课程的内在要求，学生在课程学习中的困难成为阻碍学生学习积极性的主要障碍，严重影响到教育质量，不利于学生创新性思维的形成。因此，白金汉大学要打造精品课程，以消除宽泛课程对学生学习的困扰。

（一）成立精品课程小组

为解决白金汉大学精品课程短缺的问题，大学在 2013 年重新提出大学课程标准，明晰了建设一流大学的理念和标准，但由于白金汉大学在跨学科建设与教育上不足的问题，使得其学科建设没有形成较多分门别类的课程体系，较多的课程是按照市场化的要求而设置，这就使得大学的核心课程较为缺失。为了解决这一问题，白金汉大学学习与教学委员会组建了"精品教学"小组，该小组将精品教学融入学生的课程学习当中，形成了精品课程科学导论。② 白金汉大学商学院率先垂范，在埃迪·肖斯密斯（Eddie Shoesmith）教授的领导下打造了学士商务企业课程（BBE），"这是世界上仅有的三个本科课程中的第一个"③，"精益企业中心主管奈杰尔·亚杰斯（Nigel Jages）在企业课程领域进行积极探索，并参与了全国学院和大学企业家协会（NACUB）——企业工作者和企业会议，亚杰斯被邀请向美国巴

① The University of Buckingham.Annual Report and Financial Statements[EB/OL].（2011−12−31）[2022−02−17].https：//www.buckingham.ac.uk/wp−content/uploads/2011/10/accounts−2011.pdf.

② The University of Buckingham.University of Buckingham Financial Statements 2013[EB/OL].（2013−12−31）[2022−02−17].https：//www.buckingham.ac.uk/wp−content/uploads/2011/10/accounts−2013.pdf.

③ The University of Buckingham.University of Buckingham Financial Statements 2013[EB/OL].（2013−12−31）[2022−02−17].https：//www.buckingham.ac.uk/wp−content/uploads/2011/10/accounts−2013.pdf.

布森学院（Babson College）展示了 BEE 精品课程，这是世界创业课程教育的中心之一。"[1] 为了更多地打造此类课程，2014 年，白金汉大学召开三次关于大学精品课程的教学会议，并对其未来发展及相关评估监测展开相关讨论。[2]2016 年，白金汉大学学习与教学委员会将精品课程改编成"精品卓越课程计划"，这与白金汉大学教学卓越框架相互呼应，"精品卓越课程计划"的提出，旨在提高白金汉大学学生的现代核心素养，解决以后职业中的问题，使学生能够精准把握知识、技能等方面的问题，为今后的学习奠定坚实的基础。[3] 白金汉大学将精品课程卓越计划作为提高学生核心素养，强化学生职业技能，开拓学生学科视野的基础，有效地培养了学生追求卓越、敢于创新的精神。

（二）强化核心课程之间的联系

根据白金汉大学所提出的精品课程，每门课程中都会将卓越作为根本性的追求。大学在人文社会科学学院、法律学院、计算机学院、心理学院等分别开设了不同学科的核心课程，这些课程涉及工程、心理、医学等应用领域，还将人文、自然、管理等基础学科作为核心课程涉及的内容。2018 年，随着白金汉大学精品课程逐渐实施与完善，大学还决定将精品课程扩展不同的领域，通过必修和选修相结合的方式，提高相关精品课程的开设比例。2020 年，白金汉大学提出理工科课程可以开设相关配套课程，学生可以自主选取自己需要学习的课程，也可以根据导师的建议专攻一门课程，以掌握课程的精髓。

① The University of Buckingham.University of Buckingham Financial Statements 2013[EB/OL].（2013－12－31）[2022－02－17].https：//www.buckingham.ac.uk/wp-content/uploads/2011/10/accounts-2013.pdf.

② The University of Buckingham.University of Buckingham Financial Statements 2013[EB/OL].（2014－12－31）[2022－02－17].https：//www.buckingham.ac.uk/wp-content/uploads/2016/02/accounts-2014.pdf.

③ The University of Buckingham.University of Buckingham Financial Statements 2013[EB/OL].（2015－12－31）[2022－02－17].https：//www.buckingham.ac.uk/wp-content/uploads/2011/10/accounts-2015.pdf.

（三）注重教师对课程的分工合作

　　事实上，白金汉大学的精品课程的打造很大程度上是依靠教师来进行的。白金汉大学在 2013 年的《大学和教学策略》中提出，对小组辅导人才培养进行深化改革，将先前小组辅导 12 人改为不超过 8 名学生的辅导规模，这改变了教师在课程教学中的"分半"模式，即一半时间教师讲授，另一半时间学生自学或讨论，《大学和教学策略》使用三分之一的时间供教师讲授，三分之二的时间为学生自由活动。为的就是要强化学生个性化学习，使教师更有精力针对不同学生的不同情况进行有针对性的个性化服务。"大学一直保持良好的做法，提供全面和持续的方法，以及个性化支持学习，包括小型辅导小组。"① 白金汉大学所提供的精品课程讲座和研讨会一般会固定在不同学期的固定时间，学生可以在这一时间将学习与生活中的问题呈现给导师，导师一一解答学生所遇问题，但由于不同的学科导师可能在时间上不能确保每次时间都是一定的，导师可以根据情况灵活地进行调配。"教师没有给他们规定时间表，而是与他们的学生团体谈判时间，在线选择替代时间是可能的，一旦学期开始，就有一些人员可以在团体之间移动，以便最大限度地参与。"② 2015 年，白金汉大学将这一学生与工作人员相互讨论的时间从原先每周 2 个小时调整到每周至少 3 个小时，时间上的充裕让学生与导师之间的交流更加深入，对学生学习与生活以及人际交往情况了解更深，同时也深化了师生之间的关系。③ 另外，白金汉大学的导师协议中还规定，每一位教授都要在一周内和学生保持一定时间的交流，以便更好地了解他们的学业。④ 诚如白金汉大学李子康在访谈中所言，

---

①　The University of Buckingham.Review For Specific Course Designation：University of Buckingham，Monition Visit Report，2018[EB/OL].[2021-09-18].https：//www.qaa.ac.uk/docs/qaa/reports/university-of-buckingham-scd-am-18.
②　The University of Buckingham.Review For Specific Course Designation：University of Buckingham，Monition Visit Report，2018[EB/OL].[2021-09-18].https：//www.qaa.ac.uk/docs/qaa/reports/university-of-buckingham-scd-am-18.
③　The University of Buckingham.University of Buckingham Financial Statements 2013[EB/OL].（2015-12-31）[2022-02-17].https：//www.buckingham.ac.uk/wp-content/uploads/2011/10/accounts-2015.pdf.
④　The University of Buckingham.Buckingham Praised for Its High Standards in QAA Review[EB/OL].[2021-09-18].https：//www.buckingham.ac.uk/news/buckingham-praised-for-its-high-standards-in-qaa-review/.

大学对个性化教学的全面支持方式尤其令人印象深刻,其中包括一个小的指导团队,这样就便于我们对课程学习更加深入(LZK20210603)。2018年,白金汉大学由原来的一名导师打造一个精品课程,转变成三个导师进行协同合作共同完成学生多元化课程的学习,并使用不同导师对学生轮流授课。从课程的内容来看,不同学院教师所讲授的重难点不一样,例如,人文学院与医学院相互结合的精品课程,人文学院的导师将会围绕人文科学、人伦道德、自然规则等方面讲授课程,而医学院的导师将会围绕生理解剖、心电图、身体肥胖、心肌酶等方面进行解析。这样通过不同导师的讲解,学生可以在导师讲解的问题上再次深入学习。此外,导师也会为此改进教学方法,利用现代化的技术等方法激发学生对课程学习的兴趣,通过大学自创的网络学习系统,积极引导学生主动学习,学生可以在教学平台上上传文件资料、共享数据以及和导师沟通,使其能够明晰课程学习目标。而在线下有些市场管理的课程,导师利用企业学习、实践参观的方式进行教学,学生进行提问,并与其进行讨论。白金汉大学精品课程的打造为不同学科设置、管理、评价等体系的完善提供了可能。

第四节　人才质量保障与师资力量的提升

一、择优招生

白金汉大学自2005年就放宽了学生的入学资格,也使得英国和欧盟学生可以依靠相关的学生贷款公司获得还贷,一定程度上促使白金汉大学学生人数的增加。2005年,白金汉大学学生人数685人,到2020年增长至3300人,年增长率4.95%。白金汉大学刻意控制招生规模,在人才招生与培养上强化质量意识,坚持质量第一原则。基莱校长在2010年年度发展报告中曾言:"随着入学压力的增加,我们正在提高入学标准,世界上大多数大学都是所谓的'招聘'大学——它们是外出招生的机构——但最好的大学是'挑选'大学,这些大学收到的申请多得应付不了,所以它们不得不在这些申请中进行选择。我们正成为其中之一。"①2011 年，白金汉大学理事会代理主席伊恩·帕利斯托夫（Ian Paristoff）也指出："我们预计未来几年学生人数将继续以每年 10% 的速度增长，低于申请人数的增长，但我们希望限制增长速度，既能提高入学标准，又能成功地管理好这一增长。"②

　　白金汉大学在对学生的招生、选拔、录取环节上始终坚持公平公正，择优录取。2012 年，白金汉大学将招生、选拔、入学相关的规定全部列入《学生入学条件》中，以反映新的招生政策，包括新的学位要求所规定的信息。大学为促进大学在招聘、选拔和录取等环节的公平，会通过学生手册明确有关的招聘、选拔、录取等环节，要求参与招生的导师和行政人员全部加入其中。2015 年，白金汉大学要求招生办公室按照申请说明模板和监管要求进行改革，全力支持学校公平录取，并提议学校成立相应的赞助资助办公室对白金汉大学学生的招聘、选拔、录取等程序进行考察。若发现白金汉大学工作人员不能积极地对申请人进行继续支持、指导和培养，学生没有获得这一过程的知情权，将会对其进行审查。当然，学生若发现其中有任何不公正的现象，也可提出申诉。③ 白金汉大学也会结合相应的程序进行自我审查，对事关学生的自由、公平、公正的招生程序进行详细讨论，以促使每一个招生人员能清晰理解相关文件。④ 白金汉大学招生办公室会明确招生的程序，包括每一个学生申请者的语言要求。当招生小组了解他们所负的责任时，中央招生办公室也会向工作人员提供相应的要求，使其有责任能够为每一个申请白金汉大学的学生获得学习支持。此外，白金汉大学每月都会设置不同的开放日，供学生在大学学习中获得较多的信息，包括白金汉大学的所有课程信息，为的是让学生能够较为深入地了解其所选择课程的范围，增加学生跨学科课程学习的兴趣和爱好。2016 年，白金

① The University of Buckinghum.Annual Report and Financial Statements[EB/OL].（2010−12−31）[2022−03−10].https：//www.buckingham.ac.uk/wp−content/uploads/2011/10/accounts−2010.pdf.

② The University of Buckingham.Annual Report and Financial Statements[EB/OL].（2011−12−31）[2022−02−17].https：//www.buckingham.ac.uk/wp−content/uploads/2011/10/accounts−2011.pdf.

③ The University of Buckingham.Review For Specific Course Designation：University of Buckingham，Monition Visit Report，2018[EB/OL].[2021−09−18].https：//www.qaa.ac.uk/docs/qaa/reports/university−of−buckingham−scd−am−18.

④ The University of Buckingham.Institutional Review：University of Buckingham，August，2012[EB/OL].[2021−07−16].https：//www.qaa.ac.uk/docs/qaa/reports/university−of−buckingham−ireni−12.

汉大学将大学服务信息转接到基金会和学术技能部门,以完善学生在不同时期所接受跨学科课程的学习计划,促使其能够适应未来大学多元课程结构变革的节奏。值得注意的是,白金汉大学有关学生教学和研究生课程的入学情况都可以在网站上进行咨询,包括大学会聘请不同专业的在校大学生做学生大使,为想要在白金汉大学攻读学位的学生提供指导。

2018年9月,白金汉大学依据英国2018年5月的英国签证和移民(UKVI)指南对新的入学条款进行了修订,其中与白金汉大学有关的签证将遵守英国大学委员会的要求。白金汉大学招收与管理中心(UCAS)作为招收与管理学生的职能部门,要接受英国国家信息相关项目的培训,并通过每月招生和招聘会议的形式向学院提供相应的建议。为了做到公平公正地展开招生,白金汉大学开始加强学生各项制度建设,大学招生主任和新成立的招生经理将会强化招生过程中的完整性,保证各项规定的透明度。白金汉大学各级学院的院长也会对所招收学生进行全面监督,以确保所招收的学生符合白金汉大学的要求。白金汉招生办将申请者的个人陈述作为探究其个人学习动机。大学在明确学生的学习动机和生活习惯后,将对学生的未来学习进行下一步规划,并分配相应的导师。导师根据每一个面试的申请人,包括先前已经详细记录着的每个申请人的入学动机、课程规格以及学生对未来学习的期望进行审查,审查是否符合英国移民签证的要求,并对学生的语言情况进行审查:基础学院学生将要达到5.0的雅思成绩,而其他专业的学生最低6.5,医学类专业的要求达到7.5。[①] 医学类之所以相对要高,这是由于2015年白金汉大学医学院独立实施了《遴选工作守则》,制定大学的普通医学委员会职责,医学院采取GMC的方式,对学生入学的机会进行全面改革,提倡将学生的入学机会纳入新的发展监督中,让学生在不同情境当中开展学业探索。

2016年,白金汉大学执行委员会开始对接教育与就业委员会所提供的学生信息,并将招生数据进行归档整理,这对于未来大学培养人才、职业形塑等提供更加准确的研判具有重要的价值,一个重要的体现就在以市场为基准的课程设置与评价方面体现得较为突出。[②] 从总体上看,白金汉大

① The University of Buckingham.University of Buckingham Financial Statements 2013[EB/OL].(2015-12-31)[2022-02-17].https://www.buckingham.ac.uk/wp-content/uploads/2011/10/accounts-2015.pdf.

② The University of Buckingham.University of Buckingham Financial Statements 2013[EB/OL].(2016-12-31)[2022-02-17].https://www.buckingham.ac.uk/wp-content/uploads/2017/10/accounts-2016.pdf.

学所实施的招生方案完全符合大学人才培养的基本要求，能够顺应市场环境，以及相应的 2 年制教学方案。2018 年，大学执行委员会审查的大学人才招生培养方案优秀率在 80% ~ 100% 之间，这一大学优秀率完全符合英国高等教育质量保障框架的要求。[①] 白金汉大学形成的质量守则中制定的招生管理程序以及定期审查的相关程序，完全符合英国高等教育资格框架和大学质量保障委员会的基准。

二、学生学业质量的保障

白金汉大学所实施的大学学术标准与提高学生的学习机会相联系，共同为学生学习未来方案的设计、制定及其批准运作提供有效的程序。白金汉大学学生学习方案的设计，实际上是大纲核准阶段的一个重要组成部分，与外部评审小组和验证小组之间所耦合的研究方案、内容、学习策略、教学评估等内容相统整，以有利于大学对学生学习的规划和监测。白金汉大学劳工贸易委员会将深入调查学生学习机会，继续监督所有新方案的批准活动。大学将针对学生学习机会所提交的文件样本，包括白金汉大学的方案核准活动记录全部交给相关委员会进行审议，并寻求相应人员进行评估。白金汉大学在一系列学术和专业支助人员的帮扶下参与相关方案的设计和核准，以帮助学生度过早期学习迷茫期。

（一）学生学习机会的增强

2016 年，白金汉大学学生学习方案得到批准。白金汉大学保持学生卓越的学习机会，在学校的内部与市场环境中严格贯彻相关程序。白金汉大学内部机构密切协商，所形成的内部利益关系有利于新方案的实施。"新方案必须通过完成标准提案模板，提交批准清单，并得到相关院长的支持。"[②] 大学在对未来追求一流大学的目标上确保完全将学生的学习机会

① The University of Buckingham.University of Buckingham Financial Statements 2013[EB/OL].（2018-12-31）[2022-02-17].https：//www.buckingham.ac.uk/ wp-content/uploads/2019/10/University-of-Buckingham-accounts-31-Dec- 2018-signed-ALL-.pdf.
② The University of Buckingham.Institutional Review：University of Buckingham，August，2012[EB/OL].[2021-07-16].https：//www.qaa.ac.uk/ docs/qaa/reports/university-of-buckingham-ireni-12.

作为根本。白金汉大学在探索学生学习支持上可谓是不遗余力,学校将不同利益相关的主体,如外部审查员、雇佣、大学标准模板等相关的问题全部予以提出,这为此后白金汉大学完善学生学术探究提供了信息参考。"高等教育提供者与工作人员、学生和其他利益攸关方合作,阐明和系统地审查并加强提供学习机会和教学做法,使每一个学生能够作为一个独立的学习者发展,深入学习他们所选择的学科,并提高其分析、批判和创造性思维能力。"①

2016年,白金汉大学召开理事会,会议上白金汉大学校长赛尔顿认为,白金汉大学学生参与群体的经验正在成为学校发展的宝贵财富,大学要重视学生的声音,"理解当他们是一个群体的一部分时,他们将被期望作出贡献。"②白金汉大学小组辅导促进了导师和学生之间的互动,导师针对每一个学生提出的问题提供详细的讲解说明,若学生对导师所讲的专业知识不认同或仍然存在学术上的疑问,学生可以申请向其他导师咨询请教,其他导师有义务为其答疑解惑。由于每一个学生都会有学术上的导师和生活上导师(有时并不是同一人),学生在与导师相互交流过程中形成相应的学习记录袋,会详细记录学生学习与生活中的问题,以便学生福利部门和学术支持部门对其信息评估作出整体考察。导师和学生之间密切的接触,使白金汉大学的学生都能得到教师个性化的服务,其思维的敏感性和学习的积极性较英国其他大学更高。2017年,白金汉大学在英国《完全大学生指南》中获得学生学习质量的支持,学生在个性化学习中获得了外界的认可,在小组讨论当中所发出的声音得到导师重视,所提出的意见得到导师尊重,在与他人相互交流中其个性就易被培养出来。

2018年,英国对英国大学进行深入评估发现,白金汉大学在学术或非学术满意度上比伦敦大学、曼彻斯特大学、雷丁大学等较高。"学生们说,他们觉得自己好像属于一个紧密联系的社区,把进入大学比作进入'第二个家庭',并提供'保护伞',这是大学满意度高的原因。"③白金汉大学在

① The University of Buckingham.Institutional Review: University of Buckingham, August, 2012[EB/OL].[2021-07-16].https: //www.qaa.ac.uk/docs/qaa/reports/university-of-buckingham-ireni-12.

② The University of Buckingham.University of Buckingham Financial Statements 2013[EB/OL]. (2016-12-31) [2022-02-17].https: //www.buckingham.ac.uk/wp-content/uploads/2017/10/accounts-2016.pdf.

③ The University of Buckingham.Review for Specific Course Designation University of Buckingham, Monitoring Visit Report December 2018[EB/OL]. [2021-09-18].https: //www.qaa.ac.uk/docs/qaa/ reports/.

2018年的QAA审查中发现，学生可以在不依赖大学主管的审查意见和建议下提供新的反馈，还能提供导师独立的书面反馈意见，重点关注是否符合大学生学习支持的标准。白金汉大学展现出所实施的学生学习方案程序是彻底的，能够考虑到学生的学术标准和学习机会，促使学生获得导师的指导、支持。学生在参与相应的学习设计当中，充分展现出其个体自觉的意识。①

（二）学生学习质量的审查

2013年1月，白金汉大学参议院决定对新招生的大学生进行一年的学习和教学监督。学校研究委员会和学习与教学委员会所实施的学生学习质量监督，要完全符合2年制的学位系统，大学一年分为4个学期，共40周，并提供相应的实践时间。白金汉大学"力求确保学生的学习质量，确定稳定的学习模式，并为大学后的工作生活做准备"。②白金汉大学通过对相关监测学生学习与教学质量的数据再次进行审核，尤其是学校获得的相关机构的监督报告、全国学生调查以及研究生教学经验调查反馈情况等能够全面清晰地展现出白金汉大学学生学习与教学概貌的数据。2012年，白金汉大学学习与教学委员会和相关部门召开会议重新讨论了白金汉大学的教学改革经验，认为白金汉大学应该形成教学模块数据仪表板，以此完善学生的学习与教师的教学。若其中的教学模块有问题，可以有针对性地进行相关问题的纠偏和改进。2017年，大学还形成了完整的大学信息政策，对大学学生和教师实施了数据保护和信息管理政策，并任命了3名相关人员，对其2008年所颁发的各项手册进行全面改革，以学生清晰可见的形式展现出白金汉大学在各项监督形式上的准确性和完整性。2018年，白金汉大学学习与教学委员会考虑成立一个课程审查小组以满足小组学生的学习要求，大学开始一项计划，"以大学机构理解和监督名称的形式，让学生能够更广泛地了解数据的价值，这种内部基准更清楚地表明大学哪

① The University of Buckingham.University of Buckingham Financial Statements 2013[EB/OL].（2018−12−31）[2022−02−17].https：//www.buckingham.ac.uk/wp−content/uploads/2019/10/University−of−Buckingham−accounts−31−Dec−2018−signed−ALL−.pdf.
② The University of Buckingham.Institutional Review：University of Buckingham，August，2012[EB/OL].[2021−07−16].https：//www.qaa.ac.uk/docs/qaa/reports/university−of−buckingham−ireni−12.

些领域运作良好或需要支持。"① 白金汉大学为了确保学生的学业都有一个明确的学习记录，对学生所学知识进行了严格的规格审查，以达到学校要求的学术标准。2017 年，英国学生调查报告显示，白金汉大学在全国学生调查中由于其教学质量和学术支持较为卓越，学生在步入白金汉大学后，会获得多方面的保障，大学生可以在两年之间完成他们的学习计划，并达到良好的学业成绩。2018 年白金汉大学人才培养的质量检测报告也显示，白金汉大学"制定和检测所坚持的学术标准和方法，确保了提高学生的学业质量"。②

此外，跨课程模块的审查使大学的学习与教学发生了明显变化，大学开始注重对小组教学和个人辅导进行跨机构的探索，着力帮助学生在不同学科和多元课程之间建立联系，以促进学生完成学业。2016 年，白金汉大学通过全国学生调查，对学生学习和教师满意度以及跨学科课程的调查分析，得出白金汉大学在实施跨课程模块中非常重视对学生的服务，强化小组教学，尤其是导师制的实施使跨课程模块在人才培养中展现出十分重要的意义。2018 年，白金汉大学校长塞尔登在大学质量审查过程中认为，"白金汉大学的教师非常重视对学生的教学，促进学生们在教学中深化研究，在跨学科学习当中全面发展"，"这也是大学扩张时希望保留的。"③ 尽管学校在其跨学科质量保障的监督中略带有僵化性，但白金汉大学质量办公室在面向大学全体的会议上所展现的跨课程模块事项中较强的灵活性，对白金汉大学扩大全球战略范围、教师队伍建设及发展合作伙伴关系产生了十分深远的影响。2019 年，大学为了更好地与外界领域加强联系，与许多专业、法定监管机构展开合作，如教育学院与教育部、心理学院与英国心理委员会、医学院与普通医学理事会之间的联系。白金汉大学不同学院之间的相关联系，为大学的学术标准和质量提供新的检测机制，从侧面助推白金汉大学人才培养质量的提升。对此，白金汉大学校长赛尔顿在访谈中说到，

---

① The University of Buckingham.Review For Specific Course Designation: University of Buckingham, Monition Visit Report, 2018[EB/OL].[2021-09-18]. https://www.qaa.ac.uk/docs/qaa/reports/.

② The University of Buckingham.Higher Education Review（Alternative Providers）: University of Buckingham, October, 2017[EB/OL].[2021-09-18]. https://www.qaa.ac.uk/docs/qaa/reports/university-of-buckingham-her-ap-1.

③ The University of Buckingham.Institutional Review: University of Buckingham, August, 2012[EB/OL].[2021-07-16].https://www.qaa.ac.uk/docs/qaa/reports/university-of-buckingham-ireni-12.

未来白金汉大学将会重构大学跨课程模块的组织，同学习与教学委员会、大学质量保证办公室一起确保学生在跨学科学习中能够享有高质量的服务（SA20210628）。

三、强化国际师资人才招聘

白金汉大学为了建成一所有吸引力、师资力量较强的大学，开始着力在全球招聘教师。1983 年，白金汉大学在获得皇家特许状后，致力于为学生提供小组的教学模式，学校一直为提供全英乃至世界高等教育中最好的、最优秀的师资力量而感到自豪，也正因如此，学校坚持把师资招聘放在建设教师队伍的首位。

（一）国际师资招聘要求

2011 年，白金汉大学在大学评比中，师资比在全英名列前茅。为增强师资力量，学校还积极招聘了 56 名英国剑桥大学、牛津大学、曼彻斯特大学等学科研究的著名教师，并聘请美国哈佛大学、斯坦福大学，德国慕尼黑大学、波恩大学等世界著名大学的学者来校兼职任教。还为教师参加国际交流学习牵桥搭线，为的就是让白金汉大学教师所培养的学生在国际化竞争环境中能够充分发挥内在潜力。2014 年，白金汉大学从国外引进 23 名教师，这些教师分布在物理、医学、教育、生物、工商等不同的学科，他们的加入为师资队伍建设注入了新鲜血液。

2015 年，白金汉大学为了更好地发挥二级学院在人才招聘上的专业性，所有的人才招聘信息都由二级学院发布。以白金汉大学计算机学院为例，计算机学院在人才引进上更加注重研究型人才，旨在树立白金汉大学在国际上的学术声誉，形成一个能集市场创新和探索 IT 类科研难题为一体的白金汉大学计算机中心，这一中心要开展跨学科人才的培养，必须在人才引进上吸纳国际一流人才。该学院主要依附于白金汉大学所提供的教学和研究方案，其引进教师人才主要是考察理论与实践水平，并非局限于某一领域的人才，以跨学科研究人才作为优先选择，确保他们能够培养出具有知识渊博、创新精神和 IT 技能的人才，以适应社会未来的发展要求。2018 年，白金汉大学计算机学院发布全球招贤纳士公告，在公告里，学院提出需要招聘有关学位计算和人工智能专业的人才，希望人才能够在虚拟现实、混合现实、游戏开发等多重领域相互交叉，以提高学院在全英计算机领域研究的地位。[1]2019 年，白金汉大学召开理事会，重点强调计算机学院在融合人工智能、化学信息、网络安全、数据科学等理论研究以及农业技术、自动化课程、生物识别、医学图像等实践研究人才的重要性。为了支持该学院在人才引进方面的力度，大学提供 300 万英镑的人才支持项目以及海外 170 万英镑的行业资金，以支持招聘具有理论与实践相结合的专业人才。

2020 年，白金汉大学计算机学院发布邮报，在全球招聘具有热情、进取、创新的科研与教学人员，并提供不限金额的科研与教学奖励。所招聘的人员需承担如下责任：提供高质量的教学，监督学生项目；带头学习现有模块和开发新模块；成为现有研究团队的一部分，并发展自己的研究领域；承担学院所应的相关课程教学；促进宣传、征聘和外联活动等。[2] 大学还提出所聘请的人员应在编程、移动应用程序开发、游戏开发、用户体验以及软件开发等方面具有教学和研究的能力。其次白金汉大学要求所招聘的候选人具有博士学位，在计算专业游戏和混合现实上能够有所成就，能够在校内与院长、教职工以及海外合作项目上具有较强的沟通能力，以适应学校多元文化工作环境。此外，所招聘的人才还应该获得相关现任领域专家或单位的推荐，说明候选人为何认为自己能够符合这一角色要求，以便所在单位更好地掌握候选人的相关情况，并有针对性地设计人才招聘方案。

（二）国际师资招聘方案

一般而言，白金汉大学所招聘的人才基本是以小组面试的过程而展开的，面试基本上采取候选人向学校所在的二级学院递交相关申请，等学院考核后会邀请候选人进行 30～50 分钟的介绍。候选人主要围绕自己感兴趣的研究内容或对此学科未来的规划之路进行介绍，专家根据候选人的介绍内容进行提问。还有一种方式，是采用 2016 年人文社会科学学院所

---

① The University of Buckingham.Current Vacancies with The University of Buckingham[EB/OL].[2022-02-27].https：//uobjobs.ciphr-irecruit.com/templates/CIPHR/job_list.aspx.
② The University of Buckingham.Current Vacancies with The University of Buckingham[EB/OL].https：//uobjobs.ciphr-irecruit.com/templates/CIPHR/job_list.aspx.

实施的结构式面试，根据具体的程序、逻辑、方法等进行面试，以考察候选人才的专业素养。例如，2021 年白金汉大学计算机学院在招聘人才中公布了面试小组成员，这些成员大都是不同研究领域的专家，如学院 IT 精英哈瑞·塞拉维（Harin Sellahewa）博士、阿萨尔·阿里（Athar Ali）教授、梅森·易普拉欣（Mason Ibrahim）以及希山·阿萨姆（Hishan AL-Assam）博士，由他们对所招聘成员进行面试。① 所招聘的 5 个候选人，分别来自澳大利亚悉尼大学、法国里昂大学、埃及开罗大学、马来西亚理工大学、印度尼西亚普里马大学，他们之间进行角逐，优秀者才能加入白金汉大学教师队伍之中。由于白金汉大学计算机学院此次招聘 2 人，每个人的研究方向与学院招聘人才方向可能不尽相同，因此，学院会有针对性地对候选人进行不同类型的面试，选拔出学院所要求的高素质人才。

白金汉大学通过强化国际人才的招聘，吸引了许多的优秀人才，如美国华盛顿大学安东尼·奥谢尔（Anthony Shearer）教授、法国巴黎大学马丁·亚戈姆（Martin Yagom）教授等许多著名学者慕名而来。诚如波利·维多利亚·理查兹（Polly Victoria Richards）所说："在我看来，白金汉最好的事情之一就是你有机会与来自世界各地的人交往和工作，而且我已经建立了一些牢固的友谊。"② 2008 年全校 228 名全职人员中通过国际化招聘而来的有 46 人，到 2018 的 384 名全职人员中通过国际化引进而来的增加到 101 人。③ 其中不乏许多政客和企业家来兼任客座教授，如曾任全球首席执行官克里斯·德·拉普恩特（Chris de Lapuente）、马来西亚外交部原部长爱尼夫·艾门（Anifah Aman）以及曾荣登德国达克斯指数的药业新秀阿尔塔纳公司的苏珊娜·克莱特（Susanne Klatten）等一大批具有国际化视野的人才，这些人才的引进促使白金汉大学在全球化日益竞争中始终保持领先优势，为卓越与一流大学的建设提供了重要的人力支撑。

---

① The University of Buckingham.Access Our Careers Service[EB/OL].[2022–02–28].https：//www.buckingham.ac.uk/alumni–giving/services–for–alumni–2/access–our–careers–service/.

② The University of Buckingham.Finalist Prizes 2012[EB/OL].[2022–02–28].https：//www.buckingham.ac.uk/graduation/prizes–12.

③ The University of Buckingham.University of Buckingham Financial Statements 2013[EB/OL].（2018–12–31）[2022–02–17].https：//www.buckingham.ac.uk/wp–content/uploads/2019/10/University–of–Buckingham–accounts–31–Dec–2018–signed–ALL–.pdf.

第五节　大学管理制度的变革

　　自 2001 年 2 月开始,白金汉大学在英国大学质量保证委员会的测评下,对大学学术满意度进行评估,其结果显示白金汉大学本科生的教学质量要比英国其他大学好,在学生服务、社会实践能力等方面较为突出。经过 15 年的发展,白金汉大学教育与就业管理中心于 2016 年对白金汉大学毕业生就业展开调研,发现白金汉大学学生核心竞争力要比英国大学基准核心度量还要高出 11.3%,而且白金汉大学在 2 年制的学制培养环节上还高出英国大学 5% 的度量分数。[①] 事实上,在 2007 年大学质量保证委员会成立之前,英国高等教育统计局对英国大学学生就业环节进行跟踪评估,发现白金汉大学在 2006 年就表现不俗,就业率达到全英第一。[②] 此后,2008—2016 年,白金汉大学在英国大学当中就业率仍旧名列前茅,尤其在 2016 年,白金汉大学在英国《泰晤士报》的教学质量年度评估中表现十分突出。根据英国高等教育统计局 2016 年 7 月的数据显示,白金汉大学的就业率达到 98.1%,位居全英第一,在全英学校校园安全方面也名列第一。[③] 这一切卓越的成绩与白金汉大学教学卓越框架的实施,大学学术标准的设定与保障以及学生执行委员会与申诉机构的构建、外部审查官员的监测等管理制度方面的改革有着密切的关系。

---

① 　The University of Buckingham.University of Buckingham Financial Statements 2013[EB/OL].（2016-12-31）[2022-02-17].https：//www.buckingham.ac.uk/wp-content/uploads/2017/10/accounts-2016.pdf.
② 　The University of Buckingham.Financial Statements[EB/OL].（2006-12-31）[2022-02-19].https：//www.buckingham.ac.uk/wp-content/uploads/2011/10/accounts-2006.pdf.
③ 　The University of Buckingham.University of Buckingham Financial Statements 2013[EB/OL].（2016-12-31）[2022-02-19].https：//www.buckingham.ac.uk/wp-content/uploads/2017/10/accounts-2016.pdf.

一、大学教学卓越框架的实施

白金汉大学依据 2016 年英国颁布的《教学卓越框架》，对大学自身的教学现状进行审查，于同年也实施了白金汉大学教学卓越框架。白金汉大学对英国教学卓越框架提出的教学质量、学术支持、学生进步、就业能力和成功等"六个核心指标"进行评估，认为英国政府所颁发的教学卓越框架是最基本的，白金汉大学的教学完全可以超越其教学基准。

2016 年，白金汉大学在全国大学生调查中对"教师的课程教学部分"进行调查，主要审查白金汉大学的工作人员是否胜任，能否利用有趣的主题对学生进行教学，教师是否能够对所教授的知识和技能充满热情，以及教师所提供的课程是否具有智力激励作用。在"评估与反馈"的问题上，白金汉大学教学卓越计划仔细审查教师在标记中使用的标准是否明确，评估和标记是否公平，对教师教学的反馈是否及时、详细，并对此后的教学有什么好的建议。

白金汉大学在教育质量中以学生的参与度进行教学卓越框架的审查，在其教学管理中就规定，大学要对学生的讲座、研讨会、教程等方面进行监督，如果发现其低于机构管理的要求，那么该机构将会受到学校监督，更甚之，若发现该教师在课堂上没有与学生积极地互动，会对教师进行审查。2017 年，白金汉大学为了更好审查、检测与评估学生对课堂的积极参与情况，提出大学会在一个受控制的模块过程中进行深入审查，以明确大学教师对学生的责任，这一审查通常会在每学期 7 周中开展。为了应对这一检测，教师会以不同文化的学生进行因材施教，鼓励师生互动，并积极创造有利条件，激发学生参与课堂。实际上，如何承认和鼓励教师进行优秀教学虽然是一个复杂的问题，但是白金汉大学在教学卓越框架实践探索中得到一个简单互文的"公式"："优秀的教学是教学相长的标准，对于那些帮助提供它的人和那些从中受益的人，可令师生非常满意，在很大程度上是双方的回报。"[①]2016 年，白金汉大学学习与教学委员会对教学模块谨慎审查，发现教师激发学生参与不同学习模块的次数超过 20 次，教师若能积极地参与大学的教学辅助、课程模块学习，那么学生会有效和明显地参与他

---

① The University of Buckingham.University of Buckingham Financial Statements 2013[EB/OL]．（2015-12-31）[2022-02-17].https://www.buckingham.ac.uk/wp-content/uploads/2011/10/accounts-2015.pdf.

们的学习和教学中，这有利于大学课程改进。实际上，从 2013 年开始，白金汉大学参议院每年都会举行 4 次会议，这 4 次大型会议会将白金汉大学培训委员会、学校学习与教学委员会和大学执行委员会等集结起来，以确保白金汉大学教学质量的完善。2016 年，为了审查大学教学质量，大学学习与教学委员会聘请外部参与审查人员，就白金汉大学教学质量进行两次审查，并将其报告提交白金汉大学学习与教学委员会。2018 年，白金汉大学教育卓越框架在这方面进行审查时发现，外部参与审查对白金汉提升教学卓越效果较为明显，能够产生积极的影响。① 白金汉大学教师针对大学学习与教学委员会的建议进行完善。2016 年，白金汉大学教学卓越框架提出学生的学术标准要依据学术环境的情况提供足够的学术支持和建议，导师要在充分的学术支持环境下与学生建立密切的联系。自学生进入学校注册起，学生的学术能力的训练、学习知识与实践的获得都将被纳入学生学术支持的范围之内。白金汉大学也将这行动称为"地面运行"的学术支持计划，即从学生入学后将学习环境作为进一步提供对学生学习支持的外在氛围，持续地对学生进行帮扶，帮助学生适应学习教育的过程，并调整相应的计划政策以支持学生个性化的发展。

白金汉大学的图书馆也积极深入关注学生的满意度问题，原因在于 2013 年白金汉大学图书馆满意度调查报告显示，白金汉大学学生对电子资源使用上不够满意。此后白金汉大学在词汇（Lexis）、万律（Westlaw）等资源上进行完善，并提供了新闻全文数据库（Nexis）、电气与电子（IEEE）等学术检索和商业资源以及大量的电子数据（Statista）、电子期刊和电子书。2016 年白金汉大学图书馆在教学卓越框架下对学生的用户满意度进行再次考评，发现学生在图书和电子书使用上获得较高满意度。2018 年，白金汉大学还开创了计算机学习空间，学生可以在上面进行远程学习，其大部分的学习支持资源都是来源于教学卓越框架下图书馆对学生反馈的基础上不断完善的结果。根据白金汉大学图书馆 EBSCO 的发现记录，白金汉大学的学生搜索资源的使用情况达到每年 300 次，校内外网络资源的

---

①　The University of Buckingham.University of Buckingham Financial Statements 2013[EB/OL].（2018-12-31）[2022-02-17].https：//www.buckingham.ac.uk/wp-content/uploads/2019/10/University-of-Buckingham-accounts-31-Dec-2018-signed-ALL-.pdf.

高检索率从侧面说明学生获得较高的学习支持资源。① 白金汉大学所提供丰富的数字资源，联通了企业、网络、社会等不同资源，使学生能够较快满足这种学习境况。另外，依据教学卓越框架要求，白金汉大学图书馆可以根据学生的个人邮件提供个性化的服务，以确保不同的学生能够享受到不同的课程学习资源，从而减少由于图书馆的服务问题而影响学生的学习质量的现象。

2018 年，白金汉大学受到了大学质量委员会的高度关注，因为 QAA 在对白金汉大学教学质量进行审查时发现，白金汉大学自 2013 年以来所达到的预期最高，并赞扬了大学教学卓越框架将基础教育相关的课程与教学融合到高等教育之中，使学生能够按照大学章程完成相应的专业学习。白金汉大学教学卓越框架形成了大学规定流程的审查标准。从提供机制的角度而言，白金汉大学以学生为中心的度量已经取得了较高的成果，从所提供的基准来看，白金汉大学为学生的学术支持满意度也大大超过了英国部分大学。2016 年，白金汉大学教学卓越计划的调查结果表明：白金汉大学小组学术探讨，有助于学生保持高度个性化的学习方法；学生在新的学习环境下能够接触到新的知识，这些新的知识和技能能够使学生在未来的职业中主动迎接新的挑战；白金汉大学的专业课程与跨专业课程的战略承诺可以为学生提供更多的学习机会，与不同企业、市场之间形成的制度文化，共同推动学生职业的发展，② 进而使学生获得企业雇主的青睐与重视。

白金汉大学教学卓越框架显示，白金汉大学毕业生在英国的就业率具有强劲的表现力，在毕业后的 6 个月有 98% 的学生可成功就业（参见图 5-1），一部分学生也会继续接受教育培训，以提高他们的就业竞争力。白金汉大学校长塞尔登说："卓越教学框架使我们在教学方面位居全国前列，而且 QAA 认可了我们的高教学标准。大学的许多其他卓越领域都值得称赞，包括我们的基础部所做的出色工作。大学的积极方法有助于建立这样一个成功的环境，我们的学生可以在此蓬勃发展。我们的员工应该为

① The University of Buckingham.University of Buckingham Financial Statements 2013[EB/OL].（2018-12-31）[2022-02-17].https：//www.buckingham.ac.uk/wp-content/uploads/2019/10/University-of-Buckingham-accounts-31-Dec-2018-signed-ALL-.pdf.
② The University of Buckingham.University of Buckingham Financial Statements 2013[EB/OL].（2016-12-31）[2022-02-17].https：//www.buckingham.ac.uk/wp-content/uploads/2017/10/accounts-2016.pdf.

获得 QAA 如此高度的认可而感到自豪。"①

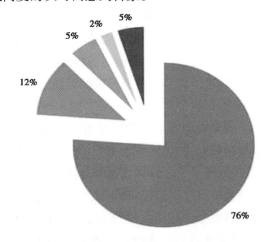

76%	全职工作
12%	进一步研究
5%	别的工作
2%	失业
5%	受雇兼职

图 5-1　白金汉大学学生就业情况(2015 年 12 月至 2016 年 7 月)

(资料来源: The University of Buckingham.Facts and Figures[EB/OL].[2021-12-18]. https://www.buckingham.ac.uk/about/facts and figures.)

二、学术标准的设定与评估

　　白金汉大学首次参与英国质量保障的审查是在 2001 年,其审查的各项标准表明,白金汉大学的发展质量和各项标准都十分理想。白金汉大学作为一所私立大学,独立自主办学是大学发展的根本理念,不接受政府的资助是白金汉大学创立的初衷,因此,大学在此后的十多年间对英国大学质量委员会的质量标准进行改革。2012 年 8 月,白金汉大学接受高等

---

①　The University of Buckingham.Buckingham Praised for Its High Standards in QAA review[EB/OL].[2021-09-18].https://www.buckingham.ac.uk/news/buckingham-praised-for-its-high-standards-in-qaa-review/.

教育质量保证局机构的审查,并成立相应的审查小组,小组成员有克里斯·克莱尔(Chris Cryer)教授、马丁·洛克特(Martin Lockett)医生、海伦·马歇尔(Helen Marshall)女士、丽贝卡·弗里曼(Rebecca Freeman)女士、理查德·布朗(Richard Brown)博士。[①]白金汉大学审查的目的是针对白金汉大学所提供的高等教育情况,审查其学术标准和教学质量是否符合英国对高等教育质量的期望。2011—2012 年白金汉大学开始以学生经历为主题做出相关审查,与 2007 年相关的审查不一样的是这一次对学生的学习质量、学习机会、学术标准等方面进行评估。[②]通过此次 QAA 小组相关评审活动,白金汉大学有一个系统的教学方法得到了 QAA 的高度赞赏,那就是大学实施了导师制。这是一个有效的大学教学导师制度,有力地提高学生学习效果,提高学生学习的兴趣。[③]整个大学的学生都在关注白金汉大学导师、学生支持以及对评估工作的相关反馈情况。

白金汉大学在接受 QAA 审查时提出,希望能够在 2013 年之前确保其所实施的相关培养方案和相关治理措施能够完全符合高等教育资格框架(FHEQ)和国家信贷的相关框架。白金汉大学能够确保所推出的相关奖项与学生的学习相关情况相结合,进一步推动所实施的大学学术标准与之形成一定的可比性。2017 年,白金汉大学参议院决定将相关审查方案与所监管的事项进行联系,对相关合作伙伴关系采取一定的年度审查程序。为此,白金汉评审小组决定制定一种较为系统的方法来设定和评估学生学术标准。

（一）白金汉大学学术标准的设定和维护

2012 年,白金汉大学高等教育资格框架提出白金汉大学的发展资格要与办学资格相适应,确保方案结果与高等教育资格相一致。其大学质量

---

①　The University of Buckingham.Institutional Review：University of Buckingham, August, 2012[EB/OL].[2021-07-16].https：//www.qaa.ac.uk/docs/qaa/reports/university-of-buckingham-ireni-12.

②　The University of Buckingham.Annual Report and Financial Statements[EB/OL].（2012-12-31）[2022-02-17].https：//www.buckingham.ac.uk/wp-content/uploads/2011/10/accounts-2012.pdf.

③　The University of Buckingham.Annual Report and Financial Statements[EB/OL].（2012-12-31）[2022-02-17].https：//www.buckingham.ac.uk/wp-content/uploads/2011/10/accounts-2012.pdf.

小组审查了白金汉大学的教学方案、课程模块单元，以明确相适应的系统和程序。白金汉大学在确保本身阈值的基础上提出新的学术标准，大学教学和研究卓越是任何时候、任何参考点所必须坚守的，不会因为外界的变化而发生改变。审查小组每5年审查一次，抽查白金汉大学年度检测和定期审查报告，其中包括与学术带头人、工作人员和学生进行讨论，并详细探讨白金汉大学的学术门槛（Threshold Academic Standards）、检测和审查的过程以及有关学术信用和资格的标准。白金汉大学接受QAA的建议，形成内部质量发展报告，白金汉大学在其质量保障的机构审查中对学生步入大学学术门槛标准的期望进行了详细的论述，"学术标准是为了学生获得特定的资格或奖项而应达到的最低标准，以及学生未获得特定类别的奖励而需达到的继续标准。"[①]2016年，白金汉大学在QAA课程的报告当中提出这样结论：2012年白金汉大学的行动计划每年都要检测和更新，大学要将课程年度检测报告和大学行动计划联系起来。[②]2016所制定的课程检测报告也表明，该行动计划每年由大学监察部门深入监测和更新，确保所制定的大学年度课程检测与行动计划相互关联。白金汉大学要求任何时候相关专业课程所做出的调整都要进行主题基准说明，大学的学术门槛标准要经过严格的考核，需集合学校学习与教学委员会、学校研究委员会、大学合作委员会和参议院来强化学术的质量。无论白金汉大学在课程教学上做出多大的调整，白金汉大学教学质量保障是大学最低的学术标准。这一学术标准是依据英国QAA来制定的相关标准，确保这样的指导方案能够符合英国对白金汉大学学术标准的期望（参见表5-3）。

① The University of Buckingham.Institutional Review: University of Buckingham, August, 2012[EB/OL].[2021-07-16].https://www.qaa.ac.uk/docs/qaa/reports/university-of-buckingham-ireni-12.

② The University of Buckingham.Institutional Review: University of Buckingham, August, 2012[EB/OL].[2021-07-16].https://www.qaa.ac.uk/docs/qaa/reports/university-of-buckingham-ireni-12.

表5-3　白金汉大学以 QAA 为基准而设定的学术标准

QAA 要求	白金汉大学学术标准要求
学位授予机构满足 FHEQ 框架的相关要求，考虑高等教育质量保障署关于资格的指导和相关学科基准等，以确保达到学术标准门槛	英国的学术标准参考点
学位授予机构建立透明的全面的学术框架和规则	学位授予机构的学术标准参考点
所批准的每门课程和资格，保留确定的记录	学位授予机构的学术标准参考点
学位授予机构建立并实施批准所授科目和研究学位的流程，符合英国的资格门槛标准和学校内部的学术框架与规则	确保学术标准和基于成果的学位授予方法
学位授予机构确保学分和资格的授予符合以下条件：学习结果通过评估证实；满足英国学术标准的门槛和学校内部的学术标准	确保学术标准和基于成果的学位授予方法
学位授予机构确保审核和课程评估的程序达到了英国的学术标准门槛	确保学术标准和基于成果的学位授予方法
学位授予机构在制定和保存学术标准的关键阶段使用外部独立的专家，保证透明性和公开性	确保学术标准和基于成果的学位授予方法

（资料来源：李先军，陈琪．英国私立高校第三方评估模式及其借鉴[J].重庆高教研究,2019,7（05）：104-116.）

QAA 作为英国高等教育一种保障机构，它深层次描述了框架内的主要资格持有者所取得的成就，有利于协调高等教育提供者所指出的学术标准。白金汉大学的学术标准参照点是 QAA、主题基准说明、方案规格和英国高等教育学术基础设施等部分组成的大学质量守则。大学的学术标准是各项管理方案制定和维持的基准，能够为方案提供相应的反馈。这也是白金汉大学学术门槛标准的要求使然。[①] 白金汉大学按照2016年大学教学卓越框架以及内部质量保障的建议，对大学的发展加强了监督，并详细按照 QAA 的标准对大学内部继续深入审查，所实施的相关方案是为了更好地推动人才培养。大学所展示的学生学习标准是关于学生在学习过程中能够明确学习方案的意图和目标，包括相关的教学和学习方法、资助和相关的评估方法信息，以及学生的学习成绩等说明。2017年，白金汉大学

① The University of Buckingham.Institutional Review：University of Buckingham，August，2012[EB/OL].[2021-07-16].https://www.qaa.ac.uk/docs/qaa/reports/university-of-buckingham-ireni-12.

对其学习计划、教学评估、学术标准获得和个人帮扶、资源支持等方面再次综合审查，其结果显示大学在卓越计划中获得金奖。

2018 年，白金汉大学发布高等教育评估，依据英国高等教育质量保证局对其高等教育情况进行审查，对学术标准和质量是否符合英国的期望再次作出判断。该审核从 2017 年 10 月进行，由内部人员苏珊·布莱克（Susan Black）教授、约翰·戴恩（John Dane）教授、彼得·雷（Peter Ray）医生、克雷格·贝恩斯（Craig Baines）特组成。①QAA 审查小组对白金汉大学制定和维护学术标准、学生的学习机会、有关高等教育的质量信息以及学生的学习机会等方面进行审查，针对其问题提出相应的建议，以便白金汉大学能够在下一步采取新的行动。高等教育质量小组对大学所开展活动进行了深入研判，认为白金汉大学对学生全面和持续性的个性化学习提供了新的标准。白金汉大学能够支持学生的学位学习，大学所实施广泛的学术活动和实践课程能够促进和支持学生学术标准的完成。

白金汉大学校长赛尔顿对白金汉大学的学术标准的设定提出新的期待，他提出白金汉大学各方面的治理要与高等教育治理守则中外部监管框架保持一致，并在大学未来十年战略目标中要强化国际之间的合作，开发相应的数据仪表以进行相应的数据管理，从而确保大学的学术标准达到世界一流水平。②2020 年，白金汉大学希望通过新的应用程序和方法，为提高研究生的研究能力提供良好方案。白金汉大学参议院还着手对研究生的质量框架进行审查，正努力在 2021 年制定研究生卓越框架。

（二）白金汉大学学术标准的保障与评估

白金汉大学学术标准在依据市场化的发展情境中明确了批准学术标准的程序，所设置的学术标准需达到内部学术专业参考点设置的明确期望。2016 年，白金汉大学在与相关学院沟通下，强调了跨学科课程的方案案例，将其教学与研究委员会所提出的审议奖项报送学校研究委员会和参议院批准。这对于白金汉大学的学术标准和学术奖励同样适用于类似的

① The University of Buckingham.Higher Education Review（Alternative Providers）: University of Buckingham, October, 2017[EB/OL].[2021-09-18]. https://www.qaa.ac.uk/docs/qaa/reports/university-of-buckingham-her-ap-1.
② The University of Buckingham.Higher Education Review（Alternative Providers）: University of Buckingham, October, 2017[EB/OL].[2021-09-18]. https://www.qaa.ac.uk/docs/qaa/reports/university-of-buckingham-her-ap-1.

程序。① 白金汉大学的审查小组会有针对性地审查其相关文件、手册、外部审查记录、相关方案标准以及审议委员会的会议记录。大学新方案要求学术管理人员和相关工作人员都加入这一审核文件中，以确保大学学术方案设计和考评标准能够有效运行。更为重要的是，白金汉大学相应的学术标准要与 QAA 保持一致，并且深刻地反映出大学在未来学术卓越研究中能够展现出的发展潜力。此外，白金汉大学学术标准还会彻底地审查相应的学术方案和已批准的学术标准。

白金汉大学所实施的学术标准中授予学分资格是对学生学习进行审查的要求。新的或经过重大修订的相关方案和所实施的学术单元考核标准都要展现出大学在一流大学建设中所面对的内容。QAA 将白金汉大学学习成果映射到评估矩阵模板中，以促使其学习成果、方案目标、评估标准相互一致。也只有它们能够完全一致，才能更好地促进 QAA 对这一标准的认可。2016 年，白金汉大学通过 QAA 的审查，并指出白金汉大学相关学术的模块、方案、学校和大学各年级的审查符合了英国大学机构和外部审查的标准。② 2018 年，白金汉大学方案和单元年度监测按照《质量守则》制定，规定了相应的学术标准审查情况、作用、意义和责任。白金汉大学的程序评估和相应的标准奖励十分明确，以激励学术研究取得一流的成果。大学的学术检测和审查监督基本上都是由 ULFC 负责，而其审查结果表明白金汉大学所实施的学术标准与英国所提出的门槛相互一致，其合作伙伴的检测与审查进程深刻反映了白金汉大学卓越的办学实践。白金汉大学外部学术审查意见由 SLTC 审议，其结果会被送到大学参议院批准，在这样类似的合作程序之下，白金汉大学的学位和相应的学术应用都需要学校研究委员会的批准。2017 年，白金汉大学《学位手册》中将学术标准规定为具有卓越的创新能力，可以在不同专业、所学专业的课程中独立行使学位审查。白金汉大学不同专业、所学专业课程是白金汉大学五年审查报告中最为重要的部分，它能够激发白金汉大学所认证的一级学科获得专业审查委员会的认可。白金汉大学的不同专业、所学课程认证都是经过专业标准审查委员会的承诺而开设的，是根据全球社会发展和战略而做出的选

① The University of Buckingham.Higher Education Review（Alternative Providers）: University of Buckingham, October, 2017[EB/OL].[2021-09-18]. https://www.qaa.ac.uk/docs/qaa/reports/university-of-buckingham-her-ap-1.
② The University of Buckingham.University of Buckingham Financial Statements 2013[EB/OL].（2016-12-31）[2022-02-17].https://www.buckingham.ac.uk/wp-content/uploads/2017/10/accounts-2016.pdf.

择。大学专业课程的开设关系到相关方案的批准、年度检测和 QAA 的审查检测方案,所以白金汉大学在这一方面特别谨慎,非常重视大学专业、法定课程的设置、管理、风险评估等方面的要求(参见表 5-4)。同时,白金汉大学还会通过其他的学术标准来规范相应的学术要求,如大学通过与教学和专业人员举行相关的人事会议谈论方案的可行性问题,以利于大学在相关学术声明中可以较好地实施相应的学术标准。白金汉大学将这一学术标准纳入大学参议院的监督之下,参议院成员将会敦促相关外部顾问来监督其学术标准、程序等方面的运作情况。如白金汉大学参议院吸纳当地企业、专业人员、校友等参与,并赋予其外部审查人员的资格,以激励外部审查人员在学术标准评估中的积极性。

表 5-4　QAA 对白金汉大学学生学术标准的评估

预　期	质量准则	预期结果和风险水平
高校制定和维持学术标准,确保和提升学习机会质量,有效执行课程设计、发展与批准的程序	课程设计、发展与批准	符合,低风险
招生、选拔与录取政策和程序遵循公平性、透明性、可靠性、有效性和包容性的原则	高校的招生、选拔与入学	符合,低风险
高校与学生、教师等合作,审查和促进学习机会和教学实践的质量,使每个学生都能够作为独立的学习者而获得发展	学习和教学	符合,低风险,良好行为
高校能够对学生在其学术、专业等方面进行监督和评估	促进学生发展和获得成就	符合,低风险,良好行为
高校采取相关措施,提高学生的教育活动参与度	学生参与	符合,低风险
高校实施公平、有效和可靠的评估过程	学生评估和先前学习认可	符合,低风险
高校严格使用外部审查员	外部审查	符合,低风险

续表

预　期	质量准则	预期结果和风险水平
高校有效、定期、系统地执行课程监督和评估程序	课程监督与评估	符合，低风险
高校运用公平的程序及时处理学生对学习机会质量的投诉等	学术诉求和学生的上诉	符合，低风险
学位授予机构对学术标准和学习机会的质量承担最终责任，其他提供学习机会的组织也进行有效管理	与其他人一起管理高等教育办学	符合，低风险
研究生学位授予的条件：为研究方法、方式、程序等的学习提供可靠的学术标准	研究生学历	符合，低风险

（资料来源：李先军，陈琪．英国私立高校第三方评估模式及其借鉴[J]．重庆高教研究，2019，7（05）：104-116．）

　　白金汉大学在学术声望和标准判断中展现了大学相关方案的规格，但大学在对未来发展规划上缺少学术方案的准确性和明确的期望参考点，忽视大学学术标准在运行方案方面的实际困难。① 因此，2018年，白金汉大学以未来的标准严格规范大学办学行为，采取更为全面的方法以维持相关方案的实施。② 白金汉大学对批准和授予的学术信用、学术框架和法规参考点等都进行学术标准评估，并通过了 QAA 学术方案和相关风险的评估。白金汉大学监测和审查相关程序的成功实施，很大程度上促使其高等教育资格框架进一步趋于完善。

① The University of Buckingham.Higher Education Review（Alternative Providers）：University of Buckingham，October，2017[EB/OL].[2021-09-18]. https：//www.qaa.ac.uk/docs/qaa/reports/university-of-buckingham-her-ap-1.
② The University of Buckingham.University of Buckingham Financial Statements 2013[EB/OL].（2018-12-31）[2022-02-17].https：//www.buckingham.ac.uk/wp-content/uploads/2019/10/University-of-Buckingham-accounts-31-Dec-2018-signed-ALL-.pdf.

三、学生执行委员会的成立与申诉机制的构建

（一）学生执行委员会的成立

2016 年，白金汉大学成立学生执行委员会，由 9 名学生代表组成的委员会和工作组组成。执行委员会每年都会通过无记名的投票方式进行投票，以参加大学的工作和相关委员会的审议，学生执行委员会将相关审议的建议和意见形成相应的会议记录，反馈给参议院，以供其进一步明确相关问题，有利于下一步工作的开展。大学还专门成立一个模块审查机构，在每 9 周的第 7 周进行审查，从学生代表中抽取相应的本科生和研究生参与白金汉大学的教学审查，并形成相应的审查报告，交予模块相关负责人。白金汉大学模块相关工作人员也会具体说明学生的参与情况以及学生对教学质量的反馈问题，并针对其中问题提出整改举措。一方面，"学生通过大学和学校委员会内在联系，积极参与，在部门和方案之间收集学生反馈的信息"，[①] 另一方面，学生参与会强化自身的责任意识，加强专业技能的培训。学生执行委员每年都会吐故纳新，为增添相关的集体代表，委员会不仅要面对大学所提供新的方案和细节，而且根据白金汉大学学生会的建议，确认学生代表自身的学习任务和所承担的事务责任。若发现新任学生执行委员会人员负担过重而影响学业，委员会将考虑让新的人员代替，并针对问题进行对接，以便更好地完成相关工作。

学生执行委员会还在网络上开展相关在线软件和修订后的模块评价调查，学生可以就自己所关心的问题在网络上发表意见和建议。2016 年，白金汉大学图书馆对此展开相关评估，发现学生在学习期间都会积极加入学生执行委员会，为学校发展提出各项管理建议，推动了大学治理体系的完善。2017 年，白金汉大学所修订的《大学生章程》就有力地将大学高度重视学生执行委员会和工作人员的参与活动视作大学完善人员之间沟通活动的重要机制，这不仅激励学生积极主动地参与，而且对促进大学深化学生服务意识改革具有重要的价值。

---

① The University of Buckingham.Higher Education Review（Alternative Providers）: University of Buckingham, October, 2017[EB/OL].[2021-09-18]. https://www.qaa.ac.uk/docs/qaa/reports/university-of-buckingham-her-ap-1.

白金汉大学能够获得如此高的满意度，与白金汉大学以学生服务为主旨、使各部门学生代表能够在大学的管理中发挥核心作用有着密切关系，其中最值得一提的是学校学生执行委员会2020年所成立的"学生第一"（Student Frist）部门。作为学生执行的学生服务部门，该部门一致贯彻学校以人为本的服务理念，为来自全球各地的学生提供各种智力支持与个性服务，解决学生所遇到的问题，即便是生理、心理、情感、学习等方面的问题，"学生第一"部门将密切联合学校所有部门，包括导师和所在学院为其提供最便捷、最优质的服务，极大地便利了学校对学生的各项管理。可以说，白金汉大学成功地给学生打造了一个全新的、密切服务的"家外之家"。[①]2020年，学生执行委员会还联合白金汉大学基金委员会对困难学生提供救助，成立"纾困基金"和实施"新冠疫情餐盒计划"。"纾困基金"是救助那些因为无法预计的困难而陷入经济困境无法完成学业的学生。白金汉大学为每人提供500英镑以支持其走出困境。"新冠疫情餐盒计划"是救助那些因为疫情导致经济困难的同学，获得批准的同学会获得餐饮的补助费用或者价格相当的三个送货上门的食品包，每个食品包可提供学生一周所需的食物。[②]

（二）学生申诉机制的构建

2012年，白金汉大学在QAA中将大学学生的上诉作为评估大学学生服务的重要指标。2017年8月，白金汉大学在年度监测活动中提交了一份学生投诉报告。这份报告充分展现出白金汉大学在对学生上诉问题的解决力度，提升了大学对学生的服务意识。白金汉大学所实施的相应的学生申诉、执业和申诉的相关政策，全部被纳入白金汉大学的手册中。白金汉大学手册中提出申诉行为的准则和程序，让学生明确自身的职责和任务。白金汉大学学生投诉政策与英国质量守则相互一致，往往是以三个步骤来解决相关问题。白金汉大学第一步会将学生的纪律问题记录到白金汉大学的档案袋中。大学全面负责有关学生上诉的问题。其次，白金汉大

---

① The University of Buckingham.Well Being，Skills and Diversity Team[EB/OL].[2022−02−21].https://www.buckingham.ac.uk/student−life/the−well being−skills−diversity−team/.

② The University of Buckingham.Hardship Fund[EB/OL].[2022−02−28].https://www.buckingham.ac.uk/student−life/hardship−fund/.

学会依据《大学手册》《新学生欢迎手册》中告知学生受到不公对待或对大学相关问题产生异议时的申诉程序。最后，白金汉大学学术委员会的行为干事和中央申诉干事将会作为处理学生学术不当行为的主要负责人，但全程都要有学生参与。白金汉大学质量保证办公室再次规定了大学上诉和投诉的相关政策和程序，并逐级传递给学科主任或方案主任，学生参与形式不变。事关学生的问题都要与《大学手册》相关联，明确各相关程序的阶段和决议时间框架。① 另外，白金汉大学也会在学生提起上诉时，根据《大学手册》《新生欢迎手册》和《职业教育条例》中的各项规定，阐明学生的有关权利。如白金汉大学学生所提出的学术纠纷案中要求提供相关的投诉和申诉程序，一般情况下若学生对其结果产生疑问，可提交非正式投诉，正式投诉阶段规定在收到学生投诉审查表格后进行全面审查，如果学生对正式调查的结果不满意，他有权通过向书记官长提交学生投诉审查表格，要求对案件进行审查，如果学生已用尽大学的学术申述和申诉程序，学生有权将申诉提交大学质量办公室裁决。

此外，大学为了进一步免于学术纠纷的产生，减少学术剽窃的发生，学校发布学术剽窃相应的惩戒措施。大学致力于帮助学生了解剽窃的性质，图书馆还为学生工作组提供相关的在线测验系统，每一位学生的学位论文、市场实践、学术探究等都会出现在相关网络系统之中，如发现学生有剽窃问题，将会移交到校务委员会进行调查，情节严重将会被开除，并与英国其他高校形成共享信息链。② 在此过程中，导师负有重要的责任，导师要在学生学习整个生涯当中负责，不仅要指导学生学习，还要指导学生在资源共享的时候避免学术剽窃。当然，学校还积极对学生进行避免学术剽窃问题的培训。2013—2018 年，白金汉在 5 年期间共召开 58 次有关学术剽窃的相关处理问题会议，几乎在每学期的开学典礼上大学校长都会强调学术剽窃和学生上诉的问题。而白金汉大学的基金会和学术委员会也会对此提供相应的基金支持，对学生的学术研究与技能培训开设相关课程。"受教学的学生在每学年开始时就剽窃问题给予指导，并要求完成学术不当行

① The University of Buckingham.Higher Education Review（Alternative Providers）：University of Buckingham, October, 2017[EB/OL].[2021-09-18]. https：//www.qaa.ac.uk/docs/qaa/reports/university-of-buckingham-her-ap-1.

② The University of Buckingham.Academic Writing, Referencing and Plagiarism [EB/OL].https：//www.buckingham.ac.uk/life/library/authorship-plagiarism.

为的测验。"① 白金汉大学为学生提供参与学术剽窃的治理平台，彰显了学校以"学生为中心"办学宗旨，有力促就了白金汉大学学生主体责任意识的形成。

四、外部审查官员的参与与监测

2012 年，白金汉参议院认真地对 QAA 相关标准进行审查，并提议在此基础上形成相应的外部考官监督管理机构。大学在考察外部考官的聘任上注重所聘请考官的角色和职责，学校将参考 QAA 中的指南要求，对所有的第三方考官进行管理培训，向其详细介绍白金汉大学的相关问题及其所应具有的技能，赋予外部考官同样具有相关的责任。外部考官会监督大学工作，如果需要，可以审查所有学生工作，并将其与学生审查的问题形成相应的报告，这是外部考官的相应责任。在白金汉大学 2013 年的学生报告中审议了白金汉大学第三方外部考官所提交的报告，报告显示外部审查人员能够完全适应白金汉大学发展的挑战，并表现良好。② 白金汉大学规范了大学任命和使用外部考官的安排，这不仅符合《大学的章程》，还应符合外部考官程序，即具有较大的社会影响力和每一个课程所设置至少有一名外部审查人员，而且需具有相关的专业知识和技能，"外部审查人员被用来定期检查标准是否得到适当的设置和维护，在年度检测时会考虑到其相关意见。"③ 白金汉大学支持大学第三方的监测，并提供相关经费支持，从2012—2017 年，白金汉大学在外部考官的经费上投入 308 万英镑，这些经费大多投入外部考官的任命、实施、评估等多方面的花费中。

白金汉大学外部审查官员是由学校参议院进行提名，经 QAA 质量保障委员会官员审查并批准。从 2017 年后，所任命的外部监督员都会获得一份《外部审查员业务守则》《外部审查员合同书》《外部审查员手册》以

---

① The University of Buckingham.Higher Education Review（Alternative Providers）：University of Buckingham，October，2017[EB/OL].[2021-09-18]. https：//www.qaa.ac.uk/docs/qaa/reports/university-of-buckingham-her-ap-1.
② The University of Buckingham.University of Buckingham Financial Statements 2013[EB/OL].（2013-12-31）[2022-02-17].https：//www.buckingham.ac.uk/wp-content/uploads/2011/10/accounts-2013.pdf.
③ The University of Buckingham.Institutional Review：University of Buckingham，August，2012[EB/OL].[2021-07-16].https：//www.qaa.ac.uk/docs/qaa/reports/university-of-buckingham-ireni-12.

及白金汉大学的邀请函才能履行白金汉大学所赋予的权力。白金汉大学外部考官的任命可以是多样的,有时是国家的工作人员,也可以是社会公众人员,但从2018年起规定白金汉大学学位有关的外部考官必须是具有专业研究能力的双语人员,即掌握多种语言的研究人员。白金汉大学相关学科专家和执行委员会的人员对此进行监督,以促使所任命的外部考官能够尽心尽责,推动大学各项事业能够顺利开展。白金汉大学外部审查人员还对白金汉大学每年开展的学科课程进行评估,参与学生的课程设置评估并对相关学科所提交的论文进行审查。白金汉大学外部考官一般会参加学校的考试委员会,针对白金汉大学考试的标准与国际考试的标准相比较,找准当前学术命题上的差距,并有针对性地提出建议。2019年后,白金汉大学决定在每学期的第4周将相关考试标准递交到大学质量保证办公室,其工作人员要对质量进行审核,之后将其递交到研究委员会进行审议。白金汉大学外部审查人员还会就相关问题向校长提出关切的问题,校长对其中是否能够展现出大学考试委员会的标准进行详细说明。因此可以说,外部审查人员的建议报告有力助推白金汉大学在QAA中的卓越表现。

白金汉大学外部人员对大学问题进行审查时能够及时、有效地展现出其监测的水平,并获得了白金汉大学质量委员会的认可。"证据显示,外部考官参加考试委员会,他们的口头报告在考试委员会会议记录中报告,尽管详细程度可能有所不同,但外部考试考官所展现的职业精神助推了白金汉大学事业的发展。"① 外部审查官员给予大学的建议也会通过大学的虚拟课程指导提供给学生,以供学生学习。白金汉大学外部官员还与海外合作伙伴加强联系,并针对相关内容进行联合培训。2019年,白金汉大学海外合作高校跨专业课程模块的改革就是以外部考官为基点,促使不同课程模块的导师之间加强联系。这样,海内外导师相互的合作可以详细监测大学的发展,共同审查大学相关方案、制度及其运行程序,并为下一年度大学的发展提供经验参考。

① The University of Buckingham.Higher Education Review（Alternative Providers）: University of Buckingham, October, 2017[EB/OL].[2021−09−18]. https://www.qaa.ac.uk/docs/qaa/reports/university−of−buckingham−her−ap−1.

第六章　英国私立白金汉大学发展的省思

　　作为全英第一所非营利性私立大学,自1973年从"白金汉大学学院有限公司"成立以来,大学就以"独立与个性"的办学理念,坚持不接受政府的资助,打破长期以来英国政府对大学办学的干涉与钳制。白金汉大学历经40多年的办学发展,内蕴着白金汉人坚守自我、百折不挠、敢于改革、勇于攀登教育高峰的理念,彰显出白金汉大学对卓越的追求精神,形成了别具一格的办学特色。尤其是白金汉大学基于独立的办学理念,在教育制度和管理结构上进行了大胆探索,采取了小组教学、市场化课程设置、"2年制本科、4学期管理"的新型教育管理等办学模式,有力地彰显了白金汉大学在英国高等教育体制变革中的独特地位。这不仅是对英国传统高等教育体制的变革,而且也是白金汉大学追求建设一流大学的有力宣言。诚如英国兰卡斯特大学管理学院教授格莱恩特·琼斯指出,虽然白金汉大学没有吸引到更多具有才能的英国学生,但白金汉大学是第一个勇于打破英国传统教育体制的大学,其存在具有十分特殊的意义,因此可以说,白金汉大学在全英高等教育体系当中仍是不可缺少的角色,具有十分重要的地位。①

　　回顾白金汉大学40多年的发展历程,大学经历了不同的发展时期,在风起云涌的变革中,由初创时期的独立个性理念转向当前所追求卓越与一流的理念,大学始终坚守课程创新、制度为基、育人为本的圭臬,全面提升教育质量,形成了白金汉大学独树一帜的人才培养模式。诚如英国曾任首相撒切尔夫人所言,白金汉大学能够得以发展,并获得社会的认可,是与众不同的。它不但需要远见的卓识和面临困难的无惧,而且还需要坚守办学

---

①　格莱恩特·琼斯,杜育红,路娜.高等教育中的公立与私立问题:以英国为例的研究 [J].北京师范大学学报(社会科学版),2006(03):15-20.

的初衷。① 白金汉大学坚持渐进性改革，日新月异，逐渐步入一流大学之列，擘画出大学别具一格的发展画卷。在这幅画卷中，其办学经验为我们提供了可资借鉴的价值。

第一节　英国私立白金汉大学发展的特点

一、坚持独立自主

为了摆脱英国政府对大学的控制，打破长期以来英国高等教育的封闭性与保守性，白金汉大学提出了独立的办学理念，促使大学实现了面向社会、面向未来的独立发展之路。早在 1967 年，受美国私立大学影响，作为内科医生的约翰·波利博士在英国《泰晤士报》上，刊发了一则"现在难道还不是时候在这个国家按照美国那些伟大的私人基金会的模式，创立至少一个独立大学"② 信件，引起了英国有志之士的兴趣。此后，英国经济事务所也提出迫切需要一个免受政府控制的大学，着力强调建立独立大学的重要性，认为"任何一种新的方法都能使独立大学发展出自己卓越的形式"，"我们相信，这样一所大学通过自主的方法、酬金和收费规模的自由，可以吸引英国以外的教职工和学生，并加强英国学术在国际社会的影响力。"③正是凭借着这股独立的自信与坚持，伯明翰大学哈里·弗恩斯发表了创建一个独立大学的报告书，并定位了独立大学的角色："一个独立的大学的角色将是在高等教育中做一些不同的事情……其发挥的作用都应该是独

---

① 英国白金汉国际教育学院.自由独立、肩负使命——"铁娘子"撒切尔夫人的理想大学 [EB/OL].（2021-06-16）[2022-03-01].https：//zhuanlan.zhihu.com/p/386965870.

② Joyce Pemberton.*The University College at Buckingham*：*A First Account of Its Conception*，*Foundation and Early Years*[M].Buckingham：Buckingham Press，1979：13.

③ Joyce Pemberton.*The University College at Buckingham*：*A First Account of Its Conception*，*Foundation and Early Years*[M].Buckingham：Buckingham Press，1979：188.

立不朽的。"①有关独立大学建立的倡议，历经了 6 年，终于在 1973 年英国白金汉小镇建立，其名称以"白金汉大学学院有限公司"命名，但由于其办学条件的限制，直到 1976 年才开始招生第一批学生。

从一开始，白金汉大学就与众不同，其大学的创始是受一种独立自主理念的驱使，着力构建"以独立自由的思想，培养应用型和创新型的人才"的教育目标，并制订了较为个性化的课程、人才培养、学生学习、教师教学等方案，充分发挥了白金汉大学最根本的人才培养职能。尤其是在人才培养上，白金汉大学根据学生的学习能力、专业、个性需求制订了多样化的学习方案，以支持和加强学生学习体验。1983 年，白金汉大学获得英国皇家特许状，这也意味着白金汉大学独立自主的办学理念得到了政府的认可。在这种理念指导下，白金汉大学对课程上进行了深入的改革：在坚持实用化的课程中，致力于设置个性化的课程，注重创新，使人才具有独立人格、独立精神；在大学的教学质量保障中，提出要强化学生的独立个性培养，使之具有丰富知识、创新能力；在面对市场化的改革中，大学强调学生应以独立自由思想，肩负起社会改革的重任，为经济社会的发展做贡献。可以看出，白金汉大学在课程设置、人才培养、社会服务等方面，都强调大学独立自由精神的重要性。

面对着英国大学质量保障的实施和 2011 年教育法案的颁布，白金汉大学实施了教学质量保障计划，强调教育的质量要与大学独立自由个性相融合，通过培养具有创新性和个性化人才标准来保障大学人才培养的质量。在《2013—2018 年白金汉大学年度发展报告》中，又强调白金汉大学要秉持独立的办学理念，不接受政府的资助，培养学生的独立个性。可见，白金汉大学的独立自主理念，已经成为人才培养的既定目标。白金汉大学校长赛尔顿在访谈中不断强调，白金汉大学只有独立自主发展，才能有利于实施卓越人才和一流人才的培养方案（SA20210628）。白金汉大学在 2016 年的教学卓越框架中提到了六个核心指标，目的是如何更好地培养学生独立的个性。2017 年，白金汉大学质量审查报告再次明确大学办学独立自主性，并指出独立自主性对保障人才培养质量的重要性，对一流大学的建设具有十分重要的价值。

从白金汉办学的整个发展过程来看，作为一所办学方式较为灵活的私

---

① Joyce Pemberton.*The University College at Buckingham*：*A First Account of Its Conception*，*Foundation and Early Years*[M].Buckingham：Buckingham Press，1979：201.

立大学,其独立自主性是大学发展的特点,诚如基莱校长所言："我们独立于政府,我们要利用这种独立性把学生而不是把政府的目标放在首位,这是白金汉大学所有最好和最重要的事情,我们还要利用好这种独立性为世界各地的学术自由捍卫者提供庇护。"① 也正是大学坚持这一独立性,才助推其成为英国私立高等教育的典范。

二、强调需求导向

大学在创建初期,时任英国教育大臣的撒切尔夫人在开幕词中说道："贵校孕育于动荡的繁荣时期,却在我们国家命运低谷之时结出硕果。但在它开创的创新当中,我们可能发现一种真正新鲜的方式来处理现代教育的真实情况……我们可以把大学学院看作一个实验,我们希望它具有实用导向性,可以用当代的眼光思考什么是教育的本质,而不仅仅是我们习惯了的东西。"② 1983 年,白金汉大学在撒切尔夫人的帮助下获得授予学位的资格。此后白金汉大学坚持将新管理理论纳入大学办学实践当中,其体现最为明显的是大学依靠市场需求进行办学。

由于英国高等教育资源丰富,学校类型多样,学生具有自主择校权,高校之间的竞争也颇为激烈。对英国公立大学而言,"等到没有国家的财政支持成为其基础的必要条件时,就等于相信人们可以生活在几乎完全消失的期望中,这一虚无的愿景终究是空想的。"③ 而对于私立大学来说,充足的生源是学校资金丰硕的保证,也是未来学校发展与改革的基础保障。白金汉大学为了吸引更多的英国学生和外国留学生,必须在学校的声誉、师资力量、人才培养、课程设置、就业环境等方面着力下大功夫。因为其发展较之英国古典大学、城市大学、"平板玻璃大学"等国家资金支持的大学略显逊色,想要吸引更多的学生和资金,必须按照英国市场所需来培养人才。20 世纪 90 年代初,白金汉大学再次强化其办学宗旨就是要使学校与社会

① The University of Buckingham.Financial Statements[EB/OL].（2007-12-31）[2022-02-17].https：//www.buckingham.ac.uk/wp-content/uploads/2011/10/accounts-2007.pdf.

② Joyce Pemberton.*The University College at Buckingham：A First Account of Its Conception，Foundation and Early Years*[M].Buckingham：Buckingham Press，1979：104.

③ Alan Peacock.Buckingham's Fight For Independence[J].*Economics Affair*，1986，5（02）：22-25.

市场需求相结合。通过与地方政府和社会加强合作,实施市场服务计划,不断更新教学内容、改变人才培养的方案与标准,使其更加明确市场人才需求,满足不断变化的社会需要。

在市场化改革的推动下,白金汉大学提出商业化的管理方式,强化产业教育振兴,促进大学教学与产业相融合,促进科研成果转化。白金汉大学也正是在市场需求导向的引导下,提出建立白金汉大学精益企业中心,强化大学与市场之间的联系,迎合市场需求,多元化吸纳资金支持,紧贴实际,有力地推动大学的扩展,培养学生实用技能,极大提高学生毕业后的工资待遇。例如,2014年10月,据英国《星期日泰晤士报》报道,白金汉大学毕业生在离开学校后的头六个月平均收入为24175英镑,在毕业生工资方面排名第四(不包括伦敦的院校),仅次于牛津大学、剑桥大学和巴斯大学。白金汉大学市场营销总监朱利安·洛夫洛克(Julian Lovelock)说:"很高兴知道白金汉大学不仅在就业能力方面处于领先地位,而且我们的毕业生也获得了较高的薪水。它显示了白金汉大学的学位有多重要。"①

为了使自身与市场相结合,白金汉大学扩大了2年制的人才培养范围,将不同的市场化管理课程、学生实践、教师培训融入其中,有效地推进了大学市场化办学进程。为了实现大学市场化办学的目的,白金汉大学对自身的办学定位提高要求。大学在全球教育合作中积极吸引外域资本,面向全球聘请师资,在课程专业设置上实施跨学科与市场课程相融合的课程。白金汉大学从服务市场中获得大学发展经验,为大学提供了多元化的智力支撑,充裕的经费不断开拓着海外的教育市场,也为白金汉大学卓越与一流人学的建设奠定坚实基础。同时,市场化的需求使白金汉大学形成了兼容并包的创新精神,使其不断努力学习国外先进办学成果,汲取有益养分,聘请国内外著名学者,促使其办学不断国际化。诚如白金汉大学校长赛尔顿在访谈中所言,白金汉大学若没有学习海外私立大学的办学经验,没有与海外国家的积极合作就不会有白金汉大学在大学评比中的积极表现(SA20210628)。

---

① The University of Buckingham.Top salaries for Buckingham graduates[EB/OL].(2014-10-13)[2022-03-01].https://www.buckingham.ac.uk/news/top-salaries-for-buckingham-graduates/.

三、凸显时代前瞻性

1967 年,作为倡导成立私立大学的"吹哨人"约翰·波利博士,发表了"英国应该像美国一样建立私立大学"的倡议书——免受政府的影响,以时代的发展为特色创办一所私立大学。白金汉大学的第一任校长马克斯·贝洛夫也曾在 1976 年白金汉大学第一次学生面谈会上指出,白金汉大学坚持做"时代的宠儿"。[①] 白金汉大学历经 40 多年的发展,在与时代密切融合的办学实践中,将时代前瞻性作为大学发展与改革的方向,建立了具有时代性的人才培养方案和人才质量保证体系,促使其成为英国私立高等教育的典范。

首先,白金汉大学在办学理念上,通过明确的独立自主理念,将课程设置、人才培养、学生学习、教育管理等全部纳入 20 世纪 70 年代之后的大学改革趋势当中,尤其将 70 年代所成立的新型大学的发展模式引入大学的管理中,形成新的大学管理机构。其次,为了更好地将人才培养视作大学根本性的需求,白金汉大学依据时代发展,改变了传统的 3 ~ 4 年的本科学制,按照 2 年制 4 学期的本科学制进行管理,这一举措开创了英国大学 2 年制学制的先河,使学生能够尽快适应时代要求,较早培养其专业技能。最后,在教师的教学中,白金汉大学积极探索小组辅导的个性化教学,将同一专业的不同学生,按照学生的个性特点进行小组教学,并对学生的学习和生活进行记录,这相较于牛津大学的小组辅导更能体现出学生的学习特点,展现出其办学的特色。

1983 年,白金汉大学获得英国皇家特许状,以此步入了大学市场化改革时期。为了更好适应市场化发展,白金汉大学审时度势,积极利用新公共管理理论,借鉴市场化的发展经验,对大学办学理念、人才培养方案、课程、教学等方面进行与时代相适应的改革。1986 年后,白金汉大学获得英国高等教育的认可,校长加入了英国校长委员会。其校长皮科克曾指出,白金汉大学市场化的发展将会与时代同步,在人才培养、专业设置、教育管

---

① Joyce Pemberton.*The University College at Buckingham*:*A First Account of Its Conception*,*Foundation and Early Years*[M].Buckingham: Buckingham Press,1979:100.

理等方面会将时代所需要的人才纳入大学发展当中。[1]尤其是白金汉大学依据地区所需要的人才类型,成立了市场化服务机构,将地方所需人才纳入白金汉大学的学科专业中,以便于白金汉大学服务于地方经济与社会建设。在市场化的办学情境中,白金汉大学同样也看到人才的服务质量有待进一步完善,人才的知识结构和实践技能需要加强,大学根据时代所需创新人才要求,开始实施了课程选修制度,并提出大学质量保证的人才框架,以提高学生的创新能力。在 2010 年全英大学生调查中,白金汉大学取得了不俗的成绩,大学满意度、师生比、人才培养等基准要远超其他公立大学。这与白金汉大学一直以来贯彻的大学办学特色要具有时代前瞻性具有密切关系。

2011 年之后,白金汉大学面对智能化时代的挑战,更加注重办学的时代前瞻性的要求。大学通过更加积极地融入时代的浪潮,提升大学排名,增强全球大学之间的人才交流,以利于大学自身变革。2012 年,白金汉大学质量保证报告发布,其中强调白金汉大学在时代改革中要保持人才的培养质量。2016 年,白金汉大学教学卓越框架的实施,有力地提高了学生的认知技能、实践技能,培养学生解决问题的能力。2017 年,白金汉大学高等教育质量保证局提出了大学的学术标准,并就其 2012 年以来大学在追求一流大学建设中改革的问题进行审查,其目的同样审查白金汉大学的各项改革是否符合时代的要求,并计划在 2021 年联合其他国际合作伙伴研制《研究卓越计划》,以应对未来十年全球经济、社会、文化等方面的挑战。这都充分说明白金汉大学紧跟时代步伐,在办学实践中彰显出时代前瞻性的特色。

四、倡导服务意识

1969 年,白金汉大学的创始人弗恩斯曾在《创建一所独立的大学》报告中强调:“没有一所立竿见影的大学,在英国一所独立大学必然是一所特殊的机构,这与它吸引学生的类型和提供的教育有关。”[2]如何才能更好

---

[1]　David Lethbridge.University Degrees for Sale-The Buckingham Experience[J]. *Journal of Management Development*,1989,8(03):38-49.

[2]　Joyce Pemberton.*The University College at Buckingham*:*A First Account of Its Conception*,*Foundation and Early Years*[M].Buckingham:Buckingham Press,1979:208.

地吸引学生和提供更好的教育，成为摆在白金汉大学面前的一道难题。白金汉大学于 1976 年正式成立并开始招收首届学生，在人才培养上实施了学生服务计划。例如，个性化的教育理念和适应学生个性发展的课程以及学生的个性化辅导，使学生在 2 年制的学制当中完成学习任务和培养相应专业技能。

面对市场化的改革，白金汉大学依据高等教育市场化的改革理念，将人才培养与服务社会相结合，依据服务社会的宗旨对课程、学生学习、教师教学等方面深化改革，有力地提升了大学在英国社会上的声誉。尤其是白金汉大学市场服务计划的实施，明晰了大学不能独善其身，面对社会发展的需求，要坚持服务社会的宗旨，走出象牙塔。为了更好地对学生服务社会的能力进行培养，白金汉大学联合企业、工业、商业、法律等社会部门对学生的职业技能进行实践锻炼，即便是残疾学生，白金汉大学也对其提供特殊的照顾。这一方面增强了学生服务社会的意识，培养了学生的专业技能，另一方面有利于促进白金汉大学对自身办学问题进行改革，以更好契合市场化办学的需要。

2011 年，白金汉大学以卓越和一流的办学理念，开始深化改革，其中最为重要的一项内容依旧是强化大学的服务意识。2012 年，白金汉大学决定在学生的章程上进行改革，制订出一份兼顾一流大学学生管理的方案。该方案能够在学生课程学习和人才培养方案上更加明确所要学习的内容。原先学生小组辅导制的 12 人改成 8 人，基本上每位学生都有一到两名导师辅导，以此保证增加学生的学习机会和提升学生的职业适应能力。当然，学生也会将学习与生活中的问题呈现给导师，导师对学生所遇问题一一解答。白金汉大学将学生与导师相互讨论的时间，也从原先每周 2 个小时调整到每周至少 3 个小时，这样师生之间交流就更加密切。

2011 年，白金汉学生会进行改革，就形成宽松愉悦的学习氛围的构建征求学校意见，形成了学生自发组成的社团。同时，白金汉大学开始着力将学生代表纳入学校的治理环节当中，学生可以对学校的发展提出意见，学生积极参与其中，让其觉得自己是大学的利益相关者。学校的发展总是以个体的成长为中心。2016 年，白金汉大学教学卓越计划中将学生的学术、心理、社会权利写入了大学价值观构建中，学生在教学卓越框架之下，彰显出独特的认知心理。2018 年白金汉大学在大学满意度方面名列前茅。白金汉大学招生和招聘主任詹姆斯·西摩说："在这两个类别中排名如此之高真是太棒了。这是对 2 年制学位的真正认可。白金汉大学重视他们在学校获得的额外帮助,因为他们在小型辅导小组中工作,并且导师有开放政策。很高兴看到我们的高标准教学获得应有的认可。"[1]白金汉大学的发展过程及其成就表明,白金汉大学以学生为中心的学术支持与服务精神,促使着其在追求卓越和一流大学建设上不断改革。

第二节　英国私立白金汉大学发展的影响

一、开创了英国私立大学发展的先河

从 20 世纪初伊始,英国政府与大学之间关系历经多重演变,"政府相信英国的高等教育事业,无论是科研的质量还是毕业生的质量而言,在世界上都是名列前茅的。但在我们的生活中,任何事物都不可能安然地躺在过去的成就上,为了保证和发展我国高等教育的明显优势,我们必须不断在高等教育内而且在更广泛的教育领域内继续努力。"[2]1976 年,白金汉大学敢于脱离政府财政的控制,成为英国 20 世纪 70 年代以来第一所不依靠政府拨款的非营利性私立大学。白金汉大学办学的宗旨就是坚持独立自主,不受政府财政的控制。在私立大学的开创者眼中,国家财政的不断支持会对大学内部发展进行钳制,限制了其大学治理的自由空间,不利于大学实施开创性的办学方案。

白金汉大学作为第一所非营利性私立大学,在欧洲以公立大学为主导的大学办学类型情况下,其发展受到种种外界环境的限制,但白金汉大学依旧以独立、个性、自由的精神为砥柱,以服务人类宏大的理想,奋力向前。犹如 1976 年白金汉大学的开幕仪式上,牛津大主教肯尼斯·吾尔库姆(Kenneth Woolcomb)祈祷的那样,"主啊,请将您的祝福送给白金汉大

---

① 　The University of Buckingham.The University of Buckingham Has Come Top of The Complete University Guide League Tables For Student Satisfaction[EB/OL].[2022-01-28].https://www.buckingham.ac.uk/news/the-university-of-buckingham-has-come-top-of-the-thecompleteuniversityguide-co-uk-league-tables-for-student-satisfaction/.

② 　吕达,周满生.当代外国教育名著:英国卷(第一册)[M].北京:人民教育出版社,2004:88.

学。用你的精神去启迪那些教导和学习的人，并引导他们在对真理、知识、信仰和自由的追求中走得更远；他们的学习可以丰富人类的生活。"[①]白金汉大学创始人的想法其实就是要根据新的发展规则来实现独立大学的发展。该机构的所有活动主要就是要建立一所别具一格的大学，其基本原则不是与原有英国政府支持的大学"唱反调"，而是要培养新的人才，这在英国反对开创独立性大学的人员看来，仅仅是理想主义下的愿望之景，私立大学是在混乱中"玩耍的小丑"，终究不会有所发展。[②]

但作为第一所英国私立大学，其根本愿望就是要按照独立个性的发展理念进行开创性办学。从 1973 年后，白金汉大学为了实现这一愿景，在其募捐、学费、学制、课程、教师管理等方面进行了深入探索，强化教学与实践之间的联系，在许多情况下开展新的创造性活动，形成以卓越与一流大学发展为目标的应用型大学。虽然这所私立大学在独立与个性化发展中面对保守党右翼的攻击，但仍坚持按照独立办学的理念，走出一条非营利性私立大学发展的改革之路，并以此开创了英国私立大学的发展先河。其发展成就也得到社会的认可，有效地促进英国私立大学的发展。

2012 年后，英国出现了一批私立大学，这些私立大学的发展与英国白金汉大学的发展有着深刻关系，如 2012 年成立的英国摄政大学（Regent's University）、法律大学（University of Law），以及 2013 年美国阿波罗集团（Apollo Group）在英国成立的英特夏尔大学（BPP）。这些大学与白金汉大学的办学性质略显不同，虽然不接受英国政府的拨款资助，但是是以英国营利性为目的的大学。此后，英国也相继成立了阿什里奇商学院（Ashridge Business School）和英国金融国际服务协会大学学院（IFS University College）。这些大学成立时间不足 10 年，发展较为迅速，得到了英国皇家的认可并颁发了皇家特许证。它们的办学模式与白金汉大学几乎无异，都在人才培养、专业设置、教师教育、大学管理等方面提出与之类似的模式。除此之外，英国还有一部分私人举办的有关学位课程学习的培训学校但无法授予学位证书，其学生的学位只能委托其他能够授予学位的大学来授予，但这些机构发展的规模较为迅速，从 20 世纪 80 年代末

① Joyce Pemberton.*The University College at Buckingham：A First Account of Its Conception，Foundation and Early Years*[M].Buckingham：Buckingham Press，1979：99.

② Roger Geiger.The Private Alternative in Higher Education[J].*European Journal of Education*，1985，20（04）：385-398.

期 136 家,到 2012 年已形成了 650 家。随着英国商务、创新与技能部不断出台相关的福利政策激发私立大学的发展,使得越来越多的无法提供学位课程的私立机构开始进入大学领域。他们在没有政府的财政补贴情况下,以 2 年制的学制课程,收取学生学费,自主办学,壮大了英国私立大学发展规模。随着进入私立大学人数的增多,英国私立大学的发展进入一个新的时代,吸引了越来越多的企业、工商、基金等进入私立大学。"越来越多的公司也在加入这一行业,如英国著名出版社及教育机构培生集团于 2013 年 2 月宣布开设培生学院(Pearson College),通过与公立大学合作的方式开设 2 年制或 3 年制的以教授实践技能与动手能力为主的商业课程,颁发与其合作的公立大学的相关文凭。其他诸如英国的剑桥教育集团(Cambridge Education Group)和因图集团(INTO)、澳大利亚的纳维塔斯集团(Navitas Group)和学习集团(Study Group)、美国的卡普兰集团(Kaplan Group)和阿波罗集团也是比较大的私立教育集团。另外,还有 100 所左右的海外私立高等教育机构在英国设有分校。"[1] 这些海外私立高等教育机构的发展模式与白金汉大学较为类似,都是依靠国际市场而进行积极改革。英国商业创新和技能部于 2012 年 6 月举行的政府内部会议,提出"高等教育的未来:提升机遇,灵活度和质量"(The Future of Higher Education Provision:Improving Choice,Flexibility and Quality)的专题,对白金汉大学的发展给予了很高的评价,"尽管其机构中学生总数还很少,但是你可以看到急速上升的增长率"[2],其办学特色为英国其他私立高等教育的发展提供了经验。

二、丰富了英国高等教育制度体系

英国在 20 世纪 60 年代后,许多大学如雨后春笋般建立起来,苏克萨斯大学、基尔大学、东英吉利大学等新大学的成立,萨里大学、巴斯大学、伯明翰的阿斯顿大学等高级技术学院的升格,哈特菲尔德、萨德兰、布里斯托等多个技术学院的建立,满足于大批青年接受高等教育的愿望,也影响英国高等教育的发展格局。可以说整个 20 世纪 60 年代是英国高等教育发展格局调整期,但到了 70 年代,英国面临严重的经济危机,所成立的大学

① 匡建江,李国强,沈阳.英国私立教育及其财税扶持政策 [J].世界教育信息,2015,28(02):18-23.
② 黄喆.英国私立高校国资贷款学生激增 [J].比较教育研究,2012(08):93-94.

却寥寥无几。① 但英国第一所非营利性的白金汉大学于 1976 年正式成立。这是英国历史上第一所不依靠政府拨款的私立大学，与其他类型的大学相比，其发展规模上也没有像美国和日本私立大学那样庞大，但其成立与发展具有特殊的意义，它丰富了英国高等教育的体制体系，成为英国私立高等教育的唯一典范。② "作为英国高等教育制度中具有典型意义的私立大学，白金汉大学在英国高等教育体系中成为一个不可或缺的角色。它意味着，在英国高等教育中，私立大学也是一个重要组成部分。"③ 诚如易红郡教授所言："白金汉大学作为英国唯一的私立大学，虽然在英国高等教育扩张中显得微不足道，但从英国高等教育体系的多样化来看，它的发展具有重要的意义。"④

　　白金汉大学打破了英国高等教育的传统，为丰富英国高等教育体制体系的改革注入了新的动力。它改变了"一个世纪以来越来越多的各种阶级和越来越多职业的人以这样或那样的方式依赖于国家，并因此受到国家控制"⑤ 的局面；解决了英国公立长期依赖政府拨款、大学发展忽视自身独立办学的特色等问题；改变了英国 3 ~ 4 年的传统学制，综合原先走读和寄宿的方式，实施对学生的多元化管理；创新了英国小组导师制教学，提高教师与学生的师生比，其个性化学习方案丰富了英国高等教育教学制度。白金汉大学的办学展现了英国高等教育改革中的新制度改革形式，兴起了一种新的制度文化，"一些国家资助的大学开始试点压缩两年荣誉学位时，它们被宣布为'白金汉模式'。"⑥ 在某种意义上，它不是那种新的宏大的发展蓝图，而是以英国高等教育改革的问题以及当前社会发展所需的人才为基础，形成新的大学发展制度。在某种意义上来说，20 世纪 90 年

① 程灵. 二战以来美国对英国高等教育的影响：理念迁移与政策借鉴的宏观考察 [M]. 北京：社会科学文献出版社，2015：97—98.

② Peter Scott. *The Meaning of Mass Higher Education*[M].Buckingham：SRHE and Open University Press，1995：85.

③ 程灵. 二战以来美国对英国高等教育的影响：理念迁移与政策借鉴的宏观考察 [M]. 北京：社会科学文献出版社，2015：97—98.

④ 易红郡. 战后英国高等教育政策研究 [M]. 长沙：湖南师范大学出版社，2016：116.

⑤ Joyce Pemberton.*The University College at Buckingham*：*A First Account of Its Conception*，*Foundation and Early Years*[M].Buckingham：Buckingham Press，1979：192.

⑥ The University of Buckingham.Financial Statements[EB/OL].（2007—12—31）[2022—02—17].https：//www.buckingham.ac.uk/wp-content/uploads/2011/10/accounts—2007.pdf.

代英国高等教育体制的一元化,更加凸显了白金汉大学在新大学与传统大学之间的区别。白金汉大学办学体制在与英国其他高等教育制度上虽然不尽相同,但如果没有白金汉大学,就会产生一种墨守成规的旧习,使英国高等教育制度的发展更加趋向封闭化或僵化,从而失去新大学制度的灵活性、开放性。进入 2011 年,白金汉大学开始朝着卓越与一流的方向前进,其形成的制度文化优势不断丰富着英国高等教育制度体系,这种制度文化不是单纯以功利主义思想为指导,以学究式的学术研究为目的而形塑的大学管理制度,而是在课程设置、教学内容、教学方法、组织管理等方面注重新实验,创新而成新的高等教育制度,这相比英国传统的大学在其"象牙塔"中自我满足要更具有实用性。白金汉大学独立个性的办学模式,是促使英国高等教育制度多元化发展不可忽视的重要力量。

三、提高了英国高等教育资源的竞争力

借鉴白金汉大学的发展成就,英国私立高等教育也迎来了新的发展,其中发展最快的是位于伦敦的圣帕特里克学院(St Patricks College)。它作为当前人数最多的私立学院将近 4000 人,比英国任何一所私立大学人数都多,比肩英国部分公立大学人数。[1] 英国商务、创新和技能部门在分析英国 2013 年私立高等教育的现状时,指出当前全英有 674 所私立高等教育机构,学生人数至少 16 万人,占英国总学生人数的 15%。[2] 这些私立大学的发展借鉴了英国白金汉大学的发展模式,提高了私立大学的发展规模,使得其不断与公立人学竞争,最主要的在于招生方面的竞争。英国高等教育组织提出,当前英国高等教育资源竞争较为激烈,其人数的竞争使得英国公立大学财政不断减少,由 2006 年的 7689.8 万英镑减少到 4569.3 万英镑。[3] 英国高等教育机构的竞争,使得不同的高校开始在招生方面、课程设置、人才培养等方面注重改革。而白金汉大学在课程上的不断深化改革,一方面,给其他英国高等教育带来新的启发,促使其开始利用私营公司相关的项目与大学研发相关课程相结合,提高大学的影响力;另一方

---

①　英国最大私立学院暂停招收海外学生 [N]. 资讯同业速览,2015-03-05.
②　匡建江,李国强,沈阳.英国私立教育及其财税扶持政策 [J].世界教育信息,2015,28（02）:18-23.
③　匡建江,李国强,沈阳.英国私立教育及其财税扶持政策 [J].世界教育信息,2015,28（02）:18-23.

面,有利于促进高等教育之间展开竞争,让学生拥有更多选择机会,从而整体上助推高等教育的发展。[①]

2015年,白金汉大学招生委员会开始着力推行海外招生计划,以提高资源的竞争力,并与美国的卡普兰公司(Kaplan Inc)和阿波罗教育集团等私人教育机构进行合作,提供远程教学服务,学习相应的硕士和博士课程,以提高学生对学校办学实力的认可。面对英国白金汉大学的挑战,英国高等教育组织通过提高大学教学质量、聘请海外优秀教师、强化学生服务意识等方式着力对大学进行改革。英国开放大学高等教育研究信息中心教授罗杰·金(Roger King)表示,白金汉大学与世界其他大学进行有效联合办学,提升了大学在未来发展的竞争力,能够很好地推动白金汉大学在国际上的竞争力,在很大程度上迫使英国高等教育开始着力思索其在未来如何更好地发展。但想要发展私立大学是有很大困难的,尤其在右翼政党的反对下,如何提供自身的发展特色,赢得私立高等教育的发展地位,提高大学竞争的优势是任何大学面对外界环境中都十分重视的问题。在面对未来高等教育的改革复杂性、不确定性的情况下,英国的公共开支都受到不同程度的影响,学生的学费上涨,校园债务也在不断上涨,私立高等教育的机构必然会与公立大学展开新的争夺。[②]

无论怎样,白金汉大学在新情境下,审时度势,将大学的未来发展定义为世界培养实用型人才,面对外界机构的盈利和利润诱惑,大学始终坚持以非营利性办学宗旨,提高英国高等教育资源的竞争力,促使高等教育演变成为一种"消费行为",学校和教师不仅关心学生的学费问题,而且也注重学术研究与人才培养、社会服务等职能的发挥。而反观英国公立大学在不断地提高学费,使学生不得不贷款才能完成学业,这与那些营利性私立大学无异。如果公立大学将所有的资源都投入学校的教育费用和支出上,那可能会影响到其教育水平,降低人才培养质量。2014年,英国政府开始谈论在吸收私立大学的改革经验问题上,提出要在公立大学尝试建立新的教育自由企业主体机构,在未来的10年里扩大实验的范围,扩大非国家机构或私人部门参与其中,以满足英国高等教育的竞争需求。

白金汉大学对研究生人才的培养同样提高了英国高等教育资源的竞

---

① 郭锋.英国高等教育发展的新特点 [J].国家教育行政学院学报,2011(10):84-90.

② 匡建江,李国强,沈阳.英国私立教育及其财税扶持政策 [J].世界教育信息,2015,28(02):18-23.

争力。20世纪80年代,白金汉大学创办了学科专业研究生教育,以专业市场化人才的培养为基础,带动了本科专业的成长。1991年,白金汉大学的巴雷特在学校参议会上指出,白金汉大学以市场化改革,使专业研究生教育与本科教育相一致,极大挖掘了大学发展潜力,为英国市场化人才的培养提供了经验参考。1993年,白金汉大学参议院公布白金汉大学研究生教育培养方案,指出将研究生教育作为支撑白金汉大学本科深化改革的"大后方",大学在科研上和技术攻关上取得丰硕的成果,在胰岛素、人体肥胖、航空机电、人工智能等方面较英国部分研究型大学的科研能力更强,有力地夯实了白金汉大学在英国高等教育中的地位。2018年,白金汉大学的排名再次提升,学校深厚的科研实力使白金汉大学向一流高校转型。白金汉大学卓越的办学成就吸引了英国公立大学的生源,与100多所英国大学竞争争夺250多万英国大学生和200多万潜在国际学生。[①] 在对学生访谈中,有许多优秀学生说到,之所以能到白金汉大学就读是基于白金汉大学办学特色和卓越的办学成就,被其未来将会建成世界一流大学而吸引(LZK20210603、TD20210615、BU20210619、CTW20210625)。白金汉大学教师布莱恩·瑞利斯(Brian Rellis)等人在访谈中也认为,白金汉大学要提高自身办学实力,小而精的大学是学校的基本定位,但一流的办学目标一直都是白金汉大学所追求的。它有它存在的合理性、必然性,也将在未来的10年里成为英国高等教育发展的"标杆",提高英国高等教育资源的竞争力(RB20210618、STL20210712)。

四、推动了全球高等教育改革的时代浪潮

1976年白金汉大学正式成立,大学不接受英国政府的资助,坚持独立的发展理念。但其在发展过程中,受到英国政党的阻挠,加之英国面临严重的金融危机,政治之间的博弈使大学在发展初期困难重重,但白金汉大学不屈不挠,依旧坚持独立自主发展理念,实施了"2年学制4学期"管理模式,创新博雅与个性化的课程设置,坚持独立和特色化的人才培养等办学模式。经过7年的发展,大学的办学成效得到撒切尔政府的认可和英国皇家的首肯,于1983年获得皇家特许状。此后,白金汉大学以市场和实用

---

① The University of Buckingham.Financial Statements[EB/OL].（2011-12-31）[2022-02-17].https://www.buckingham.ac.uk/wp-content/uploads/2011/10/accounts-2011.pdf.

的办学理念,在实用性的课程体系、高效的教师队伍建设、市场化管理制度等方面深化改革,使白金汉大学在英国赢得高等教育界赞誉。值得关注的是,白金汉大学的学生满意度、师生比、就业率三方面在英国高等教育评估中名列前茅。白金汉大学在办学质量上进行深化改革,将 2 年制学制和研究生教育作为质量保证的重点,在课程体系构建、大学管理制度等方面进行深化改革,培养实用型人才。2011 年,白金汉大学在此后的大学评比中,注重将全球化战略作为大学改革的方向,不断参与大学资源排名和资源配置,与国际上卓越大学合作交流。2016 年,白金汉大学颁布了《2016 年合作伙伴关系战略和标准》,着力扩大大学在英国和国外的声誉,以卓越与一流的办学目标赢得大学的独特地位。2020 年,白金汉大学校长赛尔顿在明晰白金汉大学未来发展的道路上明确提出,白金汉大学将会引领全球高等教育改革,旨在促进白金汉大学在跨学科、人才培养、教育管理等方面深化改革,为世界高等教育深化改革提供参考。

白金汉大学以 2 年制的办学模式,扭转了大学在培养人才上不明确的管理制度,确立了人才培养与工商、科技、管理、生产之间密切的关系。大学着力将大学的服务意识作为大学践行独立、自由、个性、创新的理念,走出了一条具有时代特色的发展之路。这不仅在英国高等教育史上绝无仅有,而且在世界高等教育发展模式中也展现出独具一格的特色。2015 年,白金汉大学召开参议会,会议主题要求大学要更加强调外延式与内涵式发展相结合的战略,不仅成立新型学院和科研机构,兼顾不同学科之间的差异,建立一流学科,补齐短板,而且强调人才培养及其知识创新的重要性,使其能够在未来的职业竞争中具有较强的优势。白金汉大学职工威利斯·海尔(Willis Hale)等人在访谈中曾言,白金汉大学所实施的新的发展战略是白金汉从全球教育发展规划的角度来进行的,大学所实施的人才服务、培养、实践等环节在世界私立高等教育中都是最优越的。无论从学生满意度的测评,还是从大学的师生比例以及就业率来看,都在英国大学中名列前茅,这一点是白金汉大学发展的未来优势,也是白金汉大学在新时期不断强化的特色(HW20210609、LF20210628、TD20210710)。

让所有学生获得有意义的人生是白金汉大学不变的办学宗旨。这充分体现在白金汉大学向所有人开放,这种开放对英国较为传统的精英化教育而言,特别是贫富差异不断加大的情况下,使众多贫困家庭的学生步入了高等教育的殿堂,优秀学生升入心仪的高校。白金汉大学吸引了 80 多个国家和地区的留学生,并为学生提供了精致的个性化服务,"不会因为一个交不起学费的学生而退学"是白金汉大学为家庭贫困学生服务的宗旨。①白金汉大学为学生提供个性化的服务,吸引许多国家的学生进入大学,形成了多元文化交流社区,有力地促进了世界高等教育民主化、大众化的进程。

　　白金汉大学在新时期审时度势,根据世界变革、社会发展、科技振兴等影响不断深化自身的改革。在访谈中,白金汉大学校长赛尔顿这样评价大学的发展:白金汉大学在全英私立大学首屈一指,它随社会发展、科技以及理想所做出的革新对世界私立大学的发展产生重要的影响,其办学特色总是被其他私立大学进行效仿,但很少能够真正学到学校发展中的精髓,多是形态相似罢了(SA20210628)。白金汉大学以独立个性、市场需求、时代远见和服务意识为导向,为世界各大高校呈现出"小而精"的办学成就,这一点与大型研究型大学或美日大型私立大学相比而言,可能白金汉大学在科学研究、社会服务和人才培养、文化交流等方面的成就上稍逊一筹,但它在40多年的发展时间里,却在全球范围内引起了充分的关注,并在一定程度上助推了全球的高等教育改革,这说明了白金汉大学的办学模式彰显出巨大的潜力,值得全球私立大学深入学习与借鉴。

第三节　英国私立白金汉大学发展的经验

　　白金汉大学作为一所非营利性私立大学,在不依靠政府拨款、没有政府资金资助的情况下,依靠学生学费、社会捐赠、基金等形式,始终坚持独立自主的理念,在课程设置、学生学习、教学与管理等方面深化改革,以鲜明的办学理念、科学化的管理制度、市场化的办学实践、优异化的办学成绩,展现出其办学过程中的时代性、服务性等特色,成为英国私立高等教育的典范。白金汉大学通过适应现代化科学技术和市场化的人才需要,走出了一条别具一格的办学道路,培养了一批具有社会适应能力、创新能力的专业性人才。纵览白金汉大学40多年的发展历程,虽时间跨度不长,但其

①　Roger Geiger.The Private Alternative in Higher Education [J].*European Journal of Education*, 1985, 20(04): 385-398.

中所蕴含的办学经验给予我们重要的启示。

一、坚持独立自主与寻求外部支持相结合

1969 年,在关于《独立大学创办紧迫性的宣言》中曾指出,大学的创办要坚持独立自主性,自主办学,因为"将国家和国家财政与大学财政联系起来的机制变得笨拙和浪费,导致了越来越多的人深表反感,阻碍了实验和创新"。[1]白金汉大学创始人费恩斯认为,假如一所大学的资金来源都是来自国家和政府,"那么大学在学术、学习和研究方面的独立性就无法得到增强。"[2]白金汉大学正是坚持这一办学理念,将独立自主理念贯彻到大学办学实践当中,促使大学在短短 40 多年的时间当中,成为英国私立高等教育的典范,并对当前英国高等教育的改革产生了十分重要的影响。

但白金汉大学独立办学并不是一帆风顺,为了促使大学能够得到有效发展,大学在 1973 年刚成立时,其规划委员会就按照《英国公司法》和伦敦经济学院的先例,采用慈善注册成非营利性私立大学,这开创了大学探索对外依附办学的先河。但大学发展最为困难的是独立大学的发展常常与政治右翼相联系,引起了社会的争议,常被认为独立自主性办学理念是"虚假的",具有虚幻的理想主义。白金汉大学仅是一个私立大学,没有政治的庇佑,很容易被扼杀在摇篮之下。对此,白金汉大学第一任校长贝洛夫曾说:"我们办大学将人们可以免费或以任何其他方式获得的东西出售给他人的东西非常困难。"[3]时任白金汉大学理事会的海莎姆勋爵却与时任工党大臣尼尔·金诺尔在独立的立场上产生矛盾,并公然反抗工党大臣对教育的决策。这使得白金汉大学学院的独立办学地位受到了严峻挑战。即便如此,白金汉大学通过对外积极的斡旋,1983 年获得皇家特许状。1986 年,白金汉大学为了解决吸引学生难的问题,积极向工商界提供服务来不断筹集资金,但不会接受政府对独立自主权的干涉。之后,为了使所培养的人才能够更好适应市场化发展,大学依据政府的市场化改革趋势,实施白金汉大学市场服务计划,强化大学对地方经济和市场的服务意识。

① Joyce Pemberton.*The University College at Buckingham*：*A First Account of Its Conception*，*Foundation and Early Years*[M].Buckingham：Buckingham Press，18.

② Joyce Pemberton.*The University College at Buckingham*：*A First Account of Its Conception*，*Foundation and Early Years*[M].Buckingham：Buckingham Press，18.

③ Roger Geiger.The Private Alternative in Higher Education [J].*European Journal of Education*，1985，20（4）：385-398.

2007 年,白金汉大学又通过 QAA 的评估,实施大学质量保证框架,有效保障其人才培养质量。

2002 年,白金汉大学虽然提出对相关学生贫困家庭信贷问题影响的关注,但没有着力实施,而后所实施的 2010 年的白金汉大学信贷资助体系与级别执行委员会的相关工作并非完全一致,此后,白金汉大学实施了新的方案,"制定了明确的相关财务和环境问题咨询委员会相关的主题基准说明",[①]以表明要依靠外部政策的支持。实际上,白金汉大学的这项倡议,是根据有关级别的工作小组所提出的问题而开展的,它可以有效地对有关的团队进行长期跟踪,把英国的 FHEQ 系统化地整合到一起,以便明确人才培养的标准,提高白金汉大学在 FHEQ 和人才培养标准上的稳健性,从而构建出白金汉大学卓越与一流的人才培养体系。[②]2012 年,白金汉大学高等教育质量保证局依照英国 QAA 标准对大学进行内部详细审查,形成了白金汉大学高等教育保障局审查报告。2016 年,白金汉大学为了满足英国高等教育质量守则的期望,制定并实施了白金汉大学合作伙伴关系战略和标准。同年,白金汉大学制定了白金汉大学教学卓越框架。2017 年,大学又针对其教育卓越框架进行再次审查,形成了白金汉大学教学卓越框架第二年调查结果说明报告。此后,2018 年,白金汉大学与外部参考合作,以满足英国对高等教育期望,制定了相关的白金汉大学学术标准质量守则等。

从白金汉大学的发展历程来看,大学虽然是一所私立大学,但并非完全将自己封闭于"象牙塔"中,大学通过积极依附外在环境和发展经验,形成了与之相互联动的联结机制。白金汉大学校长基莱在访谈中指出,白金汉大学所培养的人才坚决与社会相结合,这是我们大学的责任,但是其发展也要坚持办学的独立性,有机将外部支持环境与自身独立发

---

① The University of Buckingham.Institutional Review: University of Buckingham, August, 2012[EB/OL].[2021-07-16].https://www.qaa.ac.uk/docs/qaa/reports/university-of-buckingham-ireni-12.

② 实际上,私立大学作为英国高等教育的一个重要的组成部分,但其发展并没有可遵循的法律框架,甚至也没有具体的英国私立高等教育的政策法案可作指导。这是因为英国政府对于私立大学的发展采取一种较为模糊的态度而为之,但只要一个私立高等教育提供者,想要办一所私立大学或者计划创办相应的私立高等教育机构,无论是具有独立授予学位权还是选择与其他机构合作授予学位权,都须由英国相关审查机构进行认证、监督和评估,以保证其人才培养的质量。白金汉大学作为英国一所非营利性私立大学,将坚持独立自主办学与主动依附英国外部审查机构有机地结合起来,促就人才培养体系的完善。

展相结合，形成大学相互联动、有效促进的机制，助推了大学不断改革（JT20210608）。

我国民办大学在大学独立性办学与对外支持上往往无法兼顾两者的平衡，很多时候被视作二元对立、非此即彼的关系。有些人认为，民办高校是私立大学，应该直接服务于社会，积极按照社会的"功利性"就能培养好人才，无需按照大学科学研究和人才培养的内在规律；还有些人认为，大学应该是一座"象牙塔"，坚持自身独立性，才能有利于大学未来的发展。实际上，这种二元对立、非此即彼的办学理念对我国民办大学在"府学"关系的处理上已出现失衡问题。任何大学的发展都不可能"独善其身"，逃避国家需要、社会发展、服务社会等人才培养的问题是不能促进大学发展的。而一味追求向外依附，也容易导致大学在自身发展、人才培养、科学研究等方面失偏。

因此，民办大学的发展既要坚持独立办学也要积极寻求外部支持以解决大学自身的办学难题。在大学学术的独立、民主、宽容、自由的学术问题上，要坚持大学自身的办学理念；在汲取外部有益经验养分上，要积极依靠我国高等教育的改革趋势和有效经验，有效做到既坚持大学独立办学的特色，又灵活汲取外部经验，将其转化为大学的发展动力。如此，大学在内外部治理上才能达到有效平衡，推动大学的可持续发展。

二、摒弃大而全的办学规模，保证人才培养质量

从白金汉大学的办学规模上来看，从 1976 年正式成立时的 60 多人，到 2020 年的 3300 人，其发展规模并非与白金汉大学所取得的成就成正比。大学首创前，弗恩斯教授在规划大学的发展人数时，认为英国第一所私立大学将会在成立时人数达到 3000 人左右。而此后在 1974 年 2 月 27 日举行的新理事会第 9 次会议上，大学确认最初的目标是在 1979 年至 1980 年建立一所由 500 至 600 名学生组成的大学，这样就可以被英皇授予皇家特许状。[①] 但大学却在实际录取学生数量上面临"瓶颈"，人数没有达到预期的增加，这使白金汉大学为此开始深思自身办学质量问题。当 1983 年白金汉大学获得皇家特许状之时，大学开始意识到学校人数并非大学质量优

---

① Max Beloff.Starting a Private College： A British Experiment in Higher Education[J]. *The American Scholar*，1979，48（3）：395-403.

越的标准,而是要通过其办学质量展现出来,办学规模的大小并没有成为白金汉大学发展的首要目标,大学质量的好坏应该是由人才培养质量决定的。

1986 年,白金汉大学通过积极进行市场化改革,取得显著的办学成效,其中一个最重要的原因是不盲目扩大招生比例,始终坚持小规模的办学模式,强调人才培养质量,依据市场化办学规律,提出建设与市场相契合的市场服务计划。2003 年,白金汉大学依据市场化的情境增删相关专业课程,形成了人文社会科学学院、计算机学院、商学院等五个学院。此外,大学还提供大量资金开设跨学科小组选修制,有效强化教师的个性化教学和学生的辅导小组学习。相对而言,这种小组辅导制度与传统的班级制相比,其教育成本会很高。就当前的高等教育大众化而言,这种教育模式已经被其他大学所摒弃,但白金汉大学依旧坚持这种教育模式,并限制相关规模,更加强调教师个性化辅导制度和小组教学制。2016 年师生比在全英是最高(参见表 6-1),"有力地保障了白金汉大学教育质量的稳步提升,并使其以优质的教育质量跻身英国名校之列,成为'小而优、小而强'的典范。"① 大学之所以强调这一办学模式与白金汉 2 年制的学制有关系,灵活的入学制度,使得学生可以根据自身的学情,自由选择入学时间。白金汉大学的学制较之传统 3 ~ 4 年的学习时间而言,学制虽短,但学习时间与专业内容并没有减少,而是依据寒暑假的时间进行学习,学习时间相对紧凑和密集。白金汉大学这种紧密而高效的本科教育模式,不但在学生的学习形式上节约了 1 年的宝贵时间,而且也可以使学生提前 1 年进入社会职场,降低了教育的成本,这也是大学极富竞争力的地方,吸引着英国乃至世界的优秀生源。②

---

① 　罗云、王萍. 英国白金汉大学办学特色及启示 [J]. 中国教育技术装备,2008(18):85-88.

② 　孙琪. 国际典型小规模私立大学特色研究及启示 [J]. 黑龙江高教研究,2013(02):48-51.

表6-1　2013—2014白金汉大学与牛津大学、剑桥大学、伦敦大学、

伦敦经济学院师生比及其名次

	2013年		2014年		2015年		2016年	
	师生比	名次	师生比	名次	师生比	名次	师生比	名次
白金汉大学	11.4	第三	10.5	第二	9.6	第一	9.6	第一
牛津大学	11.1	第二	10.6	第三	10.6	第三	10.5	第三
剑桥大学	11.6	第四	11.3	第四	11	第四	11	第四
伦敦大学	10	第一	10.3	第一	10.2	第二	10.2	第二
伦敦经济学院	11.2	第二	10.9	第四	11.1	第五	11.1	第五

（资料来源：（1）The University of Buckingham.University of Buckingham Financial Statements 2013[EB/OL].（2014–12–31）[2022–02–17].https：//www.buckingham.ac.uk/wp–content/uploads/2016/02/accounts–2014.pdf.（2）The University of Buckingham.University of Buckingham Financial Statements 2013[EB/OL].（2017–12–31）[2022–02–17].https：//www.buckingham.ac.uk/wp–content/uploads/2018/10/2017–Annual–Accounts–FINAL–SIGNED.pdf.）

从世界其他私立大学发展规模来看，并非所有的大学都是以规模宏大、学科健全、人数众多，也有许多"小而精"的私立大学成为世界一流大学。如英国的伦敦政治经济学院、美国的加州理工学院。这些著名的高校学生并不多，但具有学科发展优势。伦敦经济学院人数6000多人，以社会科学研究著称，加州理工学院8000多人，以理工科研究成为一流学科大学。这些大学都是以"小而精"而蜚声世界。而我国在当前的民办大学建设当中，其内涵式发展并不完全展现出我国民办高等教育的优势，往往民办高校较急功近利、好大喜功地比谁能建设成"巨型私立大学"①，其办学

① 我国的"巨型私立大学"与美国著名高等教育学者克拉克·克尔视野中的"多元巨型大学"有所区别。我国的"巨型私立大学"往往具有大学规模庞大、学科数量大、结构较复杂等办学特点，更多注重外延式的扩展，而忽视大学的内涵式办学。而克尔的"多元巨型大学"的内涵有着更深层次的理解。他认为，"多元巨型大学"与校园的建设无关，也没有严格的学生规模限制，不是由外部力量共建而来的大学，也不是由多个校园合并的大型学院。这就好比一所由知识分子把持的工业城市，充满了智慧与思想，拥有一套为各种社区服务的精神。这类大学的目的并非单一的，而是集于多种的、持续的、具有发展的目的；大学内在的管理机制是多变与开放性的，并非闭塞与死板；大学具有许多真、善、美的幻想以及具有许多通向这些幻想的道路；大学能够更好肩负着培养人才的责任，同时肩负着发展科学、文化、服务社会的使命。参见克拉克·克尔．大学的功用[M].陈学飞，等译．南昌：江西教育出版社，1993：95–98.

实践也往往不顾自身的办学类型和社会发展要求,盲目跟风,扩大学生数量,以建设"巨型私立大学"为目标,将丰硕的资金和宝贵的资源应用于大学的外部建设,不断扩充相关专业和学科;以资金多少、学科规模、校园面积、教师数量等标准来标榜大学的发展,忽视了人才培养、科学研究、社会服务、文化传播等大学的职能,远离了其办学初衷。在此背景下,学校的育人生态也遭受侵蚀,而作为育人为本的教师,往往将精力放在"名利场"上,忽视为党育人、为国育才的人才培养理念,致使所培养人才质量下降。

我国民办大学应适当控制规模,依据自身的办学定位,潜心育人,将大学发展的资金投入学校内部人才质量保障上,不能将规模的大小视为办学成就的唯一标准,要坚持"小而精"的办学模式,克服"贪大求全"办学思想。面对大学二级学院众多的问题,民办大学应该控制学院数量,摒弃增加专业的全面性和广泛性的办学理念,立足大学的学科优势,增设相关专业,走民办高等教育内涵式发展之路,提高民办大学人才培养质量。

三、立足市场发展机制,强化与产业的合作

"在英国,至少有一所大学准备好告诉学生需要学什么,以便在现代世界成为一个有创造性和负责任的地方做好准备。"[①]白金汉大学 40 多年的办学经验,将立足市场发展机制,与市场产业之间强化合作,使其成为私立高等教育的典范,其市场发展机制能够较好地反映出作为一所非营利性私立大学的办学经验。为了提高大学培养市场化人才的需求,白金汉大学提出了针对市场化课程的发展理念,"随着前沿知识变得越来越专业化,大学也应该越来越对他们的课程进行专业化设置,并向学校输出专业化的人才,所以现在大学越来越有义务去定义他们的知识兴趣,以便他们在未来的职业生涯中做出非常重要的决定。"[②]1973—1982 年 10 年间,白金汉大学通过积极探索有关专业化人才的问题,提出专业与个性化的培养方案,获得英国社会的高度认可。此后,白金汉大学依据英国市场化的改革理念和新公共管理理论,对市场化办学进行改制,提出建立社会化的人才培养方案,强调人才要为地方经济服务。此外,大学还成立了精益企业中心和

① Joyce Pemberton.*The University College at Buckingham*:*A First Account of Its Conception*,*Foundation and Early Years*[M].Buckingham:Buckingham Press,198.

② Joyce Pemberton.*The University College at Buckingham*:*A First Account of Its Conception*,*Foundation and Early Years*[M].Buckingham:Buckingham Press,196.

出台市场服务计划等举措，有效地促进了大学对市场化适应性的改革，构建了相对稳定的产业合作伙伴机制，助推了学生市场化技能的培养。

2011 年，面对数据化大时代的改革背景，白金汉大学强化市场化与全球化之间的双向联动，提出强化工商、企业之间的联动机制，在专业化课程上注重市场化课程，并针对人才培养质量给予相应的知识培训，以促使相应知识的转移和深化合作。2013 年，白金汉大学商学院通过与英国商业、企业等部门加强联系，与世界领先的企业联合培养人才，以促使知识与产业相互转化。白金汉大学不单单是教授学生知识和技能，而且还为学生提供积极的学术资源，将市场知识和信息有效传递学生，为学生提供全新的市场企业项目，尤其是通过校企合作项目可以为大学怎样培养更加适应产业化人才提供育人理念。当然，大学聘请市场化的人才也可为其跨学科课程的设计提供指导意见，为新的学徒行业协会提供认证建议。

白金汉大学市场化办学的改革不仅使大学的课程与企业、社会紧密发展，还提高了学生对市场知识、信息、人才、技能等方面的学习兴趣。2015 年，白金汉大学医学院成立，这是英国自 20 世纪 40 年代以来第一所独立的非营利性医学院，学院注重使医疗与地方经济和科技产业相互合作，帮助医院培训地方性的医务工作人员，此后申请人数持续上升，本科学历人数增加了 38%。[①] 白金汉大学教育学院还积极探索和本地中小学合作，帮助培养新入职的教师，形成新的学徒制项目。这也是白金汉大学精益企业管理中心坚持的双赢理念：让企业知道大学能够做什么，能够为企业带来怎样的好处，适合什么样的项目，企业也可以为大学提供新的发展机制和改进方案，可以帮助大学吸纳外来的资金，推动大学发展。2018 年，白金汉大学再次举办企业合作论坛，旨在构建大学与企业之间双向合作机制，为达成深度合作提供有益的合作方案。白金汉大学将自身的办学优势与市场发展机制相结合，使企业与大学之间形成良性互动，构建校际网络机制。大学通过不断举行这样的校企合作项目，强化了大学培养人才的技能，让学生在更加真实的企业和产业环境中培养动手实践的能力。这也是白金汉大学在面向未来一流大学建设中，希冀通过深化与企业、社会合作关系，提高大学的教学和知识转移的能力，以利于促使大学服务社会职能的发挥。

---

① The University of Buckingham.University of Buckingham Financial Statements 2013[EB/OL].（2015-12-31）[2022-02-17].https：//www.buckingham.ac.uk/wp-content/uploads/2011/10/accounts-2015.pdf.

从整体来说,白金汉大学通过学校与企业相互合作,企业与大学之间能够面对面沟通合作,共利共赢。而我国私立高等院校在校企合作、促进产业振兴方面往往表现不佳,大学没有积极与市场合作,所培养的人才较难适应市场的需求。另外由于学生市场实践能力不强,学生在社会交往能力、沟通能力、团队合作等方面存在不足,毕业后往往不能较快较好地融入市场化的环境当中,更遑论在当前全球化背景下,培养学生跨国际合作的能力。

因此,要解决当前我国民办大学在市场化发展中的瓶颈问题,除了注重大学市场化的改革之外,还应该成立专门的校企合作部门,与相关的工商企业委员会进行多元化合作,积极聘请相应的高级专业技术人员到学校任教,寻求企业的支持,与企业签订人才培养计划,开设相关的跨学科课程学习。针对校企合作项目,要大力组织与引导师生参与其中,提高市场化人才培养的质量。对于民办大学学生社交能力的培养问题,高校还要强化学生的语言能力,增强学生的交往意识以及团队协作能力。

四、以人为本,积极构建人才服务保障体系

白金汉大学创始人弗恩斯曾言:"在没有一所大学愿意为个体服务下功夫时,我们怎么能说大学是好还是不好? 真正的考验是学生是否愿意进入大学,他们和他们的父母愿意牺牲多少。"[①]对白金汉大学来说,其卓越的办学成绩的背后离不开大学坚持以人为本的服务理念。1976年,白金汉大学校长贝洛夫在校长会议上提出,白金汉大学坚持对学生负责,有效为学生提供个性化辅导。每个学生都会被分配一个私人导师,学生可以向导师寻求学术和非学术上的建议和意见,以利于其完成学业。[②]1983年,白金汉大学获得英国皇家特许状,大学在其英国女王的特许宪章中同样提出了要坚持以学生的服务为宗旨,提高大学的办学能力,增强学生参与学校管理的权利。作为英国2年制的"学生之家",为了提高学生适应市场化的能力,自20世纪80年代开始,白金汉大学强化实用性的人才培养目标,注重对学生的专业技能和市场化实践进行培训,尤其是白金汉大学市

---

① Joyce Pemberton.*The University College at Buckingham*:*A First Account of Its Conception*, *Foundation and Early Years*[M].Buckingham:Buckingham Press, 201.
② Joyce Pemberton.*The University College at Buckingham*:*A First Account of Its Conception*, *Foundation and Early Years*[M].Buckingham:Buckingham Press, 93.

场服务计划的提出，较好诠释了对学生的负责精神。白金汉大学在学生的小组学习和教学质量上进行了深化改革，由原先 12 人改成 8 人。在白金汉大学教学质量保证中，大学积极倡导学生通过参与学校学习与教学委员会和学生执行委员会的方式来为其质量保证做贡献。在学生入学时，白金汉大学提供公开透明的入学机会，即便申请人为残疾学生，白金汉大学也依据残疾事务委员会的要求，为其提供特殊的服务政策，在学生学习方案设计、学习资源使用、学术能力培养、残疾学生津贴等方面进行帮助，以促进学生完成学业。当然，为更好支持学生学习，白金汉大学提供优雅的学习环境和学习资源，如个性化的图书馆、优雅的餐厅、配备齐全的宿舍等都展现了白金汉大学以人为本的理念。此外，大学还提供覆盖面较广的助学金、奖学金和相应的学生贷款以帮助学生完成学业。

白金汉大学在处理学生投诉与上诉问题上，制定了一套完善的制度。大学通过发放相关的《学生手册》，让学生明晰相应的投诉或上访渠道，由书记官向学生提供相应的咨询意见。2009 年，白金汉大学在学生的职业指导方面进行改革，为学生学业指导提供相应的部门研讨会、个人导师建议、校友研讨会等活动以促使学生就业。在面对不同国际学生时，白金汉大学通过在网站上专门为海外学生提供岗前培训方案，通过邀请所有感兴趣的公司与学生进行合作，让个人导师为其提供密切的个人支持。在研究生的学业指导上，白金汉大学所提供的《研究生手册》中明确导师的职责，要求每一个研究生都要有 2 名导师，以满足学生学习和生活需要。2012 年，白金汉大学还成立专门的协作部门对学生的学习提供支持。2016 年，白金汉大学学习与教学委员会提出了相应的教学卓越计划，对学生的学业进行密切跟踪，在其教学质量框架中强调为学生服务的宗旨，让学生觉得他们是大学利益相关者。这种以学生为中心的学术支持精神，使得大学不断获得较高的满意度。

卓越的教师队伍是白金汉大学发展的砥柱，他们勇于创新、敢于作为的精神是促使大学成为私立高等教育典范的重要支撑。白金汉大学成立时，就坚持以人为本的服务宗旨，吸引马克斯·贝洛夫、奥克·肖特、艾伦·皮科克、迈克尔·波拉尼等 30 多名著名教授加入白金汉大学。可以说他们在教学和管理方面具有较高的话语权，在学校的管理方面发挥了巨大的作用，如其中的 2 年制本科学制，就是他们根据自身的教学经验和当前社会的发展需要集思广益而成；在教师教学上，所实施的师生互动的小组制和教师个性化的"教授制"，也是他们从牛津和剑桥大学借鉴而来并加以改造而成。在白金汉市场化改革情境中,白金汉大学十分重视对教师的服务工作,不仅赋予教师参与校务权利,而且也积极聘请校外人才来大学讲学,并对大学质量进行监测。在大学追求一流和卓越的过程中,白金汉大学发布全球招聘信息,许多著名的优秀学者纷至沓来,成为白金汉大学的一员,甚至许多企业高管也前来白金汉大学应聘。这都得益于白金汉大学知人善任、爱惜人才的服务精神吸引了有志人才的参与。他们的加入,在很大程度上有力促使大学教育质量的提升,使白金汉大学蜚声世界,受到社会一致好评。

当前,我国民办大学在师生服务上存在较多不足。由于民办高校接收的学生生源参差不齐,多是没有顺利升入公办大学的学生。民办大学个性服务意识淡薄,学校对学生没有高度的负责精神,由于没有得到较好的培养,导致学生在毕业后得不到用人单位的赏识。在民办大学师资方面,民办大学服务教师的精神欠缺,严格的集权管理和琐碎的行政考核,使民办大学教师身心疲惫,无力教书育人。

因此,我国民办大学要转变服务意识,摒除陈旧、封闭、老套的办学理念,以师生为中心,坚持以人为本,完善师生各项服务措施,强化服务意识,加强服务体系建设,保障师生的各项权利。此外,高校还要加强各种服务制度的完善,积极利用国家赋予民办大学的政策红利,在资源环境和设备上,想方设法为师生提供良好的发展平台,以培养人才、关爱人才、尊重人才的服务精神,不拘一格地为学生学习、生活、实践以及教师教学与科研等方面提供便捷有效的服务,以此营造更利于人才培养、人才使用、人才评价的良好氛围。"种好梧桐树,引来金凤凰",我国民办大学在管理制度上要重视人才服务工作,构建以人为本的人才服务体系,这样其就会像一块磁铁吸引着优秀生源和著名学者慕名而来,从而推动民办大学的进一步发展。

五、开阔的全球化视野,彰显本土办学特色

在白金汉大学成立前,作为一名英国的内科医生约翰·波利博士通过开阔的视野,深思美国私立大学办学模式可否在英国实施,并提出在英国建立一所私立大学的想法。但是怎样办好一所私立大学,使之具有特色成为摆在创始人之前的一个难题。1969 年,弗恩斯公开发表的《走向一所独立性大学计划》中对此说道:"假设建立一所独立大学这一更大的目标在英国社会的当前情况是有效的……我们必须认识到,建立一个独立的卓

越教学中心的目标，只能分阶段实现，只有做现在大学不愿意做的事情，它才能形成；它所做的工作必须大规模地进行，以便掌握必要的资源，扩大其工作的范围和性质；只有学会如何和数量打交道，才能产生高质量的产品。"① 为了凸显出白金汉大学的办学特色，在历经多次的讨论和商讨，学校决定实施 2 年学制人才培养计划，并在学生的课程上坚持传统和现代相结合的方法，构建博雅的基础课程与个性化专业课程的体系。在教师教学方面，白金汉大学教师通过引进牛津的小组辅导制度，并在其基础上加以创新；在大学管理制度上，实施了灵活的学生入学制度，学生在 1 年的 4 个学期随时都可以入学。

在白金汉大学市场化办学实践中，尽管面对如火如荼的市场化改革和全球化发展的挑战，白金汉大学依旧没有放弃大学初创时期所形成的办学特色。大学坚持 2 年制的本科办学特色，并在此基础上增设了研究生教育，形成了 3 年本科硕士连读的学制。尤其是白金汉大学在尝试积极探索全球资源共享机制中，与全球 80 多个不同的国家和地区进行联合培养人才，借鉴他国大学发展经验，形成了自身的办学特色，有效吸引了全球优质生源，提升了学校的竞争力。为了进一步促使白金汉大学办好一流私立大学，2012 年，白金汉大学拓宽全球视野，增强全球之间的交流，深化全球高等教育之间的合作，进一步提升国际化人才市场的竞争力。2016 年，白金汉大学实施了合作伙伴关系战略和标准，对扩大其在国外的影响力提出了要求，通过大学学术声誉建立伙伴关系。在其内部治理上，白金汉大学坚持独立自主的办学理念，在市场化和专业课程上相结合，按照英国高等教育资格框架为标准形成了精品的课程教学。2016 年，白金汉大学在教学卓越框架中提出未来白金汉将面对国际化中的挑战，但其所坚持的以质量为保证的人才培养计划不会随着改变，尤其是人才的培养标准将会得到重要的监测，以促使人才质量得到保障。

白金汉大学开阔的办学视野，可以为我国民办大学改革提供丰富的经验参考。我国民办大学往往在全球性办学视野上存在不足，表现在大学不能依靠全球性的发展趋势对课程设置、人才培养、教师教学等方面进行改革，无法凸显出自身的办学特色。例如，民办理工院校，往往以培养理工人才为主要的学校，但学校由于自身缺乏全球化的视野，无法把握大学发展

---

① Joyce Pemberton.*The University College at Buckingham*：*A First Account of Its Conception*，*Foundation and Early Years*[M].Buckingham：Buckingham Press，210.

趋势,往往盲目增设较多与本身特色不相符的专业,有些专业并不能展现办学特色,反而造成学校资源极大浪费,忽视自身办学特色。还有些民办高校,为了紧随全球化的步伐,对自身特色的专业学科不断更换,美其名曰依据国际社会需求而变化,但实际上由于自身本土特色不够凸显,导致在"随大流"的趋势中,使得其发展同质化,无法展现出独特的办学特色。

为此,我国民办大学首先应该积极面对全球化的挑战,开拓视野,以"有所为有所不为"的态度加强大学的改革。对以相关学科为基础而形成的特色民办大学,在面对全球化的改革下,要对其进行强化。对与市场密切相关的学科,民办大学要根据大学的办学传统、办学理念和发展目标,结合地方经济、人才需求、师资力量等多方面的需求,因地制宜、因时制宜对大学相关学科、专业、课程等方面进行增设和调整,以更好地突出个性化办学特色。对于那些尚未形成特色的办学高校,应该综合大学比较具有或可能具有较大特色的专业、课程、教学等方面,通过长期不断的实践和探索,培育适合自身的教育教学模式、课程体系和教学方法。[①]

六、与时俱进,积极调整高校发展战略

纵观白金汉大学40多年的发展改革成就,它之所以能够成为英国私立高等教育的典范,与其坚持与时俱进、积极调整大学战略有着密切的关系。在大学成立之初,就呼吁借鉴美国私立大学的发展模式,希望能创办一个脱离英国政府控制的独立大学,"如果所有的大学都由一个占主导地位的来源(政府或私人)提供资金,那么这所大学的学术、学习和研究方面的独立性就无法得到增强。"[②]为此,创办一所脱离政府控制的独立大学成为兴办私立大学的初衷,可这种想法遇到了种种困扰和现实困境。

在1973—1982年大学初创的10年间,一些有志先贤就站在了英国高等教育发展的前沿,力排众议,艰辛探索,以独立个性的办学理念,构建了白金汉大学个性化的课程体系、师生互动的小组制度以及"2年制4学期"的管理制度。这一办学特色奠定了白金汉大学未来进一步扩展和深化改革的基础。20世纪80年代,面对英国高等教育体制的转型,白金汉

① 罗云,王萍.英国白金汉大学办学特色及启示[J].中国教育技术装备,2008(18):85-88.
② Joyce Pemberton.*The University College at Buckingham：A First Account of Its Conception，Foundation and Early Years*[M].Buckingham：Buckingham Press, 18.

大学由于自身办学管理体制的灵活性，大学按照撒切尔夫人所倡导的新公共管理理论对其进行市场化改革，积极调整大学的发展理念，以市场和实用的改革逻辑，促使大学各项发展与市场化相契合。在大学的专业设置上，设置了与工商市场发展相适应的专业，统筹协调其他相关专业。在人才培养上，改变原先大学"象牙塔式"的人才培养标准，转变为所培养人才要具有为地方经济服务的能力。为了提高大学在育人方面市场化的改革力度，白金汉大学提出了大学市场服务计划，旨在探索大学未来培养具有实用型和市场化精英人才的教学模式。在学生的专业技能和教师的实操培训上，注重学生的市场化实践能力的培养，提高教师在产业振兴和实操培训方面的能力。2001年，白金汉大学首次参与QAA审查，对其市场化办学质量和标准进行全面详细审查。结果表明，白金汉大学在面对市场化改革情境中做到了与时俱进，满足了大学市场化发展的需求。2003年，英国教育部质量监测委员会对白金汉大学的市场化办学再次进行评定，结果显示白金汉大学达到了最高的一级。①2008年，白金汉大学为了强化大学市场化办学的战略，实施了白金汉大学教学质量保证框架，在敦促大学要紧跟市场节奏的同时，一定程度上还保障了人才培养的质量，这为白金汉进一步深化一流大学改革提供了有力支撑。此外，白金汉大学也将与市场不相关的专业予以撤销，反对盲目地扩大大学规模，坚持把白金汉大学所设置的学科都办成一流学科。如果其不符合市场化办学理念，不能保证人才培养质量，大学会把相关专业撤销。

在英国智能化时代和高等教育政策变革的背景下，白金汉大学意识到必须对大学深化改革，坚持与时俱进的发展战略，强化卓越和一流大学建设，提高大学竞争力。为此，2011年之后，白金汉大学提升了大学排名，参与全球高校合作，强化学科建设。塞尔顿校长在访谈中认为，学科排名是大学整体排名的前提要素，因此在学科建设上坚持择优和互联性原则，使得白金汉大学的法律学院、人文社会学院、商学院、计算机学院、医学院、心理学院在英国具有较强的实力（SA20210628）。为了提高白金汉大学的发展战略性地位，抢占人才高地，白金汉大学积极融入全球化大学的交流中，2016年实施了合作伙伴关系战略，与世界不同大学之间联合培养人才。为了吸引人才加入，白金汉大学面向全球招贤纳士，以提升其师资力量。在学生的创新能力培养上，白金汉大学2012年发布白金汉大学高等

---

① 张志勇.英国教育的传统与变革管窥[J].当代教育科学，2005（16）：42-45.

教育质量审查报告,详细审查了白金汉大学生学习机会、学习动机、学习质量、学习标准等方面,并提出相应的改革建议。2016 年,白金汉大学依据教学卓越框架,对大学自身的教学质量进行详细审查,并提出相应的改革举措。2017 年,白金汉大学教学卓越框架第二年报告发布,对白金汉大学教学审查结果进行说明,并为大学深化改革提供建议。同年,白金汉大学发布白金汉大学高等教育评估,对其学术标准和质量是否符合英国期望进行判断。2018 年,白金汉大学发布白金汉大学监测访问报告,提出白金汉大学在满足 QAA 要求的同时,其未来发展战略上要注重一流大学的建设。

从上述可以看出,白金汉大学审时度势,站在时代发展与改革的前沿,高瞻远瞩。在坚持办学理念、人才培养、市场化改革等方面都强调了大学改革要与时俱进,积极调整办学发展战略,这样才能不被时代抛弃。我国民办大学在高校发展战略建设上存在短板。虽然我国近年来出台了《民办教育促进法》(2016)、《关于鼓励社会力量兴办教育,促进民办教育健康发展的若干意见》(2017)等政策,但民办高校由于与时俱进的发展与改革意识不强,存在盲目跟风现象,不能从自身独立传统上形成有效的人才强基战略、质量保障战略、特色发展战略,致使民办高等院校在我国高等教育体系中的重要的地位和所应彰显的角色没有展现出来。

因此,民办高校应该勇于立时代之潮流,高瞻远瞩、解放思想、与时俱进,牢固立德树人根本任务,树立“凡事预则立,不预则废”的战略意识,强化人才培养质量战略、学科建设战略、师资队伍建设战略、市场化办学战略,将战略意识作为大学开展人才培养、科学研究、社会服务、对外文化交流等职能发挥的圭臬,不断将大学鲜明的办学理念、特色化的育人制度、高质量的师资力量、专业化的课程设置、精细化的管理措施等融入各项战略实施中,促进民办高校高质量、可持续健康发展。

结　语

　　白金汉大学的成立,开创了英国私立大学的发展先河。从白金汉大学
40多年的办学实践中可以看出,一所大学想要发展成为具有一定影响力
的大学,必须体现大学的办学特色,这一特色的形成是大学的办学理念与
社会变革不断交织融合的结果。白金汉大学通过坚持独立自主的个性理
念,审时度势,抓住发展机遇,不断提升自身的办学实力和发展水平,丰富
了英国高等教育的制度体系,提高了英国高等教育资源的竞争力,在一定
程度上引领了全球高等教育改革的时代潮流。

　　从整体来看,白金汉大学40多年的发展历史可以划分为三个阶段。

　　第一阶段是白金汉大学的初创期(1973—1982年)。大学基于独立与
个性的办学理念,确定了大学发展需坚持独立自主的办学自主权、个性化
的教育理念以及独立的大学开拓精神。白金汉大学依靠独立个性的办学
方针,在课程设置、人才培养、学生学习、教师教学等方面积极探索。大学
各司其职的人员分工促进了其各项工作有条不紊地推进,尤其是白金汉大
学还开创并实施了2年制本科、4学期管理制度,有力彰显出其灵活的管
理制度。

　　第二阶段是白金汉大学的扩展期(1983—2010年)。大学在原有独立
个性的发展理念基础上,植入了市场化的办学理念,开拓创新,追求市场化
办学,大学的发展理念符合英国当局的市场化改革趋势,获得了英国皇家
特许状。这极大地激发白金汉大学积极探索的信心。此后白金汉大学进
入了快速发展的阶段,将市场与实用型人才作为其培养目标的定位标准,
强化学生的专业技能和市场化实践,实施了大学市场服务计划,为成为英
国私立高等教育的典范奠定坚实的基础。

　　第三阶段是白金汉大学的深化改革期(2011年至今)。大学提出创办
卓越和一流的发展理念,实施了教学卓越框架、学术标准的设定与评估、学
生执行委员会的成立和申诉机制的构建以及外部审查官员的参与等管理

制度。在这些有力改革措施的助推下,白金汉大学以卓越与一流的发展目标,发挥英国高等教育质量保障的优势以及自身的主动创造性,全面提升了人才的培养质量。

白金汉大学灵活的办学机制,积极推动大学不断地适应市场的变化,推动大学市场化改革。首先,白金汉大学重视大学人才的培养,强调应用型人才对大学发展的重要性,加快市场化专业的改革步伐,不拘一格聘请并任命了许多具有企业经验的优秀人才,极大地鼓舞和激发了白金汉大学对培养市场化人才的信心。其次,大学敢于面对市场化的发展变化,撤销一些与市场化发展不相符的学科专业,有力促进市场与大学交叉融合。在2011年后,白金汉大学开始实施新的大学质量保证方案,坚持人才培养质量优先,放慢大学发展速度,对相关学科进行有机调整。为了追求卓越与一流的人才培养质量,白金汉大学还实施了严格的学术评价标准。在这种追求卓越的办学理念影响下,白金汉大学经过全体成员的不懈努力,使其在英国享有盛誉,发展成为影响英国高等教育改革趋向和世界私立大学发展趋势的一所不可忽视的大学。

中华人民共和国成立70多年来,我国高等教育取得了震古烁今的发展成就,实现了高等教育跨越式发展,这种内生外向型的发展模式为建设一流大学提供了坚实的基础。我国民办高等教育也因此步入了快速发展的轨道,建设一流民办大学成为民办高等教育的期盼和愿望。有些民办高等院校还对此列出建设一流大学的具体时间表。为了与其他公立一流大学相一致或者为了比其他大学办得有特色,民办大学投入较多的财力和精力,并提供大量的专项资金用于校园、学科、专业的扩建,但从其大学的内部专业设置来看,虽开设多重的学科专业,但有些专业并不符合其自身的发展规律,偏离了办学宗旨,致使人才培养质量不尽如人意。这种盲目性和急功近利性的办学实践,非但不利于当前一流民办大学的建设,而且还会消解大学的育人标准。"单纯地依靠金钱投入堆积不出一流的大学,喊空口号也建设不了一流大学,如果没有将先进的办学理念落实到具体的办学实践中去的决心和勇气,如果没有改善大学发展的内外部环境,完善大学的发展制度,如果一所大学不能真正形成自己的办学特色和优势,那么希冀在限定的时间内,建成一流大学的想法就是非常幼稚的。"[①]

白金汉大学在40多年的办学实践中,积累了丰富的发展经验。我国

---

①　张金辉.耶鲁大学办学史研究[M].北京:中央编译出版社,2009:171.

民办大学可以从其成功的办学经验中汲取可借鉴的养料，但不能忽视的是，由于国情、校情等不同，我国民办大学的改革应坚持批判性借鉴的原则，汲取其私立大学发展的共性经验。至于其个性办学还要发挥大学个体主观能动性，借助我国当前经济社会发展的浪潮，紧跟时代步伐，遵循民办大学的发展规律，解放思想、实事求是、与时俱进，坚持立德树人根本任务，摒弃急功近利的办学思路，以办学独立性、开放性、时代性、包容性和服务性的理念，注重大学的内涵式发展，一步一个脚印地探索高等教育改革，推进高等教育质量提升，最终实现建设一流民办高等教育的目标。

参考文献

一、中文文献

著作类：

[1] 易红郡.战后英国高等教育政策研究 [M].长沙：湖南师范大学出版社,2016.

[2] 刘虹.控制与自治：美国政府与大学关系研究 [M].上海：复旦大学出版社,2012.

[3] 莫衡,等.当代汉语词典 [M].上海：上海辞书出版社,2001.

[4] 菲利普·G.阿尔特巴赫,丹尼尔·C.列维.私立高等教育：全球革命 [M].胡建伟,等译.北京：中国社会科学出版社,2014.

[5] 伯顿·克拉克.高等教育系统：学术组织的跨国研究 [M].王承绪,徐辉,等译.杭州：杭州大学出版社,1994.

[6] 顾建民.大学治理模式及其形成机理 [M].杭州：浙江大学出版社,2017.

[7] 马健生,孔令帅.学习化社会高等教育的使命 [M].太原：山西教育出版社,2010.

[8] 裴娣娜.教育研究方法导论 [M].合肥：安徽教育出版社,2013.

[9] 廖盖隆,孙连成,等.马克思主义百科要览：下卷 [M].北京：人民日报出版社,1993.

[10] 卡特琳娅·萨利莫娃,欧文·V.约翰宁迈耶.当代教育史研究与教学的主要趋势 [M].方晓东,等译.北京：教育科学出版社,2001.

[11] 钱承旦，等.英国通史 [M].南京：江苏人民出版社，2015.

[12] 孙洁.英国的政党制度与福利制度 [M].北京：商务印书馆，2008.

[13] 王名，李勇，黄浩明.英国非营利性组织 [M].北京：社会科学文献出版社，2009.

[14] 日本世界教育史研究会编.六国技术教育史 [M].李永连，等译.北京：教育科学出版社，1984.

[15] 瞿葆奎.英国教育改革 [M].北京：人民教育出版社，1993.

[16] 郑文.英国大学权力协调与制衡 [M].北京：北京大学出版社，2011.

[17] 贺国庆，于洪波，朱文富.外国教育史 [M].北京：高等教育出版社，2009.

[18] 程灵.二战以来美国对英国高等教育的影响：理念的迁移和政策借鉴的宏观考察 [M].北京：社会科学文献出版社，2015.

[19] 王承绪，徐辉.战后英国教育研究 [M].南昌：江西教育出版社，1992.

[20] 于维霈.当代英国经济医治：英国病的调整和改革 [M].北京：中国社会科学出版社，1990.

[21] 约翰·亨利·纽曼.大学的理想 [M].徐辉，顾建新，等译.杭州：浙江教育出版社，2001.

[22] 埃德蒙·金.别国的学校和我们的学校：今日比较教育 [M].王承绪，等译.北京：人民教育出版社，2001.

[23] 伯顿·克拉克.探究的场所：现代大学的科研和研究生教育 [M].王承绪，译.杭州：浙江教育出版社，2001.

[24] 斯蒂芬·鲍尔.教育改革：批判和后结构主义的视角 [M].侯定凯，译.上海：华东师范大学，2002.

[25] 伯顿·克拉克.高等教育新论：多学科的研究 [M].王承绪，徐辉，译.杭州：浙江教育出版社，2001.

[26] 迈克尔·夏托克.高等教育的结构和管理 [M].王义端，译.上海：华东师范大学出版社，1987.

[27] 吕达，周满生.当代外国教育名著：英国卷（第一册）[M].北京：人民教育出版社，2004.

[28] 张金辉.耶鲁大学办学史研究 [M].北京：中央编译出版社，2009.

[29] 张泰金.英国的高等教育历史·现状 [M].上海：上海外语出版社，1995.

[30] 张建新.高等教育体制变迁研究：英国高等教育从二元制向一元制转变探析 [M].北京：教育科学出版社,2006.

[31] 阿伦·斯克德,克利斯·库里.战后英国政治史 [M].王子珍,秦新民,译.北京：世界知识出版社,1985.

[32] 理查德·鲁克.高等教育公司：营利性大学的崛起 [M].于培文,译.北京：北京大学出版社,2015.

[33] 爱德华·希尔斯.学术的秩序：当代大学论文集 [M].李家永,译.北京：商务印书馆,2004.

[34] 梁淑红.利益的博弈：战后高等教育政策的制定过程研究 [M].北京：光明日报出版社,2012.

[35] 李繁荣.新自由主义经济学思想批判：基于生态正义和社会正义的理论剖析 [M].太原：山西经济出版社,2017.

[36] 王定华,汪明义.英国高等教育：中国大学校长之观察与研究 [M].北京：光明日报出版社,2017.

[37] 克拉克·克尔.大学的功用 [M].陈学飞,等译.南昌：江西教育出版社,1993.

期刊论文类：

[1] 徐雷.民办大学文化建设的思考 [J].黑龙江科学,2018,9（08）.

[2] 姜国平.我国大学自治权：政府干预与司法保护 [J].浙江师范大学学报(社会科学版),2015,40（03）.

[3] 党玲侠.现代大学与外部关系运行机制的构建与创新 [J].教育财会研究,2014,25（05）.

[4] 金一超.论大学章程：学术自治、办学特色与正当程序 [J].浙江工业大学学报(社会科学版),2014,13（01）.

[5] 王伟.学校特色发展：内涵、条件、问题与途径 [J].中国教育学刊,2009（06）.

[6] 赵梦雷.面向新时代中国教育学话语及其体系重构 [J].当代教育与文化,2020,12（05）.

[7] 谢冠华,詹勇."强特色,冲一流"：地方高水平大学建设的发展路径研究——以广东工业大学为例 [J].社会工作与管理,2019,19（04）.

[8] 李新宇.秉承特色办学理念 推进高水平大学建设的实践与思考 [J].

北京教育(高教),2011（09）.

[9] 陈伟,吕杰,姜懿伟.英美两国大学校长职能与选聘方式比较 [J].外国教育研究,2009,36（03）.

[10] 白亮.国外私立大学对我国独立学院内部治理结构完善的启示 [J].世界教育信息,2017,30（11）.

[11] 格莱恩特·琼斯,杜育红,路娜.高等教育中的公立与私立问题：以英国为例的研究 [J].北京师范大学学报(社会科学版),2006（03）.

[12] 喻恺.模糊的英国大学性质：公立还是私立 [J].教育发展研究,2008（Z3）.

[13] 陈涛.大学公私界限日益模糊：全球现象与动态特征 [J].复旦教育论坛,2015,13（04）.

[14] 张建新.走向多元：英国高校分类与定位的发展历程 [J].比较教育研究,2005（03）.

[15] 郭锋.英国高等教育发展的新特点 [J].国家教育行政学院学报,2011（10）.

[16] 李向荣.英国高等教育状况、发展趋势与借鉴 [J].安徽广播电视大学学报,2005（01）.

[17] 连尔婷.欧美私立高等教育发展经验及借鉴 [J].继续教育研究,2020（04）.

[18] 湛中乐,马梦芸.论英国私立高校的内部权力结构 [J].国家教育行政学院学报,2015（03）.

[19] 胡波,全介.中外高等教育经费来源的比较及对我国的启示 [J].中国冶金教育,2000（01）.

[20] 陈法宝.英国就读私立大学新生人数增至16万 [J].世界教育信息,2013,26（19）.

[21] 江庆.英国高等教育财政模式及其启示 [J].复旦教育论坛,2004（02）.

[22] 郜岭.英国私立教育概况 [J].淮北煤师院学报(哲学社会科学版),2002（01）.

[23] 孙琪.国际典型小规模私立大学特色研究及启示 [J].黑龙江高教研究,2013,31（02）.

[24] 徐锦培.英国开放大学教学质量满意度数据解读、比较与分析 [J].中国远程教育,2017（06）.

[25] 李先军,陈琪.英国私立高校第三方评估模式及其借鉴 [J].重庆高教研究,2019,7(05).

[26] 陈露茜,张斌贤,石佳丽.近年来我国外国教育史研究进展 [J].高等教育研究,2017,38(08).

[27] 秦行音.英国工党教育政策的回顾以及新工党的教育政策 [J].全球教育展望,2005,34(08).

[28] 尼古拉斯·巴拉拉,蔡秋英,吕建强.英格兰高等教育财政:由经济学理论和改革得到的启示 [J].国际高等教育研究,2010(02).

[29] 匡建江,李国强,沈阳.英国私立教育及其财税扶持政策 [J].世界教育信息,2015,28(02).

[30] 黄喆.英国私立高校国资贷款学生激增 [J].比较教育研究,2012(08).

[31] 罗云,王萍.英国白金汉大学办学特色及启示 [J].中国教育技术装备,2008,(18).

[32] 张志勇.英国教育的传统与变革管窥[J].当代教育科学,2005(16).

[33] 张圆圆,孙炘.英国高等教育质量保证署评估新动态及其启示 [J].中国大学教学,2012(11).

[34] 郑文.论英国大学副校长的角色、特征及权力 [J].比较教育研究,2006(07).

学位论文类:

[1] 金鑫.我国独立学院法人治理结构研究 [D].武汉:华中科技大学,2011.

[2] 司俊峰.英国大学自治样态的流变研究 [D].上海:华东师范大学,2017.

[3] 袁先潋.论普通高中办学特色 [D].武汉:华中师范大学,2016.

[4] 桂文玲.英国大学的自治传统与现行自治模式研究 [D].福州:福建师范大学,2015.

词典、报纸、文集、网络类:

[1] 顾明远.教育大辞典 [Z].上海:上海教育出版社,1992.

[2] 英国最大私立学院暂停招收海外学生 [N].资讯同业速览,2015-03-05.

[3] 付怡.白金汉大学等三间大学并列第一 [N].羊城晚报,2017-08-24.

[4] 孙洪志.英国大学理事会领导下的校长负责制 [C].北京:中国高教学会高教管理研究会 2011 年学术年会论文集,2011.

[5] 刘春.英国高等教育的评估体系与质量保证机制 [C].北京:全国测绘学科教学改革研讨会论文集,2007.

[6] 环球网留学.2016 英国高校学生满意度调查公布 白金汉大学蝉联第 一 [EB/OL].(2016-08-15)[2021-06-15].https://lx.huanqiu.com/article/9CaKrnJX1um.

[7] 英国白金汉国际教育学院.白金汉大学位列全英大学最佳就业第六 [EB/OL].(2021-10-19)[2022-03-01].https://www.zhihu.com/people/bai-jin-yi-guo-ji-jiao-yu-xue-yuan.

[8] 英国白金汉国际教育学院.自由独立、肩负使命——"铁娘子"撒切尔夫人的理想大学 [EB/OL].(2021-06-16)[2022-03-01].https://zhuanlan.zhihu.com/p/386965870.

[9] 中华人民共和国教育部.中国教育概况——2020 年全国教育事业发展情况 [EB/OL].(2021-11-15)[2022-01-18].http://www.moe.gov.cn/jyb_sjzl/s5990/202111/t20211115_579974.html.

[10] 知乎网.什么是名誉校长? Chancellor 指的是名誉校长,那英国副校长称为什么? 是 vice-Chancellor 么? 这两个谁更牛? [EB/OL].[2022-03-28].https://www.zhihu.com/question/27605753/answer/118972766.

二、英文文献

著作类:

[1] Clark.B.R, Neave G.R.*The International Encyclopedia of Higher*

Education[M].New York: Pergamon Press, 1992.

[2] Turcan R V, Reilly J E, Bugaian L.*Discovering University Autonomy: The global Market Paradox of Stakeholder and Education Values in Higher Education*[M].Cambridge: University of Cambridge Press, 2015.

[3] Peter Scott.*The Meaning of Mass Higher Education* [M].Buckingham: SRHE and Open University Press, 1995.

[4] Daniel C.Levy.*Private Education: Studies in Choice and Public Policy*[M].New York: Oxford University Press, 1986.

[5] W.A.C.Stewart.*Higher Education in Postwar Britain*[M].Cambridge: University of Cambridge Press, 1992.

[6] Peter Gordon, Richard Aldrich, Dennis Dean.*Education and Policy in England in the Twentieth Century*[M].New York: Oxford University Press, 2003.

[7] Joyce Pemberton.*The University College at Buckingham: A First Account of Its Conception, Foundation and Early Years*[M].Buckingham: Buckingham Press, 1979.

[8] Cristian Calude, Dumitru Chitoran, Mimi Maiitza.*New Information Technologies in Higher Education*[M].Bucharest: European Centre for Higher Education Press, 1989.

[9] L. James.*The Rise and Fall of the British Empire*[M].Hong Kong: Martian Press, 1994.

[10] Michael Sanderson.*The Universities and British Industries1850—1970*[M].London: Routledge and Kegan Paul, 1972.

[11] Michael Shattock.*The UGC and the Management of British University*[M].London: Open University Press, 1994.

[12] Peter Gosden.*The Education System Since 1944*[M].Oxford: Martin Robertson Company Ltd, 1983.

[13] Roger Geiger.*Private in Higher Education: Structure, Function, and Change in Eight Countries*[M].Ann Arbor: The University of Michigan Press, 1986.

[14] Zajda J, Daun H.*Global values education: Teaching Democracy and Peace*[M].Netherlands: Springer, 2009.

[15] Geoffrey Walford.*Restructuring University Politics and Power in the*

Management of Change[M].New York：Groom Helm，1987.

[16] Janet Finch.*Education as Social Polity*[M].New York：Longman，1984.

[17] John Pratt.*The Polytechnic Experiment1965—1992*[M].Buckingham：Society for Research into Higher Education Open University Press，1997.

[18] Peter Ribbins，Brian Sheratt.*Radical Education Policy and Conservation Secretaries of State*[M].London：Cassell，1997.

[19] Christopher Ball，Healther Eggin.*Higher Education into the 1990s*[M].Milton Keynes：SRHE and Open university Press，1989.

[20] Ted Tapper，Brian Salter.*Oxford，Cambridge and the Changing Idea of the university*[M].Buckingham：SRHE and Open university Press，1992.

[21] Harold Silver.*Tradition and Higher Education*[M].Winchester：Winchester University Press，2007.

期刊论文类：

[1] Roger Geiger.The Private Alternative in Higher Education[J].*European Journal of Education*，1985，20（04）.

[2] Dugald Mackie，Jobn Martin，Kevin Thomson.Autonomy Versus Accountability Maintaining the Delicate Balance[J].*Tertiary Education and Management*，1995，1（01）.

[3] Max Beloff.Starting a Private College：A British Experiment in Higher Education[J].*The American Scholar*，1979，48（03）.

[4] Rosalind M.O.Pritchard.Principles and Pragmatism in Private Higher Education：Examples From Britain and Germany[J].*Higher Education*，1992，24（03）.

[5] G.K.Shaw and M.Blaug.The University of Buckingham After Ten Years−A Tentative Evaluation[J].*Higher Education Quarterly*，1988，42（01）.

[6] Jone E.Pembrton.The University College at Buckingham，England[J].*The Journal of the Rutgers University Libraries*，1977，39（02）.

[7] Michael Shattock.The Change from Private to Public Governance of British Higher Education：Its Consequences for Higher Education Policy Making 1980−2006[J].*Higher Education Quarterly*，2008，62（03）.

[8] Robert Birnbaum.The End of Shared Governance: Looking ahead or Looking back[J].*New Directions for Higher Education*,2004,27（01）.

[9] Susan Whealer Johnstan.Faculty Governance and Effective Academic Administrative Leadership[J].*New Direction for Higher Education*,2003,1（07）.

[10] Mark Olssen, Michael A.Peters Neo.liberalism, Higher Education and the Knowledge Economy: From the Free Market to Knowledge Capitalism[J].*Journal of Education Policy*,2005,20（03）.

[11] Tahira Nazir, Saif–Ur–Rehman Khan, Syed Fida Hussain Shah, Khalid Zaman.Impact of Rewards and Compensation on Job Satisfaction: Public and Private Universities of UK[J].*Middle-East Journal of Scientific Research*,2013,14（03）.

[12] Fatemeh Hamidifar, Mansoureh Ebrahimi.Academic Leadership in a Private University: An Iranian Case Study[J].*International Education Studies*,2016,9（05）.

[13] Andrew Wilkins.Rescaling the Local: Multi–Academy Trusts, Private Monopoly and Statecraft in England[J].*Journal of Educational Administration and History*,2017,49（02）.

[14] Chris Wilkins.Education Reform in England: Quality and Equity in the Performative School[J].*International Journal of Inclusive Education*,2015,19（11）.

[15] David Lethbridge."University Degrees for Sale – The Buckingham Experience"[J].*Journal of Management Development*,1989,8（03）.

[16] David Smith, Lewis Baston, Jean Bocock, Peter Scott.Americanization and UK Higher Education: Towards a History of Transatlantic Influences on Policy and Practice[J].*Journal of Education Policy*,2002,17（04）.

[17] R.K.Webb.Modern England[J].*Economist*,1986,12（01）.

[18] Alf Lizzio, Keithia Wilson.Student Participation in University Governance: The Role Conceptions and Sense of Efficacy of Student Representatives on Departmental Committees[J].*Studies in Higher Education*,2009,34（01）.

[19] Ella R.Kahu.Framing Student Engagement in Higher Education[J].*Studies in Higher Education*,2013,38（05）.

[20] Stephen Gorard.The link between Academies in England, Pupil Outcomes and Local Patterns of Social-Economic Segregation between Schools[J].*Research Papers in Education*,2014,29（03）.

[21] José Luis Navarro-Espigares, José Aureliano Martín-Segura. Public-Private Partnership and Regional Productivity in the UK[J].*The Service Industries Journal*,2011,31（04）.

[22] Ewan Ferlie, Susan Trenholm.Exploring New Organizational Forms in English Higher Education: A Think Piece[J].*High Education*,2019,77（08）.

[23] Bernard Longden, Charles B é langer.Universities: Public Good or Private Profit[J].*Journal of Higher Education Policy and Management*,2013, 35（05）: 501-522.

[24] Harry de Boer, Jeroen Huisman, Claudia Meister - Scheytt. Supervision in Modern University Governance: Boards under Scrutiny[J]. *Studies in Higher Education*,2010,35（03）.

[25] Mark Blaug, Maureen Woodhall.Patterns of Subsidies to Higher Education in Europe[J].*Higher Education*,1978,32（07）.

[26] Muir Quddus, Salim Rashid.The Worldwide Movement in Private Universities: Revolutionary Growth in Post-Secondary Higher Education[J]. *American Journal of Economics and Sociology*,2000,59（03）.

[27] Tristan Bunnell, Aline Courtois, Michael Donnelly, Tristan Bunnell. British Elite Private Schools and Their Overseas Branches: Unexpected Actors in the Global Industry[J].*British Journal of Educational Studies*,2020,8（02）.

[28] Daniel C.Levy.The Decline of Private Higher Education[J].*Higher Education Policy*,2013,26（11）.

[29] P.N.Teixeira, R.Biscaia, V.Rocha, M.F.Cardoso.What Role for Private Higher Education in Europe? Reflecting about Current Patterns and Future Prospects[J].*A Global Perspective on Private Higher Education*,2016, 27（14）.

[30] Elizabeth Buckner.The Worldwide Growth of Private Higher Education: Cross-national Patterns of Higher Education Institution Foundings by Sector[J].*Sociology of Education*,2017,90（04）.

[31] Stephen A.Hunt, Vikki Bolive.Private Providers and Market Exit in UK Higher Education[J].*Higher Education*,2021,81（06）.

[32] Linda East, Rebecca Stokes, Melanie Walker.Universities, The Public Good and Professional Education in the UK[J].*Studies in Higher Education*,2014,39（09）.

[33] David Lethbridge. "University Degrees for Sale–The Buckingham Experience" [J].*Journal of Management Development*,1989,16（08）.

[34] Alan Peacock.Buckingham's Fight For Independence[J].*Economics Affair*,1986,5（02）.

[35] Alan Peacock.Professional "Gleichschaltung": A Historical Perspective [J].*Kyklos*,1995,48（02）.

网络资源类：

[1] The University of Buckingham.History of the University[EB/OL]. [2021–05–26].https：//www.buckingham.ac.uk/about/history.

[2] The University of Buckingham.Why choose Buckingham?[EB/OL]. [2021–05–26].https：//www.buckingham.ac.uk/study/.

[3] The University of Buckingham.Institutional Review：University of Buckingham, August,2012[EB/OL].[2021–07–16].https：//www.qaa.ac.uk/ docs/qaa/reports/university-of-buckingham-ireni-12.

[4] The University of Buckingham.National Rankings[EB/OL/].[2021–09– 19].https：//www.buckingham.ac.uk/about/rankings.

[5] The University of Buckingham.Buckingham Top of the Class for Staff Student Ratio in Guardian Rankings[EB/OL].[2021–09–19].https：//www. buckingham.ac.uk/news/buckingham-top-of-the-class-for-staff-student-ratio-in-guardian-rankings/.

[6] The University of Buckingham.Review For Specific Course Designation：University of Buckingham, Monition Visit Report,2018[EB/ OL].[2021–09–18].https：//www.qaa.ac.uk/docs/qaa/reports/university-of-buckingham-scd-am-18.

[7] The University of Buckingham.Buckingham Praised for its High standards in QAA Review[EB/OL].[2021–09–18].https：//www.buckingham. ac.uk/news/buckingham-praised-for-its-high-standards-in-qaa-review/.

[8] The University of Buckingham.Higher Education Review（Alternative

Providers）：University of Buckingham，October，2017[EB/OL].[2021-09-18].
https：//www.qaa.ac.uk/docs/qaa/reports/university-of-buckingham-her-ap-1.

[9] The University of Buckingham.Facts and Figures[EB/OL].[2021-11-12].https：//www.buckingham.ac.uk/about/facts and figures.

[10] The University of Buckingham.Buckingham Lean Enterprise Unit[EB/OL].[2021-11-16].https：//www.buckingham.ac.uk/business/bleu.

[11] The University of Buckingham.Course Info[EB/OL].[2021-07-28].https：//www.buckingham.ac.uk/business/bsc/accounting and financial management-3.

[12] The University of Buckingham.Innovation and the Environment：Protecting the Environment through Technology and Sustainable Enterprise[EB/OL].[2021-05-28].https：//www.buckingham.ac.uk/event/innovation-and-the-environment-protecting-the-environment-through-technology-and-sustainable-enterprise/.

[13] The University of Buckingham.Prof Alan Smithers Director of the CEER[EB/OL].[2022-02-23].https：//www.buckingham.ac.uk/directory/professor-alan-smithers/.

[14] The University of Buckingham.How does a Two-year Degree Work?[EB/OL].[2021-05-27].https：//www.buckingham.ac.uk/study/undergraduate/two-year-degrees.

[15] The University of Buckingham.Chancellor[EB/OL].[2022-02-08].https：//www.buckingham.ac.uk/about/chancellor.

[16] The University of Buckingham.Gender Pay Gap Report[EB/OL].[2022-02-08].https：//www.buckingham.ac.uk/about/policies/gender-pay-gap-report.

[17] The University of Buckingham.The University of Buckingham Has Come Top of The Complete University Guide League Tables for Student Satisfaction[EB/OL].[2022-01-28].https：//www.buckingham.ac.uk/news/the-university-of-buckingham-has-come-top-of-the-thecompleteuniversityguide-co-uk-league-tables-for-student-satisfaction/.

[18] The University of Buckingham.Press release：Appointment of Sir Anthony Seldon as Vice-Chancellor[EB/OL].（2015-4-16）[2021-11-16]https：//www.buckingham.ac.uk/contact-us/information-for-the-media/press-

releases/seldon.

[19] The University of Buckingham.BSc Operational Excellence[EB/OL]. [2022-01-28].https：//www.buckingham.ac.uk/business/bleu/bsc-operational-excellence.

[20] The University of Buckingham.Financial Statements[EB/OL]. （2006-12-31）[2022-02-17].https：//www.buckingham.ac.uk/wp-content/uploads/2011/10/accounts-2006.pdf.

[21] The University of Buckingham.Financial Statements[EB/OL]. （2007-12-31）[2022-02-17].https：//www.buckingham.ac.uk/wp-content/uploads/2011/10/accounts-2007.pdf.

[22] The University of Buckingham.Financial Statements[EB/OL]. （2008-12-31）[2022-02-17].https：//www.buckingham.ac.uk/wp-content/uploads/2011/10/accounts-2008.pdf.

[23] The University of Buckingham.Financial Statements[EB/OL]. （2009-12-31）[2022-02-17].https：//www.buckingham.ac.uk/wp-content/uploads/2011/10/accounts-2009.pdf.

[24] The University of Buckingham.Annual Report and Financial Statements[EB/OL]. （2010-12-31）[2022-02-17].https：//www.buckingham. ac.uk/wp-content/uploads/2011/10/accounts-2010.pdf.

[25] The University of Buckingham.Annual Report and Financial Statements[EB/OL]. （2011-12-31）[2022-02-17].https：//www.buckingham. ac.uk/wp-content/uploads/2011/10/accounts-2011.pdf.

[26] The University of Buckingham.Annual Report and Financial Statements[EB/OL]. （2012-12-31）[2022-02-17].https：//www.buckingham. ac.uk/wp-content/uploads/2011/10/accounts-2012.pdf.

[27] The University of Buckingham.University of Buckingham Financial Statements 2013[EB/OL]. （2013-12-31）[2022-02-17].https：//www. buckingham.ac.uk/wp-content/uploads/2011/10/accounts-2013.pdf.

[28] The University of Buckingham.University of Buckingham Financial Statements 2013[EB/OL]. （2014-12-31）[2022-02-17].https：//www. buckingham.ac.uk/wp-content/uploads/2016/02/accounts-2014.pdf.

[29] The University of Buckingham.University of Buckingham Financial Statements 2013[EB/OL]. （2015-12-31）[2022-02-17].https：//www.

buckingham.ac.uk/wp-content/uploads/2011/10/accounts-2015.pdf.

[30] The University of Buckingham.University of Buckingham Financial Statements 2013[EB/OL].（2016-12-31）[2022-02-17].https：//www.buckingham.ac.uk/wp-content/uploads/2017/10/accounts-2016.pdf.

[31] The University of Buckingham.University of Buckingham Financial Statements 2013[EB/OL].（2017-12-31）[2022-02-17].https：//www.buckingham.ac.uk/wp-content/uploads/2018/10/2017-Annual-Accounts-FINAL-SIGNED.pdf.

[32] The University of Buckingham.University of Buckingham Financial Statements 2013[EB/OL].（2018-12-31）[2022-02-17].https：//www.buckingham.ac.uk/wp-content/uploads/2019/10/University-of-Buckingham-accounts-31-Dec-2018-signed-ALL-.pdf.

[33] The University of Buckingham.About Buckingham[EB/OL].[2022-02-28].https：//www.buckingham.ac.uk/about.

[34] The University of Buckingham.Well Being, Skills and Diversity Team[EB/OL].[2022-02-21].https：//www.buckingham.ac.uk/student-life/the-wellbeing-skills-diversity-team/.

[35] The University of Buckingham.Current Vacancies with The University of Buckingham[EB/OL].[2022-02-27].https：//uobjobs.ciphr-irecruit.com/templates/CIPHR/job_list.aspx.

[36] The University of Buckingham.Access Our Careers Service[EB/OL].[2022-02-28].https：//www.buckingham.ac.uk/alumni-giving/services-for-alumni-2/access-our-careers-service/.

[37] The University of Buckingham.Hardship Fund[EB/OL].[2022-02-28].https：//www.buckingham.ac.uk/student-life/hardship-fund/.

[38] The University of Buckingham.Top Salaries for Buckingham Graduates[EB/OL].（2014-10-13）[2022-03-01].https：//www.buckingham.ac.uk/news/top-salaries-for-buckingham-graduates/.

[39] The University of Buckingham.Business Enterprise Graduates[EB/OL].[2022-02-28].https：//www.buckingham.ac.uk/business/bsc/businessenterprise/graduates#roberts.

[40] The University of Buckingham.Finalist Prizes 2012[EB/OL].[2022-02-28].https：//www.buckingham.ac.uk/graduation/prizes-12.

[41] The University of Buckingham.Governance Handbook[EB/OL]. （2021-07-16）[2022-03-01].https：//www.buckingham.ac.uk/wp-content/ uploads/2021/07/Charter-and-Statutes.pdf.

[42] Wikipedia.Royal Charter[EB/OL].[2021-05-26].https：// zh.wikipedia.iwiki.eu.org/wiki/royal charter.

[43] Wikipedia.Private University[EB/OL].[2021-8-29].https：// zh.wikipedia.ahmu.cf/wiki/private university.

[44] The University of Buckingham.Press Release：Margaret Thatcher Centre to be Sited at University Of Buckingham[EB/OL]. （2015-11-03） [2022-03-12].https：//www.buckingham.ac.uk/contact-us/information-for- the-media/press-releases/press-release-margaret-thatcher-centre-to-be- sited-at-university-of-buckingham/.

附　录

附录 A　关于英国私立白金汉大学教师的访谈提纲

Dear Teachers of the University of Buckingham,

Hello! First of all, please allow me to take the liberty of introducing myself. I am a doctoral candidate in the School of Education, Hebei University, China. I am currently writing my doctoral dissertation on the history of the Development of The University of Buckingham. This interview outline is a very important part of my dissertation. In order to conduct in-depth and objective research on the development history of The University of Buckingham, I need to interview you about the development history of the University of Buckingham. Your answers will effectively improve the relevant research of the University of Buckingham. I sent you an email a few months ago, saying that I would visit the University of Buckingham in the UK to interview you about the running situation of the University. However, due to the current global epidemic of COVID-19, there are many difficulties in obtaining an overseas visa, so we can only consider using video conference or email to interview you. Of course, there is no right or wrong answer, as long as it truly and objectively reflects the relevant situation of the development of The University of Buckingham . This interview will only be used for the research related to my doctoral dissertation. Your answers will be kept confidential and your personal information and privacy will not be disclosed. I would like to express my sincere thanks to you for your help and cooperation in spite of your busy schedule.

1. Why was the University of Buckingham established and what difficulties did it face in its initial stage?

2. What measures has the University of Buckingham taken and what experience has it accumulated in carrying out market–oriented education reform?

3. What are the characteristics of the University of Buckingham?

4. What is your understanding of the development philosophy, curriculum, talent cultivation and management of the University of Buckingham?

5. How do you tutor students and carry out teaching research ?

6. In the face of education reform in the UK and even in the world, what do you think are the opportunities and challenges facing the University of Buckingham in its future development?

Thank you again for your support and cooperation in this remote interview. Wish you a happy life and everything goes well.

关于英国私立白金汉大学教师的访谈提纲(汉译)

尊敬的白金汉大学老师：

您好！首先请允许我冒昧地介绍自己，我是中国河北大学教育学院的一名博士研究生，现正在撰写有关白金汉大学发展史的博士学位论文。本访谈提纲是我学位论文中十分重要的一部分，为了对白金汉大学相关的研究更加深入客观，需要对您进行白金汉大学发展史的相关访谈，您的回答内容将会有力地完善白金汉大学的相关研究。前几个月给您发邮件，说我会到英国白金汉大学对您进行有关白金汉大学办学情况的访谈，但由于当前全球新冠疫情肆虐，出国签证面临诸多难题，只能考虑使用视频会议或电子邮件进行访谈。当然，您的回答无所谓对错，只要真实、客观反映白金汉大学发展的相关情况就行。本访谈内容仅用于本人博士学位论文的相关研究，您的回答内容将会全部保密，不会泄露您的个人信息和隐私。对您百忙当中给予本人的帮助和合作，表示诚挚的谢意！

1. 白金汉大学为什么会成立，在初创时期面临哪些困难？

2. 白金汉大学在进行市场化办学改革当中实施了哪些举措，积累了哪些经验？

3. 白金汉大学的办学特色是什么？

4.您对白金汉大学发展理念、课程设置、人才培养和管理有着怎样的认识?

5.您是怎样辅导学生学习和开展教育教学研究的?

6.面对英国乃至全球化的教育改革,您认为白金汉大学在未来的发展中所面临的机遇与挑战是什么?

再次感谢您对本远程访谈的支持与合作,祝您生活愉快、万事顺遂!

附录 B　关于英国私立白金汉大学学生的访谈提纲

Dear Students of the University of Buckingham，

Hello! Please allow me to introduce myself first. I am a doctoral candidate at the School of Education，Hebei University in China. My doctoral dissertation is about the development history of the University of Buckingham. This remote interview outline is a very important part of my dissertation. In order to make the research related to the University of Buckingham more in-depth and objective，I need your support and help. Your answer does not matter whether it is right or wrong，as long as it truly and objectively reflects the relevant situation of running the University of Buckingham. This interview is only for the research related to my doctoral dissertation. Your answers will be kept confidential and your personal information and privacy will not be disclosed. Please feel free to answer. I would like to express my sincere gratitude to you for your help and cooperation from your busy study.

1. Please tell us why you come to The University of Buckingham and what your expectations are for your university life?

2. Have you met any difficulties in your study and life in The University of Buckingham and how do you deal with them?

3. How do you complete your studies in 2 ~ 3 years?

4. What kind of career plan did you have during your college years and how did you put it into practice?

5. What is your attitude and opinion about the philosophy of running school，courses offered，teaching staff and management system of The University of Buckingham ?

6. What are your expectations and suggestions for the future development of the university of Buckingham?

Thank you again for your support and cooperation in this remote interview. Wish you success in your studies and all the best in your work.

关于白金汉大学学生的访谈提纲(汉译)

亲爱的白金汉大学同学:

您好!请允许我先介绍自己,我是中国河北大学教育学院的一名博士研究生,我的博士学位论文研究的是白金汉大学的发展史。本远程访谈提纲是我学位论文中十分重要的一部分,为了对白金汉大学相关的研究更加深入客观,需要您的支持和帮助。您的回答无所谓对与错,只要真实、客观反映白金汉大学办学的相关情况就行。本访谈内容仅用于本人博士学位论文的相关研究,您的回答内容将会全部保密,不会泄露您的个人信息和隐私,请您放心回答。对您从紧张繁忙的学习当中抽出时间给予本人的帮助和合作,表示诚挚的谢意!

1. 请您说一说为什么会到白金汉大学求学,对大学的生活有什么期待?

2. 您在白金汉大学学习与生活中有没有遇到什么样的难题,如何应对?

3. 您在大学期间怎样在 2 ~ 3 年时间内完成所学学业?

4. 您在大学期间有着怎样的职业生涯规划,如何实践的?

5. 您对白金汉大学的办学理念、所开设课程、教师教学、管理制度有着怎样的态度和看法?

6. 您对白金汉大学未来发展有着怎样的期待和建议?

再次衷心地感谢您对此次远程访谈的支持与合作,祝您学业有成,工作顺利!

致　谢

四年的博士学习生涯是短暂、充实、激动的，但同时也充满着乏味、寂寥和无奈。依旧清晰地记得，在踏上离别的火车前，与亲人拥抱道别时的那份伤感之情，望着他们逐渐远去的背影，内心感慨万千、百感交集。想起过往的林林总总，思绪不禁再一次把我带回大学学习和毕业后工作与生活的情境中来。

大二，当外国文学老师给我们介绍法国大文豪莫泊桑的长篇小说《一生》时，我被老师讲授的跌宕起伏、扣人心弦的小说情节所吸引。课后，我激动地一路小跑到图书馆借到此书，花了一整天时间，将其读完。其中有句箴言，"生活不可能像你想象得那么好，但也不会像你想象得那么糟"，给我留下了很深的印象。那时，一介白面儒生，似乎也能理解这话语所隐匿的意蕴，但又好像雾里看花、浮光掠影，略显隔靴搔痒、浅薄无力却又差之毫厘、谬以千里。大学毕业后的 4 年间，有了自己的工作和小家，倒有点像"一日看尽长安花"的人生得意之味，但同时也裹挟着家庭生活的琐碎、身体的病痛、职业的瓶颈、人生的迷茫等困顿之感，这常常让我倍感失望、黯然神伤。此时，才真正开始理解生命的跋涉之程并没有想象得那么好，"潦倒新停浊酒杯"才是人生之常态。但无论其中具有怎样的寻常与不寻常、脆弱和坚强、理想与幻灭等"戏剧性"变化，都已经伴随在"充分认识自己"的道路上成为笑看人生的"谈资"——哪怕在崩溃的一瞬间，已潸然泪下、灰心丧气、举步维艰，但也要拍尘掸土、奋勉不懈、远志常伴。

当学位论文在身体病痛、精神兴奋、思想煎熬的交织下完成时，内心并无过多的激动和轻松。望着墙上粘贴的一张张读书与写作计划，桌上积累的一摞摞厚厚的参考文献，只得长吁一声，从容自若、泰然处之。想起在农村，老人有句话说得好，叫"不怕慢，就怕站"。小时候农忙时，家人总是带上我去收割麦子，面对金灿灿、无边际的麦田，内心总是想着"这什么时候才能割完"，可长辈们总是身体力行地告诉我，只要你不停地割，总会是越割越少。这也许让我明白了跬步千里、小流江海、聚沙成塔的道理吧。

回首求学期间的点点滴滴，内心涌现最多、感触最深的还是感恩之情。

感谢我的恩师李文英先生。初次结识先生，是我远在祖国边陲的新疆喀什大学攻读硕士研究生时，与其通过邮件交流史料的相关问题，感觉先生博学多识、析精剖微、见解独到。经过一段时间交流，我决定专程看望先生，其朴实无华、温文尔雅、和蔼可亲的文人气质，给我印象颇深。后更能成为先生的学生，置身跟前聆听先生教诲，实乃三生有幸。先生在学位论文的指导上，循循善诱、如沐春风，对论文选题、框架结构、文稿内容的修改上倾注了大量的心血和精力，给予我精心指导和悉心帮助，并告诉我做学问要着紧用力、脚踏实地、戒骄戒躁。在闲余时与先生交流，其不断进取的学术精神、从容豁达的胸怀气魄，常让我自惭形秽。在生活上，先生如母亲般慈爱，耳提面命、谆谆教诲，总是提醒我在进行学术研究时，要多注意身体，其无微不至的关怀让我备受感动。

感谢朱文富教授、何振海教授、荣艳红教授、田山俊教授、傅松涛教授在我论文写作过程中提出宝贵的意见和建议，对弥补论文的缺陷具有十分重要的参考价值。感谢喀什大学教育科学学院副院长于鹏教授，作为一个研究心理学的学者，经常与我一起交流如何消解学业心理困境的问题，以利于我克服心理焦躁。感谢湖南师范大学易红郡教授、华东师范大学王保星教授、天津师范大学李素敏教授、内江师范学院艾小平教授为论文提出的许多修改意见和建议。

感谢我的爱人汪梅女士，贤良淑德、勤俭持家、知情达理。在我离开家乡的7年时间里，一直忙于学业，没时间照顾家庭，但她从来没有任何怨言，总是在背后默默地支持着我。感谢长子赵轩恩、次子赵轩哲两位小朋友对我没有时常陪伴在身边的理解，尽管你们有时对"人家爸爸都在家，为什么我爸爸不在"产生怨言，但每次解释，总能得到你们的理解与宽容，这让我倍感欣慰，觉得你们"一下子"长大懂事了。感谢爷爷、奶奶、爸爸、妈妈对我倾尽所有的支持与呵护，本已年事已高，应安享晚年，但还要为晚辈的学业和家庭而奔走操劳。你们无私的关爱与奉献是我不断前进的动力。感谢我的弟弟赵春林，挚友李翔宇、吴永红、张迪、高世伟、孔丽欢、王莘莘对我学业的关心、支持与鼓励，你们精辟的人生哲理和社会经验，给予我很多学习和生活的智慧与启迪。

感谢我的同窗好友刘永虎、陈博、寇文亮、刘秀英、高琪、高伟航、李燕、董香君、李文文,不会忘记我们时常在一起谈论学术和生活的有关问题,你们睿智的见解给予我人生启发。感谢我的师姐陈元元、师弟王琳、师妹金怡璇,在我迷茫与困惑的时候,给我莫大的帮助和支持。感谢白金汉大学安东尼·赛尔顿校长、特伦斯·基莱校长、苏珊·布莱克教授、克贝雷·贝斯特老师、李子康同学……感谢您们在百忙当中抽出时间参与论文的调研,并针对论文提供宝贵的资料和完善建议。

"投之以桃,报之以李",其感激之情无以言表,谨当铭记五腑之内。

虽然学业之路已完成,但未来之程刚开启。无论未来之景该怎样勾勒,人生之图如何擘画,我想最重要的是保持一颗"不以物喜、不以己悲"的平常心,以豁达、海纳百川的情怀,笑看人生的所得所失;以"饮水思源、缘木思本"的感恩心,对待生命中所遇之人;以"兢业职守、以身作则"的责任心,勇于担当、不断进取;以"知行统一、博厚悠远"的认知心,不断提高自身能力和道德修养。